学习力

颠覆职场学习的高效方法

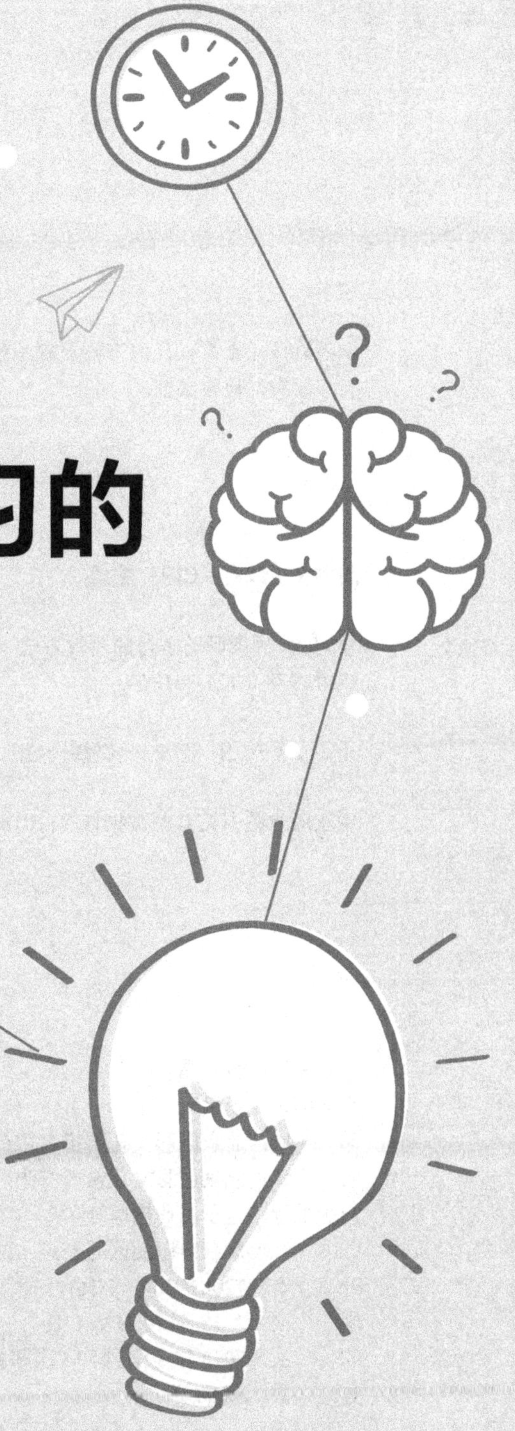

王世民 缪志聪◎著

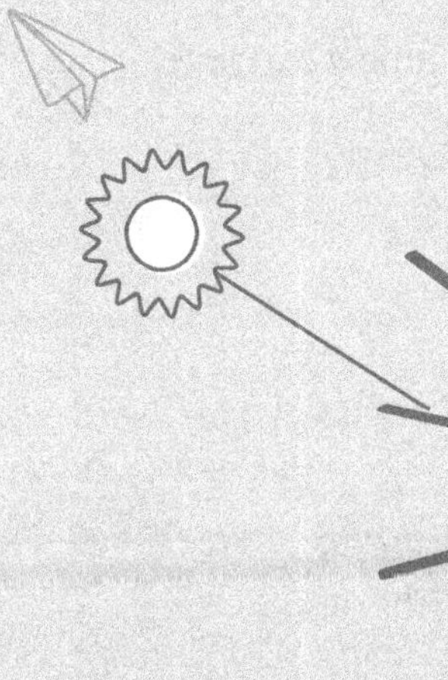

電子工業出版社
Publishing House of Electronics Industry
北京·BEIJING

图书在版编目（CIP）数据

学习力：颠覆职场学习的高效方法 / 王世民，缪志聪著. —北京：电子工业出版社，2018.10
ISBN 978-7-121-35186-0

Ⅰ. ①学… Ⅱ. ①王… ②缪… Ⅲ. ①学习方法 Ⅳ. ①G791

中国版本图书馆 CIP 数据核字(2018)第 231126 号

策划编辑：晋　晶
责任编辑：杨洪军
印　　刷：北京虎彩文化传播有限公司
装　　订：北京虎彩文化传播有限公司
出版发行：电子工业出版社
　　　　　北京市海淀区万寿路 173 信箱　邮编 100036
开　　本：720×1000　1/16　印张：18　字数：346 千字
版　　次：2018 年 10 月第 1 版
印　　次：2023 年 11 月第 14 次印刷
定　　价：68.00 元

凡所购买电子工业出版社图书有缺损问题，请向购买书店调换。若书店售缺，请与本社发行部联系，联系及邮购电话：（010）88254888，88258888。
质量投诉请发邮件至 zlts@phei.com.cn，盗版侵权举报请发邮件至 dbqq@phei. com.cn。
本书咨询联系方式：（010）88254199，sjb@phei.com.cn。

赞誉[1]

陈果 IBM咨询事业部零售行业董事总经理

中国人的职业素质最需要“西化”的三点：同理心、批判性思维和创造力。其中，修炼批判性思维，我推荐阅读这本书，以及作者的另一本书《思维力》。

陈辉远 IBM咨询事业部制造业副总经理

学习力是职场致胜的关键。在信息爆炸的时代，要学的内容太多。但是，如何吸收并内化？利用书中的拆解技巧，你的内力可迅速提升，强化职场竞争力。

华明胜 埃森哲数字服务董事总经理

顾问三大能力：理解深，学习快，总结准。前一本书《思维力》说明了高效思维的方法，这本《学习力》说明了如何高效学习的方法，我推荐。

吉永 歌尔集团副总裁

学习是一种态度，有了方法，态度会越来越好。

李传玉 嘉年资本董事长

与世民总相识于多年前，缘于公司的一个咨询项目推进受阻，更换几任项目经理都未达成目标。年轻且无行业经验的世民总作为外聘顾问加入后，快速找到了问题根源并制订了解决方案，几近搁浅的项目终于顺利完成。对此，除了钦佩有加、印象深刻，我也一直希望探寻让一个人拥有如此惊人的学习及解决问题能力的秘诀。现在，

① 按赞誉者姓名的拼音顺序排列。

《学习力》这本书以职场需求为出发点，通过扎实的理论推演、系统的归纳总结，以及详尽的实施路径与方法给出了全部答案。

林博文　台湾大学管理教授、台湾大学国际产学中心主任

现代大学科系领域过于细分，造成在校学习优异的学生，进入职场却不能快速即战。本书有效衔接大学没教的职场跨领域学习能力，让所有科系的毕业生都能自信面对职场挑战。

陶淑贞　盟亚企业管理公司 CEO

从“知道”到“做到”，有方法、有路径，少点摸索，典范学习！

杨连瑛　埃森哲互联网高科技行业董事总经理

做顾问许多年了，我觉得这行业最强的就是借由多年行业经验提供系统化解决问题的方法。《学习力》这本书提供了快速系统化学习的秘籍。

张德琪　顺丰集团副总裁

这本书是我见过阐述“学习能力”提升的最好的一本书，它不仅讲述了知识定位，还清晰地描述智慧的过程：觉知+觉悟！相信本书能给你带来大的补益！

周小波　华润集团五丰农产品（深圳）有限公司总经理

认识世民先生已有数年。世民先生给我的印象是一位充满激情、极富感染力的管理者，他总是能抓住事物的本质，切中关键点并寻求到最佳解决方案。感谢世民先生将在“学习力”方面多年的实战经验分享给大众，推动个体与社会的进步，让更多人能够更清晰地完善学习能力的建设！

前言

目前，市面上流行的学习类图书，一类是大学生写的，如斯科特·扬的《如何高效学习》；或者大学教授写的，如芭芭拉·奥克利的《学习之道》。这类图书更多是对学科知识学习方法的总结，而不是职场人士需要的职业技能学习方法的介绍。

另一类学习类图书，是"知识网红"（以知识变现为目的，有一定网络知名度的个人）写的。这类书更多讲的是学习理念，缺少系统的、实操性强的学习工具和技巧，因此可能看起来很愉悦，但一旦应用就会发现对学习能力的提升帮助有限。

与上面两类图书不同，本书是聚焦职场学习的。本书针对职场人士总结了一套完整、高效、实用的学习方法。它有三个特点：

- **理论深厚**，从脑神经科学、认知心理学、建构主义，以及各种主流学习理论出发提炼了职场学习的三大策略。
- **体系完整**，全面覆盖了搜索、阅读、积累、理解、应用五类学习技巧，并且从快速上手新技能的职场刚需出发，给出了综合运用方法。
- **实战导向**，以大量真实的职场学习场景为例，给出了各种学习方法和工具的使用技巧，并且详细演示了各种实用职场技能的学习步骤。

注：《学习力》这本书采用的脑神经科学、认知心理学等学习理论的观点和研究成果，虽然都有严谨的理论模型和科学研究做支撑，也都经过了我们自己这些年实践应用的验证，但受限于人类认知的局限，依然不可避免会存在一些争议和特例。为了避免过于学术化，而且限于篇幅关系，我们只会抽取其中的关键观点，而不会过多地展开学术研讨的细节，自始至终我们都会将引用的重心更多地放在实践应用上。

本书分为三个部分，编排思路如下。

第 1 部分　职场学习的三大策略

这个部分总结了职场学习的三大策略：功利性、框架、可迁移。从脑神经科学、认知心理学、建构主义等理论出发，既做了深刻的理论阐述，又举了通俗易懂的应用案例。

如果你对书中引用的脑神经科学、认知心理学等学习理论的观点有进一步研究的兴趣，可以阅读书后的参考文献。

第 2 部分　上手即用的五类学习技巧

这个部分都是一些上手即用的学习技巧和工具，并且按照搜索、阅读、积累、理解、应用的顺序做了系统化的组织。你既可以速成地应用这个部分中的单个技巧，又能体系化地学习整个内容。

第 3 部分　各类技能学习的应用演示

这个部分运用前两个部分的学习策略和学习技巧，分别演示如何快速学习程序性认知技能（如 PPT 制作）、理解性认知技能（如消费动机分析、商业模式设计）、行为技能（如打羽毛球），最后以一个综合应用结尾——如何快速进入一个新行业（如三个月成为运营总监）。

你既可以快速地掌握常用职场技能的学习步骤，迅速满足工作需要；又能融会贯通学习策略、学习技巧，为长期学习能力的提升奠定基础。

这套职场学习方法，是我们历经三年的线上和线下的教育实践，培训了超过 1 万人次后提炼出的经验总结。现在无论是尔雅的线下教育，还是 YouCore 的线上培训，都已应用了这套成熟的学习方法，也都取得了很不错的口碑。但在三年前，我们也走了不少弯路，受过不少挫折。

还记得 2014 年年底，在各种“新教育”浪潮的影响下，我辞去了外企咨询总监的职务，开始创业，怀着一腔教书育人的情怀投身于培养年轻顾问的事业中。

开始的时候，对教书育人这件事，我的确信心满满。因为自己无论是在求学阶段还是进入职场后，一个最引以为傲的优点就是学习能力强。

刚上学的时候，我成绩很差，属于典型的“后进生”。但在小学三年级下学期，我仿佛突然“开窍”了，学习成绩从排名班级末尾一跃成为第一名，并且从此一直保持到毕业。上了重点高中后，我的成绩也一直稳定在年级前五名，而且我从不熬夜，晚上 10:30 前准时睡觉，即使高三也是如此。高考前填报志愿时，虽然平时模拟考试分数都能超过清华大学和北京大学的分数线，但为保险起见（主要是不喜欢熬夜刷题，答题速度不快，担心万一发挥不好），我还是填报了当年高校排名第三的南京大学，最后以超过录取线 40 分的成绩被录取，还因此获得了学校给高分考生颁发的“新生奖学金”。

进入职场后，我的这种学习能力更上一层楼，学习任何技能都很快。**刚工作三个月的时候，公司要推出手机游戏，我利用国庆假期，零基础自学了 J2ME（Java 语言平台，类似于 Android、iOS）**。假期结束后，上班的第一天我就在诺基亚手机上给技术部经理演示了我新开发的“羊吃草”游戏，到现在他还逢人便说我是他见过的学习速度最快的人。

我后来转行做 ERP 实施顾问和企业咨询顾问后，这种快速学习能力更是帮了大忙。顾问要在短时间内（有时不到一天），突击学习很多的行业知识（如零售业、房地产业、制造业、采矿业、汽车业等）和专业知识（如财务、销售、供应链、生产等），我因为学习速度快，在这个行业也算如鱼得水。在两家顶级的外企咨询公司，我都是以差不多团队中最年轻者的身份带着一帮比我工作经验更丰富的顾问们做事。

正因为自己在学习上的成功经历，当我在 2015 年 4 月，开发完内部第一版的“知识的快速获取与整合”课程后，真的是信心满满。

但是，现实很残酷。第一批顾问接受一个月的封闭培训后，要么是信心受到了很大的打击（老师的方法这么好，我怎么就学不会呢），要么就是学了后生搬硬套效果有限（对你有效的学习方法，对别人并不一定有效）。

痛定思痛之后，我开始正视“如何才能真正教会人”这个问题。

为了开发出一套能真正提高学习能力的课程体系，我们的课程研发团队广泛阅读了各种学习理论，包括建构学习主义、人本学习主义、认知学习主义和认知心理学、行为学习主义和行为心理学、自然学习设计、布卢姆教学目标分类、行动学习等，并拿我们自己年轻的企业咨询顾问反复做验证和迭代。

最终，以建构学习主义、认知心理学、行为学习主义和自然学习设计为核心，我和缪志聪老师（YouCore 产品总监,《学习力》第 4、12、13 章的主笔）花了四个多月，开发了第二版的“知识的快速获取与整合”，总结出了适用于绝大多数人的三大学习策略、五类学习技巧，以及理解性认知技能、程序性认知技能和行为技能的完整学习方法。

这套新的学习方法一经推出后，就取得了非常好的口碑。从 2015 年 8 月起，经我们培养的企业咨询顾问都掌握了很不错的自我学习能力,74%的人在半年到一年内，成长为所在公司的项目经理或核心顾问，这是一个非常了不起的成就。

我们自己的顾问就更不用说了，个个都是以一当十，他们每个人几乎每周都会接到“挖角”的电话。

经过 2016、2017 年两年时间，29 个顾问班的迭代，以及 YouCore 线上教育开展后近 1 万人的培养经验，这套学习方法已经相当成熟，于是我们才想到将此书出版，与你分享这套体系化的职场学习方法。

以上，即本书写作的缘起。

目录

第 1 部分　职场学习的三大策略

第 2 部分 上手即用的五类学习技巧

第 1 部分
职场学习的三大策略

第1章 三大学习策略之一：功利性学习，让学习不再难以坚持

例如，你进入一家公司担任会计助理，其中一个重要工作是将散落在多个 Excel 表中的客户信息和客户交易金额，合并统计到一张表中，要求一个客户对应一条记录。

假如这段时间，你在学习 Excel 公式的同时，也在背诵英语单词。你觉得你是更容易将 Excel 公式弄熟，还是更容易记住英语单词呢？

显然，你会将 Excel 公式掌握得很熟练，包括 vlookup 这种之前一看就头疼的复杂函数，因为你必须用它来匹配和筛选记录。

然而，背诵英语单词就不同了。我相信情况很可能是这样的：你将单词背了又忘、忘了又背，最后实在不想坚持了，告诉自己这轮英语学习到此为止，下次再来吧。

让我们换个场景。

这次你是入职一家外贸公司做跟单员，主要工作是跟进公司的欧美客户，用邮件或电话跟他们反馈和解释订单的进展。

这时，如果你同时学习 Excel 公式与背诵英语单词，你是更容易将 Excel 公式弄熟，还是更容易记住英语单词呢？

答案是不是变成了后者。

为什么学习同样的东西，因为工作场景不同，效果就会有如此大的不同呢？

这就需要从了解你的大脑在学习中的三个缺陷开始。

第 1 节　大脑是一个有缺陷的学习器

■ 它是一个懒惰重复者和勤劳管理者的结合体

还记得我们初中就学过的牛顿第一定律吗？该定律又称惯性定律，是指任何物体都要保持匀速直线运动或静止状态，直到外力迫使它改变运动状态为止。

人的大脑也如此。它最喜欢的就是重复不变，并且会长期维持这种状态，抗拒任何大幅度的变化。这种保持不变的重复状态就是我们常说的习惯，掌管这些习惯的就是大脑中的基底神经节。

但是学习需要打破原来的习惯，形成大幅度的改变。要做到这一点，就要依赖大脑中的另一个区域：前额皮层。

基底神经节与前额皮层的关系，就像“大象”与“骑象人”的关系。

基底神经节是“大象”，只管按照习惯重复前行。前额皮层是“骑象人”，可以对重复行为进行监控，并且控制我们做什么或不做什么。是前额皮层在决定我们想学英语、希望写一本书、每天锻炼身体等。

要想让任何学习技能形成习惯并运用自如，就要靠前额皮层这位“骑象人”让基底神经节这头“大象”接受新的变化，形成新的重复。

前额皮层这位“骑象人”的管理功能强大，但有个致命的缺点：对意志力的消耗很大。一旦意志力消耗完毕，却还没有让基底神经节这头“大象”彻底接受新变化的时候，“大象”就会恢复旧有的习惯，走回老路，于是学习产生的新变化就消失了。

因此，**要想更轻松地学会一个新的技能，就一定要巧用方法，**让前额皮层这位“骑象人”消耗更少的意志力，**而不是发挥莽撞的武力——刻苦、坚持。**

■ 它是一个很容易就被满足感欺骗的小孩

大脑的奖励机制分不清现实的成果和未来承诺的成果。

例如，你参加了一个时间管理的互助小组，当终于列出了周计划时，是不是一想到下周能做完这么多工作，就已经觉得自己很棒了？虽然你什么都还没做，但大脑已经获得满足感了。因此，最可能的结果是，你放纵了一个周末“奖励”自己，然后周计划里的工作基本都没按时完成。

为什么会这样呢？因为大脑会对能完成目标的可能性感到兴奋，错把可能性当作真正完成了目标。

结果就是：**自己以为会了，所以学习停留在表层，没有深入下去。**

例如，学习新技能的时候，将经典书籍买回来或将干货文章收藏后，看了几页、熟悉了几个流行的专业名词后就很兴奋，觉得自己已经学会了。但其实，一到要用的时候，基本什么都不会。

■ 它是一个忘性超大的不靠谱存储体

你可能用过很多存储卡，如U盘、手机Micro SD卡、数码相机的TF卡等，这些存储卡都有一个共同特点，就是除非你复制后主动删除，否则内容肯定不会消失。

但大脑的记忆方式与存储卡大不相同，它就像用水在纸上写字一样，随着时间的推移，字迹很快就干了、没了。

诺贝尔生理学或医学奖得主埃里克·坎德尔在《追寻记忆的痕迹》一书中，已经通过非常可靠的脑神经研究实验表明，在学习完成后的1小时内，记忆量就会极速下降。要形成长时记忆，就必须让神经元长出新的突触，并且使突触强度得到长时强化。

这就意味着，必须重复足够多次，才能让突触强度发生持久的改变，从而形成长时记忆。

于是，问题就来了：**有多少人有毅力坚持重复足够多次呢？**不就是因为坚持不下来，所以英语才学了一轮又一轮后还是原地踏步吗！

正是因为大脑在学习上的这三个缺陷，你才会出现难以坚持、眼高手低、学了又忘的情况。

可是大脑再有缺陷，我们也抛弃不了它，毕竟没了头还能活着的人，谁也没见过。再说，它还有很多其他有用的功能。

那么，大脑要怎样用才能取长补短呢？

这时，功利性学习的价值就来了。

第 2 节　用功利性学习弥补大脑学习的缺陷

所谓的**功利性学习，就是从工作的实际需要出发，学习后立马应用。**

采用功利性学习的做法，就可以很好地克服大脑在学习中的三个缺陷。

■ 解决意志力消耗大、难以坚持的问题

因为功利性学习是从工作的实际需要出发的，所以无论你想不想学，都必须启动。这种被动式的启动，与主动逼迫自己学习相比，消耗的意志力要少很多。

就好比早上起床，如果公司规定 9:00 上班，迟到要罚款，那么你按时起床所需的意志力其实是很少的，因为这是一件不得不做的事。但如果今天是周末，又没啥必须早起处理的事情，这时你按时起床所需的意志力就远远大于平时上班的情况。

功利性学习不仅解决了启动学习的意志力消耗问题，在坚持学习方面也解决了同样的问题。因为要在工作中使用，所以随着工作需要的变化，你自然会不断地学习新的内容，而无须消耗过多的意志力去逼着自己坚持学习。

就好比学习安卓编程，如果你本身的工作就是开发手机 App，那么你很自然地就会不断地学习安卓开发平台的新功能；如果你现在是一名美工，想转型做安卓开发，那么对你而言，坚持学习安卓开发平台的新功能所消耗的意志力，就会远远大于前者。

而且，因为是工作所需，学习的方法和技能立即就能见效，就更会激发你的兴趣让你去学习、重复更多的内容。但如果你学习的内容不是工作急需的，就会存在看不到即时效果的问题。在这种情况下坚持学习，前额皮层所消耗的意志力就会大很多。

因此，如果能多多采取功利性学习的策略，就可以用更少的意志力，学会更多的技能和方法。

■ 避免浅层学习，更深入地掌握方法和技能

因为大脑很容易被满足感欺骗，所以很多时候，我们的学习其实都停留在表层，看着都会，但一动手就都不行。

采用功利性学习，因为要在工作中应用，所以就无法只停留在表层，而必须往深

层钻研，直至解决问题为止。

就好比你要学习拟文章标题，看了别人一篇特别棒的干货文章，说标题做到“这最好（How）玩（Why）”，就更容易吸引人。你看完后很激动，赶紧收藏了，大脑也很满足，感觉一下子就已经是拟标题的高手了。

但如果真到了要拟标题的时候，有的人可能连“这最好玩”是啥都有点记不清了；有的人好一点，知道“这最好玩”是啥，但就是拟不出符合这个条件的标题。

这时，如果没有采用功利性学习的策略，你收藏文章的时候，就不会知道其实你根本没有掌握这个策略，更谈不上去学习更深入的内容了。

如果采用功利性学习的策略，你就不会只是将文章收藏起来，而是会拟一个符合“这最好玩”标准的标题出来。

当拟出这个标题后，你就会发现新问题了：怎么依然没什么人看呢？

于是，为了解决这个新的问题，你就会去学习更多的方法和技巧。你会发现除了标题格式要符合“这最好玩”，标题内容也要能满足读者的某个需求，如体现身份的需求、偷窥他人隐私的需求、实用的需求等。

因此，采用功利性学习的策略，就能避免学习停留在表层，从而更深入地掌握技能和方法。

■ 在工作中自然重复，抵抗遗忘曲线

现在你已经知道，大脑是一个特别会忘事的存储体。你也已经知道，最好的应对方式就是多多地间隔重复。

可是，这很难做到！

就拿背英语单词来说，人人都知道每天背诵 30 个新单词，再将前一天背的单词重复记忆一遍，3 天后再重复一遍，7 天后再重复一遍，14 天后再重复一遍，21 天的时候再重复一遍，这样就能记得比较牢了。

但是，到了第 3 天的时候，估计还愿意重复的人就很少了，因为太枯燥、太麻烦，不如只背新单词。结果就是背了后面，忘了前面。

但是，如果你是前面案例中的外贸跟单员，情况就大不相同了。你今天背的单词，可能今天下午在跟客户见面交流的时候就用到了，明天在邮件里可能又用了一遍，一

个星期后在跟客户电话交流的时候又用了一遍。

在这种情况下，哪怕你还是只背新单词，但最常用的单词是不是在工作中已经重复了很多次，自然就记牢了呢？

不只是背单词，学习其他知识也是一样。例如，学习 Excel 公式，当时记住是没有用的。根据埃里克·坎德尔的研究，这些知识过上一天你就忘掉七八成。但如果你是前面案例中的会计助理，你就会在工作中不断地重复使用这些公式，很自然地就记住了。

因此，如果能采用功利性学习的策略，就不用担心大脑这个存储体会忘事，因为最常用的内容，它一定会帮你记得牢牢的。

虽然你的大脑有着三大学习缺陷，但只要采用功利性学习的策略，是不是问题就完美解决了？

第 3 节　简单三步做到功利性学习

功利性学习的策略有这么多优点，那么，到底要怎么做才能掌握呢？

方法其实很简单，你只需按下面的三个步骤做就可以了。

■ 步骤 1　选问题：选择一个工作中要解决的问题

所谓的功利性学习，就是从工作的实际需要出发，学完后立马应用。因此，你选择的这个问题，一定是你正在着手解决的，或者即将要解决的。

例如，我马上要录制一段音频课程，但是我对如何让声音更好听不是很清楚，这时我就可以确定要解决的问题为“如何让声音听起来更舒服”。

以解决问题为目的去学习，就再也不会出现工作时担心没时间学习、学习时担心工作做不完的情况了，因为工作与学习融为一体了。

■ 步骤 2　定范围：确定学习内容的范围和顺序

确定好要解决的问题后，就要根据问题解决的迫切程度和进度确定学习内容的范围和顺序。

首先，根据问题解决的迫切度，确定学习内容的范围。如果解决问题的时间比较充裕，就可以学习得全面一点；如果解决问题的时间很紧张，就要学习立马就能起作用的具体方法或技巧。

还以录制音频课程为例。如果这个音频课程的录制有一个月时间，而且一个星期之后才开始，这时我就可以买几本书或一门课，系统地学习下发音、音调、气息、共鸣控制等内容。

但如果下午就要开始录制，而且当天就要录完，只有一小时左右的学习时间，这时，我就只能买电子书，直接在书中翻查与"让声音听起来更舒服"有关的方法或技巧，或者直接在网上搜索"如何让声音听起来更舒服的技巧"，选用其中可以直接上手就用的方法。

例如，我选择的方法就是：坐直、放慢语速、想象你对面有个人。

确定学习内容的范围后，还要根据问题解决的进度，确定学习内容的顺序。如果问题的解决周期比较长，而且可以分几个阶段来处理，就可以优先学习第一阶段立马就要用的内容。

例如，做企业管理咨询项目，一般大约要三个月，通常会分为现状调研、方案设计、实施路线规划三个阶段。

假设，你现在被派遣去做一个二手车的业务模式咨询项目，但你之前做的都是房地产项目，对二手车几乎没有了解。可是明天就要进项目，在短短一天内要学完与二手车相关的知识根本就不可能。

在这种情况下，你可以先确定调研中要用到的二手车知识，如二手车的产业链条、二手车的行业环境、二手车当前的竞争格局，以及二手车的发展趋势等，优先学习这些内容以确保调研的顺利开展。

在调研期间，再抓紧时间学习方案设计阶段要用到的二手车知识，如二手车的定价策略、二手车的竞拍策略、二手车的线下门店布点策略等。

定范围这个步骤的关键，就是一定要控制住自己想学更多东西的冲动，紧紧围绕解决问题的需要来确定学习内容的范围和顺序，否则就会造成以下这些问题：

（1）耽误了解决问题的时间。因为你能投入学习的资源有限，将宝贵的资源浪费在非急用的内容上，自然就会导致急用的内容没能及时学会。

（2）浪费了有限的时间和精力。学习的内容只要没被应用，绝大部分很快就会被忘记，将来要用的时候又要浪费时间和精力重新学习。

这里你可能有个小疑问：如果只学要用的内容，那么，如何拓宽知识面呢？

关于这个问题，你可以在第 2 章中找到具体的解决办法，让你做到既能聚焦解决问题所需的内容，又能拓展知识面。

■ 步骤 3　实际用：实际应用所学内容解决问题

不仅要学，更要知道如何在解决问题的实践当中用。

一旦采用了功利性学习的策略，你肯定会从解决问题的需要出发来找解决办法，因此我不担心你用不用的问题，而是要提醒你怎么用。

在应用所学内容解决问题的时候，如果你之前没有这方面的经验，第一遍一定要严格遵循所学方法的指引，一丝不苟地套用。

为什么呢？因为在你还没有经验的时候：

（1）只有严格地套用后，你才能根据反馈效果证明这个方法到底有用还是没用，否则你会永远纠结在是方法没用、还是你没用好这个问题上。

（2）只有严格地套用，你才能真正理解所学的方法，才能知道如何根据实际情况改进这个方法。

以“这最好玩”拟文章标题为例。如果一开始就加入了自己的理解，没有严格地遵循这个方法，也就是拟出的标题不完全符合它的标准，那么一旦文章阅读量未达预期，你是认为自己没有用好这个方法，还是认为这个方法本身不行呢？你根本就给不出结论。

反之，如果你拟的标题完全符合它的标准，而文章的最终阅读量效果不佳，这时你就可以下结论说：只符合这个标准还不够，还需要考虑更多因素。

因此，在“实际用”这个步骤中，一定要切记，如果你没有经验，第一遍一定要严格遵循方法或技巧的指引。

总结

人的大脑其实是一个有缺陷的学习器，它有三个学习缺陷：

- 它是一个懒惰重复者和勤劳管理者的结合体。
- 它是一个很容易就被满足感欺骗的小孩。
- 它是一个忘性超大的不靠谱存储体。

因此，你会因为缺乏意志力而坚持不下来，学习的内容会停留在表层，而且学的大部分内容很快就被忘记。

但采取功利性学习的策略，你就可以很容易地克服这三个缺陷：解决意志力消耗大、难以坚持的问题；避免浅层学习，更深入地掌握方法和技能；在工作中自然重复，抵抗遗忘曲线。

这个策略用起来也挺容易，分以下三个步骤：

步骤 1　选问题：选择一个工作中要解决的问题

步骤 2　定范围：确定学习内容的范围和顺序

步骤 3　实际用：实际应用所学内容解决问题

学员感言

我学习本章后深有感触，之前杂七杂八学了很多东西，总是感觉时间不够用，而其中很多东西自己压根儿都用不到，导致自己坚持不下来，或者学了也忘了，浪费了大量的时间，还把自己弄得很焦虑。知道了功利性学习，学以致用，自己就不会焦虑了。

——学员 1

我学的东西和做的工作关联性比较强，但是在范围和顺序上有问题。我本来只是想学一个点，结果越学越深，越学越发散，这可能和自己是完美主义者有关系，最后直到工作都要来不及做了才收手。以后要提前确定范围和顺序，这样可以游刃有余。

——学员 2

书外求助

遇到问题，除了看书，还可以问人。如果看了这本书，有不清楚的地方怎么办呢？

例如，这一章的功利性学习，就有人问：现在的工作我知道怎么功利性学习，但是如果我要转行，该如何功利性学习呢？

为了解决看书中的疑惑，我们建立了一个微信群，在这里你只要抛出问题，就会得到解答和帮助。当然，你还可以看到其他人的疑问与解答，把别人的经验变成自己的。

扫码入群，即可获得书外求助的机会。记得备注“学习力”！

第2章 三大学习策略之二：搭好框架，两年抵上十年

我模仿过美国实验心理学家罗迪格（Roediger）的一个实验。

请20个人同时看下面这串没有规律的词语（你也可以尝试记忆下）：

蛋糕—奶油—酥—奶糖—好—蜂蜜—巧克力—德芙—味道—香—口香糖—木糖醇。

看完后，我请他们回答某个词是否在上面出现过。测试结果，有85%的人肯定地说，“甜”在上面的词语中出现过。也就是说，他们会“回忆”出没有出现的东西。

为什么会出现这样的回忆呢？因为蛋糕、奶糖、巧克力、木糖醇这些在味道、香气的暗示下，会诱导大脑编码出“甜”的味道。

这就证明，大脑不仅是事件的被动记录仪，而且会主动对信息进行编码与加工。例如，当一系列事件以随机顺序呈现时，人们会设法按有意义的顺序重新调整，再进行回忆。

但同样是加工，为什么有些人的信息就能加工得比较好，**工作两年就能积累出十年的经验**；而有些人的信息加工能力就很一般，工作十年最多相当于别人一年的经验呢？

这就需要探讨一下，经验是如何在大脑中形成的，又是如何影响大脑的。

第1节 经验是如何在大脑中形成并影响大脑的

我们大脑中有大量的细胞，叫神经元，如图2-1所示。

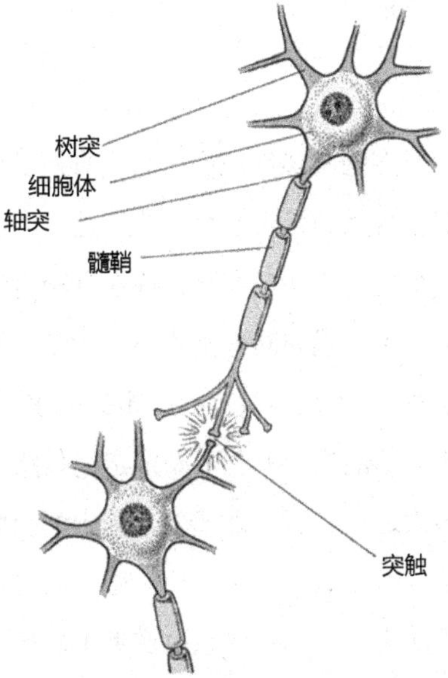

图 2-1　神经元示意图

它们彼此之间通过突触传递信息。**我们每个人因为大脑中突触数量和连接方式的不同，加工处理信息的方法和效率其实都不一样。**

打个比方，我们的大脑就像一座“城市”，神经元像一个个学校、商场、医院这些“建筑”，突触就像“建筑”之间连接的“道路”，道路越四通八达，大脑这座城市的效率也越高。

打比方毕竟是打比方，对于大脑这座“城市”，我们是不是真的还有机会修路，改变突触的数量和连接方式呢？还是说一切木已成舟，只能听天由命？

好消息是，我们还有机会修路。

人在胎儿阶段，大脑仅拥有万亿个突触中的很少一部分，出生以后才逐渐形成更多的突触，大脑“道路建设”的方式主要有两种。

1. 突触产出过剩和选择

六个月大的婴儿会产生比成年人更多的突触（过剩），然后受遗传和环境的影响，再选择性地消失一部分（选择），神经学家将这种突触形成方式，比喻为将石头创作为雕塑的过程。这个部分因为已经发生，所以不是我们关注的重点（如果你想培养你的小孩，就可以关注下面这个部分）。

2. 突触的增添和修正

这是我们要重点关注的。在脑神经系统中，每当有新的经历，不管是新的感觉、新的想法还是新的行动，都会给大脑带来改变，神经元会创造出新的突触与其他神经元产生连接，就如同原来两个建筑之间没有路，现在有探险者摸索出了一条路。但这时的突触还是暂时的，还会消失，就如同这条路还不清晰。那么，怎么样才能让突触连接更加稳定？鲁迅先生说过："世上本没有路，走的人多了，也便成了路。"同样，要想让突触连接得更加稳定，不消失，就要不断地走这条路。重复相关的经历，当同样的突触连接方式重复很多次之后，就会形成相对固定的突触连线。

例如，你第一次鹦鹉学舌叫"妈妈"的时候，神经元间产生新的突触连接。如果换作其他不常用的词，可能没多久，这个突触就消失了。但"妈妈"这个词不同，你与母亲朝夕相伴，经常叫"妈妈"，相关的突触连接会不断加固。

因此本质上，你接触信息的质量和习得信息的数量都会不断地影响你大脑的结构。不管是优秀的经验，还是糟糕的做法，重复多了，都会被大脑固化为一定的突触连线，从而影响你后续学习新内容，以及输出信息的效率和质量。

专家之所以比普通人学得多、学得快、学得深，很重要的一点就是，他们采取了更为出色的方式，来组织、利用信息和知识，从而在大脑中产生了更高效的突触"连线图"。

例如，同样欣赏画作。如果让普通人对看到的画进行归类，一般的归类方法也就是这几幅画都有山，那几幅画都有鸟。再好一点的可能就是按照风景、静物、肖像进行归类。普通人之所以这样归类，是因为他们最习惯的就是按照事物的表面特征组织和利用信息，时间长了他们大脑中的突触连线也就这样固定了，所以一看到画直觉上就是按表面特征归类。

而专家的归类方法则大大不同，他们一般会按照事物的内在联系组织和利用信息，久而久之，他们大脑中的突触连线就跟普通人不同，所以他们直觉上就不会将画按照表面特征归类，而是会按照艺术风格、派系传承等隐藏的深层特征进行归类。

再如，同样学习解决问题的方法。普通人在学习时会对各种思维工具和方法更感兴趣，并且会按一个个的思维工具和方法来组织知识，如思维导图、5why、黄金三点（what-why-how）等。在这种组织方法下，大脑的突触连线图就显得很分散，而且断头路会很多。在碰到实际问题时，往往很难有效地采用合适的工具或方法加以解决，这主要是因为：① 不知道哪个工具或方法更合适；② 绝大多数现实问题都难以靠一个工具或方法就能解决。

而解决问题的高手，虽然同样会对思维工具和方法感兴趣，但在组织知识的时候，他们更喜欢先将问题分为不同的类型，再按不同问题类型归纳出一般的解决步骤，最后将各种思维工具和方法填充在各个解决问题的步骤中，如图 2-2 所示。

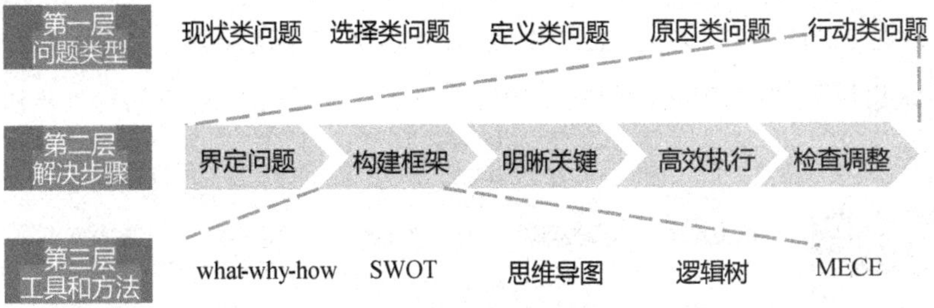

图 2-2　高效解决问题的步骤

用这种层次分明、顺序清晰的多层框架来组织知识，他们大脑的突触连线图中相互联系的线条就很多，而且很少会有断头路。在解决实际问题时，也就更容易找到解决问题的线索，提取出相应的解决问题的框架。

就像下面两个问题。

问题 1：“我收到了两个职位一样的 Offer，一个是国企，另一个是民企，我应该怎么选呢？”

问题 2：“我很迷茫，不知道自己想做什么工作，我应该如何做职业规划呢？”

普通人会困惑于，是选用 5why 来解决，还是选用 what-why-how 来解决？最后不管用哪一个，都无法真正解决问题。

但问题解决高手很容易就可以解决这两个问题，他首先会判断问题类型：问题 1 是选择类问题，问题 2 是差距不明确的行动类问题。

确定问题类型后，针对问题 1，他就会调出选择类问题的解决步骤：

（1）界定清楚问题，也就是帮对方从目标出发确定好选择一份工作主要的考量要素。例如，人脉关系、工作地点、薪资、晋升空间等。

（2）选用一个决策模型，如加权打分模型或必要—优先选择模型，填入考量要素，设置权重并打分，最后选择得分高的选项，如表 2-1 所示。

表 2-1　选择工作的加权打分模型示例

Offer	人脉关系			工作地点			薪　资			晋升空间			总　分
	权重	打分	得分	权重	打分	得分	权重	打分	得分	权重	打分	得分	
国企	3	10	30	1	8	8	1	5	5	2	5	10	53
民企		6	18		6	6		8	8		7	14	46

针对问题 2，他就可以调出差距不明确的行动类问题解决步骤，也就是《思维力：高效的系统思维》（电子工业出版社，2017 年 1 月）中介绍的解决问题五步法，如图 2-3 所示。

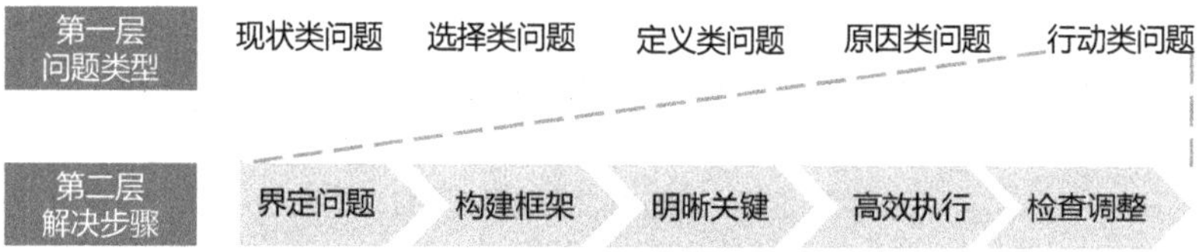

图 2-3　行动类问题解决步骤

因为普通人和问题解决高手组织和利用知识的方式不同，所以随着解决的问题越多，大脑中的突触“连线图”差异就越大，最后积累的经验差异也是天壤之别。

第 2 节　知识体系建构的水平，直接决定了你的认知水平

前面一节从微观的脑神经层面上，使我们了解到组织和利用知识的方式不同，最后积累的经验就会有巨大的不同。

那么，采用怎样的方式组织和利用知识，才能保证经验的积累更为有效呢？

在探索这个答案之前，我先请你回答一个问题：知识是客观的，还是主观的？

你可能会说知识是主观的。但其实在我们所接受的教育中，客观主义的知识观一直是占据主导地位的。所谓客观主义的知识观，就是假设认识对象的基本特性是可知

的、相对不变的，所以知识是稳定的，是对客观世界的反映。

从这种观点出发，学习的目的就是接受和记住各种知识。在这种情况下，我们的大脑就像一个空容器，将各种知识往里灌输就行。

但是，这种客观主义的知识观最大的问题在于，它忽略了世界的无限复杂性（至少到目前为止，人类并未能彻底认识这个世界），以及作为认识主体的人所具有的巨大的主观能动性。

建构主义的知识观，不再将知识看作绝对现实的知识，而认为知识是个人对知识的建构，也就是说，个人创造有关世界的意义，而不是发现源于现实的意义。

例如，同样看到花凋零了，黄巢看到的是“待到秋来九月八，我花开后百花杀”；林黛玉看到的却是“花谢花飞花满天，红消香断有谁怜”。

每个人都在以自己的方式想象外部世界。你对任何新事物的看法和学习，都基于你对这个世界独特的经验集合，以及你对这些经验的信念。

这些经验集合和信念就是先前经验、先前概念、先前知识，而**学习就是原有经验的迁移。**

因此，最高效的学习方式，就是能清楚地构建出自己原有经验的知识体系框架。在每次学习新知识时，再对原有框架加以增补和修正。

就像装修房子，有的人在装修之前有一张完整的房子装修设计图（个人知识体系），可以清楚地知道整个装修的进度，每次有新的装修材料（新知识）时，会检查新的装修材料对应于设计图中的哪个位置。如果有对应的位置，就增添到相应位置；如果没有对应的位置，就要对设计图进行调整，对装修材料也进行调整，让新旧材料可以更好地融为一体。对他们来说，学习的过程是不断积累、修补的过程，时间越长，要学的新知识会越来越少，给人的感觉就是学起来越来越快。

还有的人，装修之前没有设计图，不知道哪些装修过，哪些没有装修过，装修到哪里是哪里，重复装修，或者装修错了再推倒重来。对他们来说，学习的过程就是盲目试错、推倒重建的过程，所以经常从零开始，学起来自然就慢。

因此，个人能力知识体系框架质量的高与低，就直接决定了我们对这个世界认知水平的高与低，决定了学习的效率和效果。

那么，怎样的个人能力知识体系框架才算高质量呢？有三个基本的标准。

1. 整体性

高质量的知识体系框架，一定是以本质的内在联系将知识组织为一个整体，并且服务于同一个根本应用目标的。例如，某地产公司财务总监的知识体系框架，包含了私募基金产品知识和地产物业运营知识，这两个知识放在一起产生的内在联系，使这位财务总监看到了地产公司往产业金融集团转型的大趋势（会发行房地产私募基金），并且抓住了地产公司相较于传统金融集团的优势（懂地产运营）。

2. 调整性

高质量的知识体系框架的第二个标准是自身具备很好的调整性，也就是说，当这个框架在实现目标的过程中，发现有阻碍或遇到干扰时，可以快速修正以确保对目标的支撑。例如，地产公司财务总监发现公司募资主要不是通过私募基金产品，而是传统的金融机构贷款，那么他搭建的知识体系框架就可以很好地调整以适应这个变化。

3. 转换性

高质量的知识体系框架的最后一个标准是转换性，也就是说，一旦目标发生变化，这个框架能够同步转换以支撑新目标的实现。还以地产公司财务总监为例。如果他对房地产、对财务都没兴趣了，想转型做互联网公司的 HR，那么他原先搭建的知识体系框架也可以快速转换以促成这个新目标的实现。

注意，个人知识体系框架与学科知识体系框架是不同的。个人知识体系框架中的所有知识一定都指向同一个应用目标；而学科知识体系框架更多是为了尽可能覆盖这个学科所有的内容，没有一个共同的应用目标。例如，同样学了财务知识，有人用于会计工作，有人用于审计工作。因此，如果照搬学科知识体系框架的话，是不符合优秀知识体系框架的整体性、调整性和转换性标准的。

那么，怎样才能构建出符合整体性、调整性、转换性的高质量知识体系框架？下一节我们就来好好聊一聊这个问题。

第 3 节　构建高质量的三层次个人知识体系框架

个人知识体系框架大体上可分为三种主要类型，如图 2-4 所示。

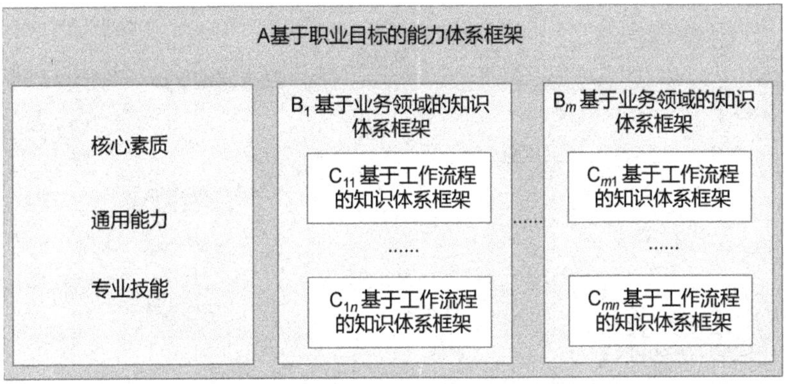

图 2-4　个人知识体系框架的三种类型

■ 基于工作流程的知识体系框架

基于工作流程的知识体系框架是最低层次的一种知识体系框架，是另外两种知识体系框架的重要基础。

例如，销售流程、开发项目管理方法论、软件实施项目管理方法论、解决问题五步法等，都属于这个层次的知识体系框架。

假设你是一名电话推销按摩椅的销售员，那么可以按照下面两步构建你的销售流程知识体系框架：

（1）按你的工作流程构建一个最简单的框架：准备→开场白→探寻需求→提出方案→锁定交易→后续跟进。

（2）将各种销售模板、销售工具、话术等，填入上面的六个步骤中，如图 2-5 所示。

这样，一个基于工作流程的知识体系框架就搭建好了。

这种方法搭建的框架，已经满足高质量知识体系框架三大标准中的整体性标准，因为这些知识都是围绕着如何卖出按摩椅来组织的。

那么，如何保证这个框架还满足调整性、转换性两个标准呢？需要对各步骤，以及各步骤中的模板做更高层次的抽象。

如果你能将电销话术抽象表征到一般销售的层次：用户是谁？他的核心诉求是什么？如何用一句话打动他？

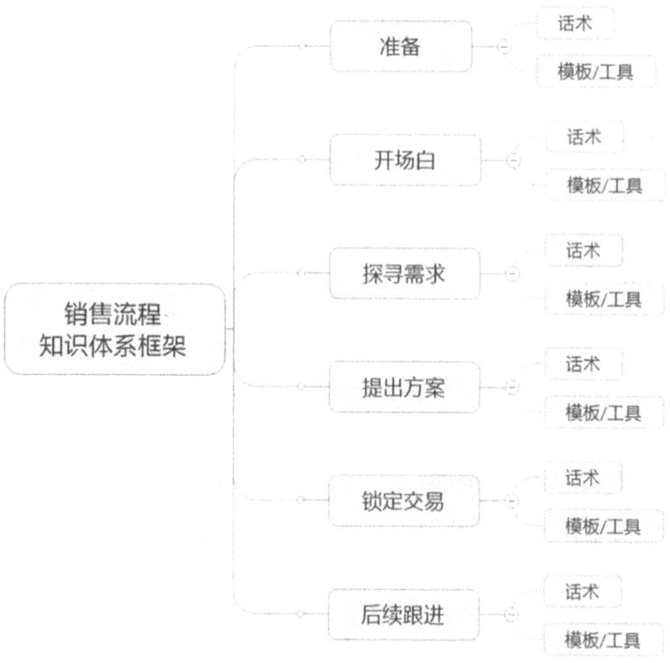

图 2-5　销售流程知识体系框架

那么，如果公司将你从电话销售岗位调配到网络销售岗位，你的这个知识体系框架就可以很容易调整，让你快速适应网络销售，这就是一个电话销售可以成长为金牌销售的秘诀。

如果进一步，将电销话术抽象表征到一般营销的层次：用户画像是什么？用户需求分析怎么做？打动人心的文案结构是什么？

那么，当你积累了一定经验后，哪怕转到市场营销岗位，你的这个知识体系框架也很容易转换为市场营销经理的知识体系框架，这就是一个电话销售可以成长为市场经理的秘诀。

如果再进一步，将电销话术抽象表征到一般沟通的层次：人类行为的基本特征怎么分类？人性的根本弱点有哪些？说服他人的认知心理学本质是什么？

那么，你的这个电销知识体系框架，就能大幅度地转换为任何层面的团队管理知识体系框架，这就是一个电话销售可以成长为高阶管理者的秘诀。

因此，只要按工作流程搭建框架，做更高层次的抽象，你的知识体系框架很容易就是一个符合三大标准的高质量知识体系框架，而且只要这样做了，哪怕你今天还是一名基层的小员工，两年后你就能领导一些工作年限远高于你的人了。

■ 基于业务领域的专业知识框架

如果能熟练掌握“基于工作流程的知识体系框架”的搭建方法，成为一名优秀的中基层执行者就是十拿九稳的事了。

但如果你想更进一步，成为你所在业务领域的专家或资深人士，那么仅仅掌握这个层次的知识体系框架搭建的方法还不够，你还得掌握如何搭建“基于业务领域的专业知识框架”。

这个知识框架的构建，有点类似于我们上学时搭建的学科知识体系框架。最简单的做法就是，按照教科书或专业图书的目录来构建。

不过，如果真的按这种方式来构建你的专业知识框架，那么你可能一辈子都成不了专家，最多成为一名熟手。因为这样的框架不符合高质量知识体系框架的三大标准：整体性、调整性和转换性。

那么，要怎样才能构建出符合三大标准的高质量的专业知识框架呢？

首先，要找到专业知识背后相通的本质规律，这些本质规律一般会以公理、原理、定律的形式出现。

例如，我们念初中的时候，都学过平面几何。当时觉得几何题的题目千变万化，好像有无穷无尽的类型。其实，整个几何学只不过是由五个公理推演出来的：

公理1　任意一点到另外任意一点可以画直线。

公理2　一条有限线段可以继续延长。

公理3　以任意点为中心及任意的距离可以画圆。

公理4　凡直角都彼此相等。

公理5　同一平面内一条直线和另外两条直线相交，若在某一侧的两个内角的和小于两直角的和，则这两条直线经无限延长后在这一侧相交。

真正的专家会利用这些公理、原理和定律来组织他们的知识，因为这些才是现象背后的本质规律。

再如，同样是产品经理，在做产品设计时，初学者会痴迷于收藏和保存各种工具或零散的小技巧，如怎样用 Axure 工具设计原型等。

而资深的产品经理会用原理和模型来组织知识，如产品设计的五层框架：战略层、范围层、结构层、框架层、表现层。工具和技巧都围绕这个五层框架来填充。

因此，要想构建出符合三大标准的专业知识框架，就**需要按照本专业领域的主要原理和定律来组织知识。**

■ 基于职业目标的能力知识体系

基于职业目标的能力知识体系，是个人层面上最完整的知识体系框架。它不仅包括前两个知识体系框架（基于业务流程的知识体系框架、基于业务领域的专业知识框架），而且多了两个要求：

（1）增加了核心素质（如性格特征、优先习惯）、与专业无关的通用能力（如思维能力、人际沟通能力）。

（2）要求将所有的核心素质、通用能力、专业技能、必备知识围绕某个职位目标，整合为一个有机联系的整体。

这种个人能力知识体系的搭建，最关键的是以下两点：

（1）从实际的职位目标出发，根据职位要求构建知识体系。

（2）随着职位目标的改变，以及职位晋升，逐步修正这个能力知识体系，让它变得更完整，更有迁移性。

我的个人能力知识体系的建立，就是严格从职业目标和岗位要求出发构建，再随着职位目标的变化而逐步修正出来的：从程序开发，到 ERP 实施顾问、管理咨询顾问、咨询总监，再到创业。

刚开始搭建个人能力知识体系时，可以参考表 2-2 中的一级分类和二级分类。它们相对比较完整，而且有着很强的调整性和迁移性。

表 2-2　个人能力知识体系框架示例

一级分类	二级分类	能 力 项	优 先 级	提能计划
核心素质	先天决定	性格特征	—	××××
	后天形成	意愿与动机	高	××××
		优先习惯	高	××××

续表

一级分类	二级分类	能 力 项	优 先 级	提能计划
通用能力	个体能力	思维能力	高	××××
		学习能力	中	××××
	团队能力	人际沟通能力	中	××××
专业技能	一般技能	Office 技能	中	××××
		项目管理	低	××××
	特殊技能	供应链优化	高	××××
必备知识	行业知识	物流行业	中	××××
	领域知识	财务	低	××××
		供应链	高	××××

更具体地，你也可以在 YouCore 公众号回复“1003”，查看“能力树”这篇文章（这篇文章被收录在《个体赋能》一书中，请你移步公众号进行阅读）。

如何借助各种工具（如印象笔记、OneNote）让知识体系框架落地，我们会在第 7 章中具体介绍。

总结

大脑不仅会沉淀学习经验，学习经验反过来也在持续地影响着大脑的结构，高质量的知识组织和利用方式，会在大脑里形成更高效的突触“连线图”，从而让我们的学习效率更高、效果更好；而低质量的知识组织和利用方式，会导致大脑学习效率下降。

那么，什么样的知识组织和利用方式才是高质量的呢？能将你的知识、经验、信念等组织成一个整体的个人知识体系框架，而且这个框架符合整体性、调整性、转换性三大标准，那么这种知识组织和利用方式就是高质量的。

学习的本质就是经验的迁移，这种高质量的个人知识体系框架能帮助你以更快的速度、更好的效果实现经验迁移。

在构建个人知识体系框架时，可以分为三个层次：

- 基于工作流程的知识体系框架。
- 基于业务领域的专业知识框架。
- 基于职位目标的能力知识体系。

每个层次的知识体系框架，都需要让其符合整体性、调整性、转换性这三大标准。如果能做到以上三点，那么你的学习就会效率倍增，你两年的经验就抵得上别人十年的经验。

学员感言

原来一直以为大脑是天生的，是没有办法改变的，现在看来，还是可以改变的，框架就是改变大脑的最好工具。

——学员 1

我刚毕业不久，希望自己能尽快在社会上立足，缩小和前辈的差距。有幸知道了构建个人能力知识体系框架的方法，两年抵十年，这下子超车有望了！

——学员 2

书外求助

看完了这一章，有什么不清楚的地方吗？

想不想知道自己搭建的个人能力知识体系框架怎么样？抛出你的框架，让大家一起来评一评吧。或者，你也可以看看别人的知识体系框架是怎么构建的。

扫码入群，即可获得书外求助的机会。记得备注“学习力”！

第3章 三大学习策略之三：做到可迁移，任何工作都轻松上手

我在HP工作期间，恰好赶上IBM、HP、埃森哲这些SAP主要的全球实施伙伴都大规模裁减SAP（SAP是目前世界最成熟的企业管理软件之一）顾问团队。

在这波裁员潮中，这批拿着高薪、顶着光环的顾问们却快速地分化成两个阵营：

一个是丢掉SAP、快速找到新归宿的阵营，不但没有受到裁员影响，反而拿着裁员补贴、领着更高的薪资摇身一变成为某公司的副总、某集团的CIO。

另一个是死抱SAP、寻觅不到归宿的阵营，要么是不愿降薪屈就到客户公司做SAP维护，要么是客户嫌他们技能单一不愿高薪录用。

为什么平时薪资、职位相差无几的顾问们，在这次裁员潮中表现迥异？

关键差别在于：对第一个阵营的顾问而言，**SAP软件只是承载他们思维能力、业务水平的一个工具载体。**对第二个阵营的顾问而言，**SAP软件是他们技能的全部。**

换句话说，第一个阵营的SAP顾问，他们的知识和技能是可迁移的，用在SAP也行，用在其他业务领域也行。第二个阵营的SAP顾问，他们的知识和技能是不可迁移的，只能依托在SAP软件上。但可惜的是，**靠一个专业技能干一辈子的时代，真的一去不复返了**。

第1节 做不到知识和技能迁移的人，很大概率会被社会淘汰

假设时间倒回1980年，你以维修收音机为生，而且是本地水平最高的维修人员。请问在今天，你赖以为生的是收音机的维修知识或技能吗？

时间回到2012年，你是一名会计。识别假发票的专业特长、出具财务报表的娴

熟技能让你在老板眼中有着不可或缺的价值。但随着国家税务总局大力推行电子发票、财务软件越来越智能地出具财务报表，在不久的将来会计工作全部自动化后，你这六年的会计知识和经验还能作为你寻找下一份工作的资本吗？

今天，假如你是一名追踪热点新闻资讯的记者，在《福布斯》《纽约时报》等知名媒体 80%的新闻资讯都是机器编写的潮流趋势下，仅靠着撰写新闻稿的知识和技能，你觉得离失业还有多远？

近两个世纪以来，人类社会一直在加速发展。相较于动辄上百万年才发生的自然演化，**社会变化是以年为单位的，速度是自然演化的上百万倍**。

想想自互联网诞生至今的 30 多年来，我们经历了多少次社会变迁，未来的 30～40 年，这种变迁只会越来越快，如图 3-1 所示。

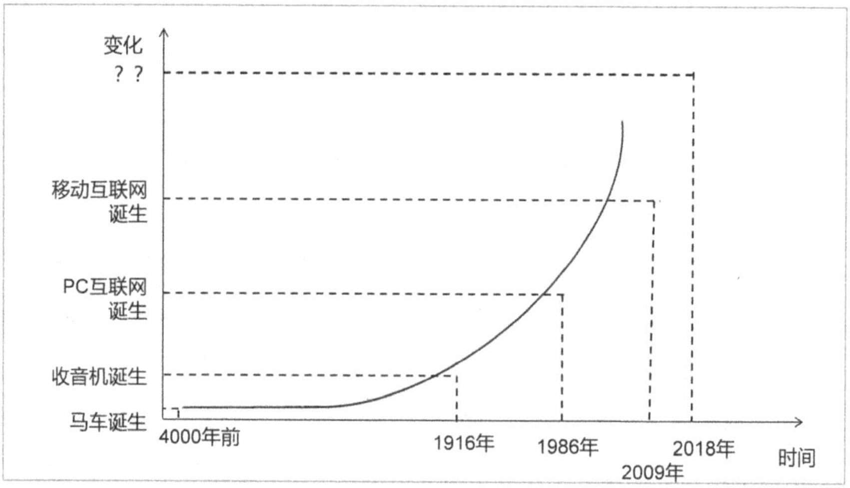

图 3-1　人类社会呈现指数式发展

计算机对世界的了解也在呈指数级提升，在未来 5～10 年，大多数传统行业重新洗牌是个大概率事件。未来一切可被编程化的脑力工作——如会计、人事、初级律师、BI 分析师、英语培训老师、围棋教练、政府低级职能人员，一定会被机器取代，而且机器肯定会做得比人类更好。

在美国，年轻律师已找不到工作（美国 NALP 调查发现，2014 届法学院毕业生中，只有 24%在 2 月前找到了法律相关领域的工作）。由于有了 IBM 沃森（“沃森”

是能用自然语言回答问题的人工智能系统），你几秒内就可以得到法律咨询。虽然到目前为止，IBM 沃森提供的还只是基本的法律服务，但精确率达 90%，相较而言，年轻律师人工达到的正确率只有 70%。将来 90%的人在机器帮助下都会是无师自通的通才律师。

因此，**无论你现在从事的是哪个行业，都无法保证未来 5~10 年内这个岗位还会存在**。每个 70 后、80 后、90 后的人，都会面临至少 3~4 次的职业变迁。

在这个呈指数级变化的时代，不具备知识和技能迁移能力的人，**很大概率会成为被社会淘汰的人。**

第 2 节　怎样才算具备知识与技能的迁移能力

知识和技能的迁移能力，就是把在一个情境中学到的东西迁移到新情境中的能力。这种可迁移的能力，可大致分为近迁移和远迁移两种。

■ 近迁移

近迁移是你可以运用已有的知识和技能处理与之前情境类似的任务或问题。

具体到职场上，就是你在一个岗位上，可以把处理任务 A 所积累的知识和技能，迁移到类似的任务 B、任务 C 上。

例如，你为公司策划了一个空调产品的市场活动，做得还不错，如果再让你策划一个空气净化器的市场活动，你就可以将策划前一个市场活动的经验迁移过来，同样可以将这个新产品的市场活动策划好。

这类迁移需要的是整理出既通用又具体的流程框架和工具方法，这样在处理类似任务的时候，就可以快速地套用。

对近迁移而言，迁移的知识和技能的量越大，就代表着可迁移能力越强。因此，知识和技能的组织越体系化、越通用，迁移的效果就越好，因为这样知识和技能可迁移的量就越大。

■ 远迁移

远迁移是指你可以运用已有的知识和技能，处理与之前经验发生情境大相径庭的任务或问题。

具体到职场上，就是你从一个岗位转到另一个岗位，或从一个行业跨到另一个行业后，已有的知识和技能可以快速迁移，让你快速胜任。

通俗地说，就是："今天你是一名会计，明天给你换岗做 HR，你可以复用在会计工作中萃取的能力完成新的工作；六个月后再给你换岗做市场推广，你依然可以复用在会计、HR 工作中萃取的能力。"

远迁移不仅仅是在表征结构类似的任务之间的技能和知识的迁移，更是在各种表征结构大相径庭的任务之间的迁移。要做到这一点，就必须抽象出一般规律上的联系。例如，同样做市场策划活动，积累的经验不仅仅是活动的策划步骤和工具，更包括如何挖掘客户需求这个本质。因此，你以后无论是跨行做产品经理，还是做互联网运营都可以干得很好。

与近迁移更注重迁移的量不同，对远迁移而言，迁移的规律越接近本质，就代表可迁移的能力越强。因此，你所能抽象出的规律越接近本质就越好，因为这意味着这个规律能解决的问题范围就越广，你所能跨越的岗位和行业的幅度就越大。

第 3 节　三大方法大大提升知识和技能的可迁移性

那么，如何才能提高近迁移的知识和技能的量，抽象出更本质的规律，扩大远迁移的范围呢？下面给出了三个方法。

■ 方法 1　组织好先前知识和先前经验，不再从零开始

学习的本质是原有经验的迁移。没有人是如同一张白纸般开始学习新知识的，每个人都是带着已知道、已相信的知识来理解新知识的。

举个例子。在全球所有的科幻片中，绝大多数外星人都无一例外地长着人的样子，哪怕有的外星人长着 8 只手、4 条腿，但都是脑袋、躯干和肢体的组合，无论如何都能看出人的外形。即便偶尔将外星人想象成虫子的样子，也一定要寄生在人的外壳中

（如《星际之门》《黑衣人》等）。

这就是先前知识和先前经验对我们的影响，因为在我们的认识里，人是智慧生物的代表，因此我们想象的外星智慧生物也很难超脱出人形。

就像《鱼就是鱼》这本书里写的，一只青蛙给一条鱼描绘陆地上的人、奶牛、鸟儿，在鱼的想象中，就分别成了用尾巴走路的鱼、长着乳房的鱼、用鱼鳍当翅膀的鱼。

既然人人都是带着先前知识、先前经验在学习，那么知道自己带着哪些先前知识和先前经验，并且能组织成结构良好的框架的话，比起不了解自己，懵懵懂懂地开始新知识的学习，是不是更容易建立知识之间的联系，也更能实现知识和技能的迁移呢？

例如，你在决定学习互联网写作时，可以先不用急着去报各种写作班，而是将自己的先前知识整理一下。设想一下，如果要写出一篇在微信公众号上被人愿意看的文章，应该怎么写。

这时，你开始调用小学、初中、高中的语文知识：记叙文要有时间、地点、人物，最好要有跌宕起伏的故事情节；议论文要有鲜明的论点、逻辑清晰的论证、有说服力的论据；说明文要有明确的说明对象，采用总分总结构，按空间、时间、递进等说明顺序清楚地讲述。

将这些蒙尘多年的知识调用出来后，再去学习互联网写作，就会发现哪些是你原来就知道的，哪些是你原来知道但理解有偏差的，哪些是你原来不知道的。这样学习起来就更有重点和针对性了，花的时间更少，但理解得更深，而且与之前的知识建立了紧密的联系，以后再迁移到文案写作、工作汇报等方面，也就更容易了。

因此，先前知识和先前经验组织得越好，在学习新知识时花的时间就越少、理解得就越深刻，知识和技能的迁移就越容易发生。

那么，要怎么做才能将先前知识和先前经验组织好呢？

除了按照第 2 章介绍的构建三种类型的个人知识体系框架，你还要适当放慢速度，给自己留出整理先前知识、先前经验的时间。留出时间做知识整合，短期内看似多花了时间，但从长期来看，对知识和技能的迁移效果更好。

因此，相较于逼着自己不停地学习新东西，停下来，抽出几天时间用 OneNote 整理出自己的先前知识和先前经验，对你价值更大。在第 7 章中，我们会介绍 OneNote

的具体用法。

■ 方法 2　在多样化的情境中应用，而非单一情境

知识和技能的迁移能力，是把在一个情境中学到的知识和技能迁移到新情境中的能力。

因此，与在单一情境中学到的知识相比，**在多样化的情境中学到的知识，更有利于迁移**。因为，在多样化的情境中学习：

（1）你能够知道更多可以使用这个知识的情境；

（2）你可以体会到在不同情境中知识运用结果的差异，从而条件化知识。

假如你是做软件开发的，你和公司一名做销售的同事一起参加了一场表达培训，其中传授了一个表达技巧：说话要观点先行，然后用 1、2、3 分条阐述。

你用了这个方法后，发现跟老板汇报工作时，效果明显好了很多，不再像以前那样，明明做了 10 分，老板眼里却只能看到 6 分。在之前的情况下，你几乎看不出那种表达方式到底有何问题。

但当你因为汇报出色，被提升为开发经理后，老板安排你去辞退某名下属时，你知不知道如何迁移这个表达技能，才能让这名同事心服口服地接受辞退呢？

你很有可能不知道如何迁移，但做销售的那位同事很有可能就知道。

因为她除了经历过给领导汇报工作这个情境，还经历过跟客户交流的各种情境，以及协调供应商资源的情境，因此她很快就能发现，这种表达方式缺少一定的含蓄性。

例如，在跟客户交流的时候，她总不能一坐下就说："今天我主要是来谈合同价格的，我希望能不降价。我的理由有三点……"

相较于你应用的单一情境，她的应用情境更多样化，因此她更容易知道在哪些场合下使用这个表达技巧，在哪些场合下这个表达技巧更适合做些调整。

那么，如果受限于工作岗位，如何创造多样化的情境，促进迁移呢？有以下两个途径。

1. 解决多个不同的具体案例

以做菜为例，要真正做好麻婆豆腐，就要分别做给不同的人吃，最好这几个人口

味还不太一样，这样你才能真正领悟做好一盘麻婆豆腐的精髓。

在学习新知识和新方法的时候，不要只用一个例子。至少要在三个具体例子中使用，最好这三个例子还能有一定的差异性。

例如，个人情境下怎么用，团队情境下怎么用，协助别人完成的情境下又怎么用，等等。

2. 采用“如果—怎么办”策略

还是以烧麻婆豆腐为例。之前都用超市里专门的麻婆豆腐调料，但如果没有这个专门的调料，该怎么做呢？

在学习时也如此，尝试改变问题的部分条件后，再给出解决方案。

例如，在学习了某个“如何做调研”的方法后，你就可以修改一个条件“如果某个关键客户工作很忙，一直约不到时间怎么办”。通过修改条件再应用所学知识，就能更好地建立条件化的应用，也更容易在不同情境下做迁移。

■ 方法 3 对知识做更高层次的抽象

迁移分为近迁移和远迁移，远迁移的关键就在于能否对知识做更高层次的抽象，从而能在更广泛的范围内使用。

我们公司原来有个小姑娘，开始是在公司实习的，但因为表现不错，就转正做顾问招生咨询了。虽然她大专刚毕业，但招生咨询确实做得很棒。在 2015 年 7 月到 2016 年 6 月这一年里，平均月薪能拿到 1.5 万元，她那些上了重点大学的高中同学都对她羡慕不已。

但因为公司业务调整，将顾问培养业务挪到了沈阳的基地，而她因为不愿意去东北，所以就转做另一个产品的销售了。

虽然她依然很努力，也很想做好，但表现一落千丈。

除换了产品这个客观因素外，最大的问题就在于她总是停留在原先的销售话术里，无法将原先招生咨询的经验做更高层次的抽象，提炼为如何识别用户、如何挖掘用户需求，以及如何打动用户的一般经验。

但与她同部门的另一名同事，就能够做到从更高层次抽象出自己的经验，并且运用在了新产品上，现在依然是公司的明星职员。

怎样才能锻炼出更高层次的抽象能力呢？下面是两个行之有效的做法。

1. 将多个具体的案例概括、抽象为问题类型

例如，烧了麻婆豆腐、鱼香肉丝、宫保鸡丁之后，是不是能概括出川菜的一个通用烹饪方法？

就像你在第 2 章“搭好框架”中学习到的方法，如果能将各种问题概括为不同的问题类型，并且针对每一种问题类型抽象出一般的问题解决步骤，是不是就有了更好的、可迁移的解决问题能力？

2. 从更本质的原理、规律出发去思考问题

将问题概括为不同类型的方法是一种自下而上的方法，还有一种自上往下的方法：从更本质的原理出发去思考问题，这样就更容易抽象出更本质的规律。

例如烧菜，讲究色、香、味，如果能从化学反应的角度来看待做菜，那么不管是川菜、粤菜、淮扬菜，还是鲁菜，做起来都会得心应手。

在学习财务的时候，如果能更多地从“资金的价值流理论”，以及“资金的权利流理论”出发来思考工作中遇到的各种财务问题和方法，就更容易看透财务的本质，从而抽象出企业运营管理的一般规律，也就更容易升迁到财务总监，甚至从财务总监升迁到总经理或总裁的位置。

总结

从今往后的社会，靠一个技能可以干一辈子的工作应该是一去不复返了，每个人至少都要经历 3 ~ 4 次的职位变迁。

这就意味着，我们光靠重复已有的知识和经验，将难以在以后的社会中生存，这就逼着我们不得不具备知识和技能的迁移能力，特别是在职场上，要同时具备**近迁移能力**（要做到可以把处理任务 A 所积累的知识和技能，迁移到类似的任务 B、任务 C 上）和**远迁移能力**（从一个岗位转到另一个岗位，或者从一个行业跨到另一个行业后，已有的知识和技能可以快速迁移，让你快速胜任）。

要具备这个可迁移能力，就要做到以下三点：

- 组织好先前知识和先前经验，不再从零开始。
- 在多样化的情境中应用，而非单一情境。
- 对知识做更高层次的抽象。

做到了上面三点，你的学习就会融会贯通，任何工作都能上手自如。

学员感言

时代变化太快了，一会儿大数据，一会儿 AI（人工智能），谁知道未来还会发生什么，眼看着很多工作逐渐被机器取代，根本没有什么“铁饭碗”可以指望，还是好好提升自己的可迁移能力吧。

——学员 1

知识的可迁移能力和平时说的举一反三很类似，之前很羡慕别人举一反三的能力，觉得那是因为别人更聪明，现在才知道，只要方法对了，大家都可以举一反三，都可以有可迁移能力。

——学员 2

书外求助

看完了这一章，关于可迁移能力还有什么疑惑的地方吗？

例如，有人问：“我做的都是事务性的工作，如端茶、倒水，这些怎么做到可迁移呢？”

扫码入群，即可获得书外求助的机会。记得备注“学习力”！

第 2 部分
上手即用的五类学习技巧

第4章 五类学习技巧之一：搜索技巧，任何资料一搜就有

你有没有遇到过这样的情况，想找个资料，自己无论如何都搜索不到，但跟别人一说，别人三下五除二就找出来并发给了自己。

例如，你想在 Excel 中实现某个功能，去问同事，虽然他也不会，但没隔几分钟，他就发来一个网页，上面清清楚楚地写着具体的操作步骤。可在问他之前自己明明也查了半天，因此有时甚至怀疑自己是不是用了假的搜索引擎。

为什么会出现这样的情况呢？原因很简单，他掌握了你不知道的搜索技巧。

这一章，我们就来学习下面这些搜索技巧：

- 如何更高效地使用搜索引擎。
- 如何找到搜索引擎找不到的内容。
- 如何确定精准的搜索关键词。

第 1 节　搜索引擎使用技巧，让搜索更高效

《白雪公主和七个小矮人》的童话里面有一面魔镜，无所不知。正是因为王后问了魔镜“谁是世界上最美丽的女人”，才有了后面的故事。

大多数人在使用搜索引擎时，也将其当作了魔镜，区别只不过是用魔镜的时候是说话，用搜索引擎的时候是打字（现在搜索引擎也支持语音检索了）。

自己想到了什么问题，就直接在搜索框里输入完整的问句，甚至有时候是一段话，将背景描述得明明白白，就怕搜索引擎不理解。但结果恰恰相反，很多时候根本搜索不出想要的内容，或者可能搜索出来了，但因为在 50 页开外，你压根就看不到。

这就是在不了解搜索引擎工作原理的情况下，“小白”最容易犯的错误。

■ 搜索引擎的工作原理（以百度为例）

当在搜索框里输入内容，点击“百度一下”的时候（见图 4-1），搜索引擎没有《白雪公主和七个小矮人》中的魔镜那么智能，它真正在做的工作不是回答，而是匹配。

图 4-1　百度搜索框

那么，是和什么进行匹配呢？是和整个互联网的网页内容进行匹配吗？实际上并非如此，而是和百度的索引进行匹配。

什么是索引？简单来说，就是关键词，它可以方便我们快速定位到所需查找的内容。

我们平时看的纸质书中也有索引。例如，在《心理学与生活》这本书中，我想了解什么是“皮格马利翁效应”，该怎么办？

如果从头逐页找起，整本书有 600 多页，至少得花好几小时。

目录中也没有提到“皮格马利翁效应”。

这时候就可以翻到书后的索引，在这里可以清晰地看到每个关键词对应的页码。例如，“皮格马利翁效应”就对应书中的第 492 页。

这样的信息定位是不是一下子就高效了很多，大部头的书里往往都有对应的索引。

搜索引擎也是类似的原理。

例如，还是搜索“皮格马利翁效应”。如果搜索引擎临时到互联网所有的网页中去查找、匹配，那么多网页需要搜索，当搜索引擎得到了结果并返回给你时，估计你早就等得不耐烦了。

所以，搜索引擎在你检索之前，已经做好了准备工作，这个准备工作就是预先建立索引。

搜索引擎会运行一种叫爬虫的程序，到互联网上去采集网页内容，从几个页面开始，这些页面中又有其他页面的链接，爬虫沿着这些链接再去采集其他页面的内容，就这样日日夜夜不停息地采集，采集的内容会存储到搜索引擎自己的服务器上，并且针对这些内容进行加工处理，建立相应的索引。

当在搜索框中输入“皮格马利翁效应”的时候，搜索引擎不是临时到互联网所有的网页中去查找、匹配，而是到自己的索引库里去查找、匹配，匹配上了索引，也就找到了对应的网页。

这样匹配出来的页面可能有很多，又会以怎样的顺序展现到你面前呢？

搜索引擎会根据很多因素给每个匹配的页面打分，例如：

- 网页中出现关键词的次数。
- 关键词是不是出现在网页的标题里。
- 网页地址中含不含关键词。
- 网页中含不含关键词的同义词。
- 网站的权威性。

还有很多其他因素，这主要是搜索引擎优化（SEO）的工作，此处就不再赘述。

基于这些因素，搜索引擎会给每个网页的综合排名打分，最后按先后顺序展现在屏幕上。整个过程不超过 1 秒。

了解了搜索引擎的基本工作原理后，你应该已经发现，要想检索到所需的内容，关键不是你输入搜索框的内容有多详细，而是能不能找到关键词，匹配到索引。

就如同《还珠格格》中紫薇对皇上说：“皇上，你还记得大明湖畔的夏雨荷吗？”如果把皇上比作搜索引擎，这里的大明湖、夏雨荷就是关键词，只要输入这两个词就可以唤起所有的回忆，其他再多的千言万语都黯淡无光。

那么，如何输入这两个词呢？这就要了解搜索引擎的检索规则。

各个搜索引擎的检索规则会略有不同。百度是我们经常使用的搜索引擎，所以还是以百度为例。

■ “与”规则

最基本的规则就是“与”规则。输入多个关键词的时候，只要词与词之间用空格隔开，百度就会默认检索包含所有关键词的网页。关键词之间是逻辑“与”的关系，也就是“并且”的关系。

例如，在搜索框中输入“北京”“冬奥会”，中间用空格隔开，搜索引擎就会检索出所有既含有“北京”又含有“冬奥会”的网页，如图 4-2 所示。

图 4-2　关键词的“与”规则

■ 排除常用词规则

在百度的检索规则中，类似于“的”之类的常用词是不作为关键词进行匹配的，会被自动忽略掉。

例如，在搜索框中输入“北京的冬奥会”，“的”就会被自动忽略掉，如图 4-3 所示。

■ 排除标点符号规则

百度会忽略绝大多数的标点符号，不会将它们作为关键词。

例如，在搜索框中输入“北京，冬奥会!”，逗号和感叹号都被忽略了，如图 4-4 所示。

有些符号辅助检索的，不会被忽略，在后续的高级检索中会介绍。

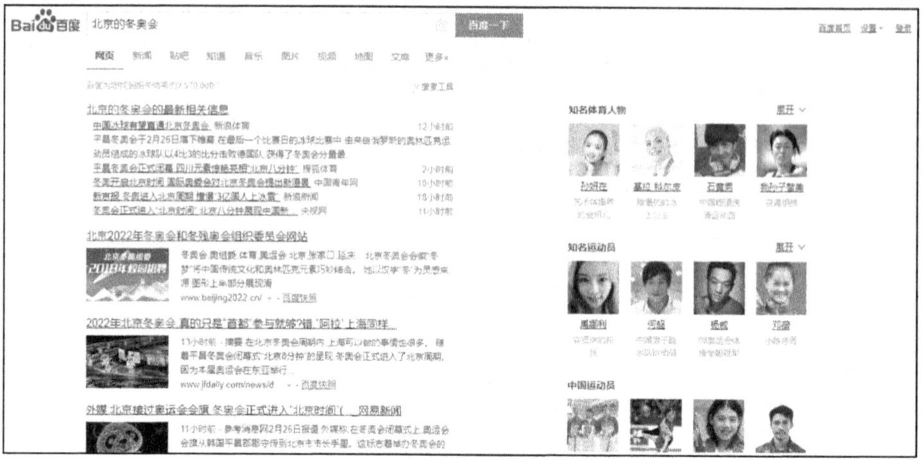

图 4-3　排除常用词规则

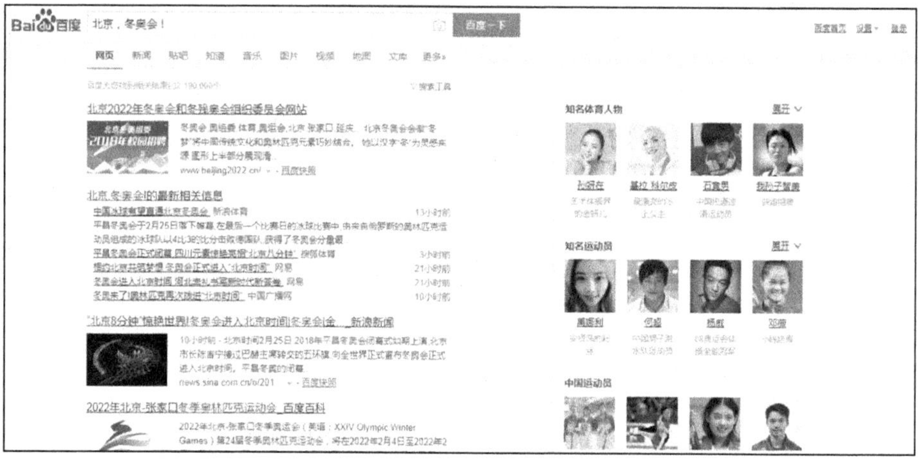

图 4-4　排除标点符号规则

■ 不区分大小写规则

百度的关键词不区分大小写，这样设计的目的是避免因为大小写的不规范导致用户搜索不到想要的结果。

例如，分别在搜索框中输入“BEIJING 冬奥会”和“beijing 冬奥会”，搜索到的结果是一样的，都是 3 470 000 个结果，如图 4-5 和图 4-6 所示。

图 4-5　搜索“BEIJING 冬奥会”的结果

图 4-6　搜索“Beijing 冬奥会”的结果

■ 关键词词序规则

关键词的顺序会对检索结果造成重要影响，百度会首先匹配与关键词顺序一致的网页。

例如，分别在搜索框中输入“北京 冬奥会”和“冬奥会北京”，查询出来的结果是不一样的。

“北京 冬奥会”查询出 3 470 000 个结果，“冬奥会 北京”查询出 3 440 000 个结果，如图 4-7 和图 4-8 所示。

图 4-7　检索“北京冬奥会”的结果

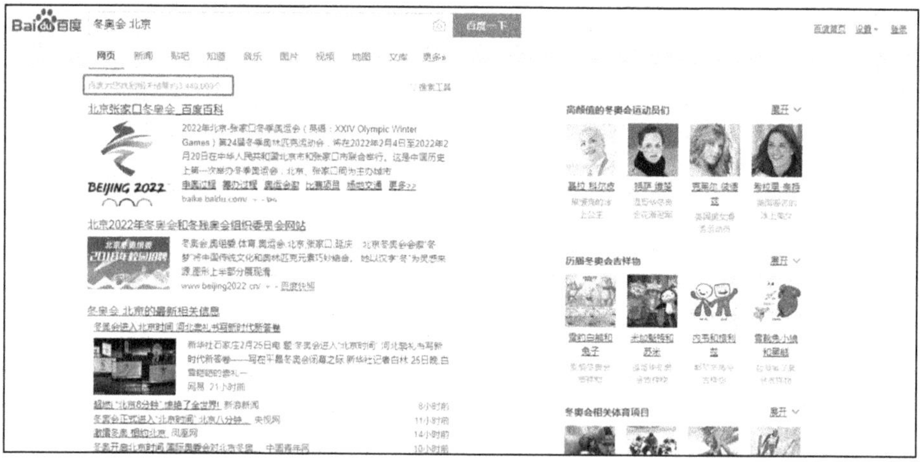

图 4-8　检索“冬奥会北京”的结果

■ 百度快照

你有没有遇到过这样的情况，在百度中搜索到的网页，点击，却打不开，这时是不是就无计可施，只能放弃了呢？

还记得之前介绍过的搜索引擎原理吗？搜索引擎的爬虫会将爬取到的网页内容存储到自己的服务器，以便进行后续的加工处理、编制索引，所以搜索引擎的服务器上至少有一份网页的历史存档。

当搜索到了网页，打不开的时候，就可以考虑查看百度针对这个网页的历史存档，也就是百度快照。

例如，在搜索框中输入“北京 冬奥会”，查询结果中的第一个是“北京 2022 年冬奥会和冬残奥会组织委员会网站”，右下角有“百度快照”几个字，如图 4-9 所示。

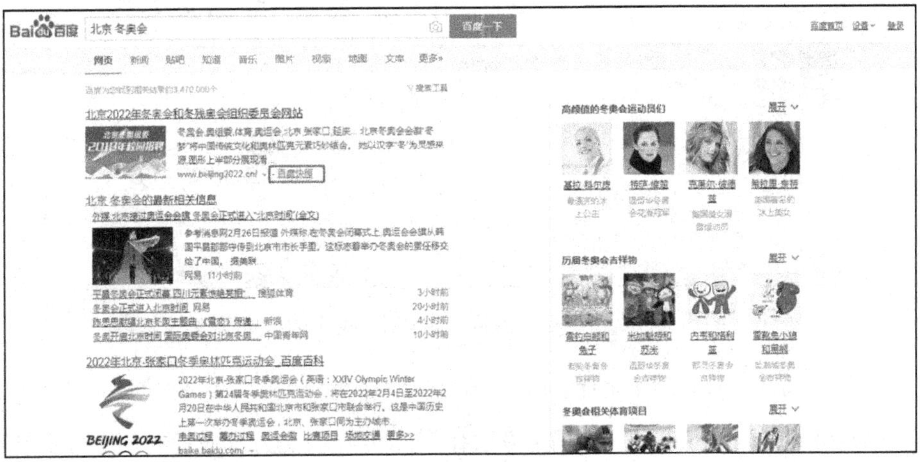

图 4-9 “百度快照”字样

一般情况下，我们都是点击“北京 2022 年冬奥会和冬残奥会组织委员会网站”，打开后地址栏的地址就是实际网站的地址，如图 4-10 所示。

图 4-10 “北京 2022 年冬奥会和冬残奥会组织委员会”网站网址

如果网页打不开，或者想查看百度服务器对这个网页的历史存档，就可以点击“百度快照”，如图 4-11 所示。

图 4-11　点击“百度快照”查看对应网页的历史存档

这样做同样会打开一个页面，但这个页面和之前的页面是不一样的。页面的地址是“cache.baiducontent.com”，页面上方还有快照的时间。这个页面是存储在百度服务器上的，而不是北京 2022 年冬奥会和冬残奥会组织委员会的实际网站，如图 4-12 所示。

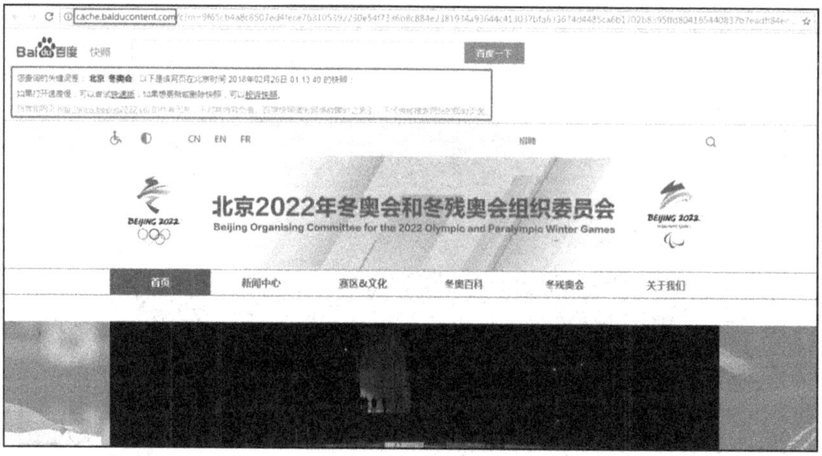

图 4-12　百度服务器上的“北京 2022 年冬奥会和冬残奥会组织委员会”网站页面

前面介绍了搜索引擎的原理和百度的基本检索规则，其实搜索引擎还有一些高级检索技巧，掌握后对提高检索效率是很有帮助的。下面还以百度为例。

■ 包含任意一个关键词(|)

要使查询结果同时包含多个关键词，我们知道要利用“与”规则，也就是关键词之间用空格隔开，如图 4-13 所示。

图 4-13　关键词之间用空格隔开

如果希望查询结果只要包含任意一个关键词就查询出来，该怎么做?

例如，之前“与”规则的空格，是把同时包含“北京”和“冬奥会”的网页查询出来，现在只要包含“北京”或“冬奥会”中任意一个关键词就要把结果查询出来。

做法就是在搜索框中输入“北京 | 冬奥会”，中间的竖线就代表“或”，可以看到查询结果中“北京市环保局”只含有关键词“北京”，如图 4-14 所示。

图 4-14　检索“北京”或“冬奥会”

■ 不包括某些关键词(-)

有时我们不希望查询结果出现某些关键词。例如，在搜索框中输入“冬奥会”，里面包含平昌冬奥会的结果，如图 4-15 所示。

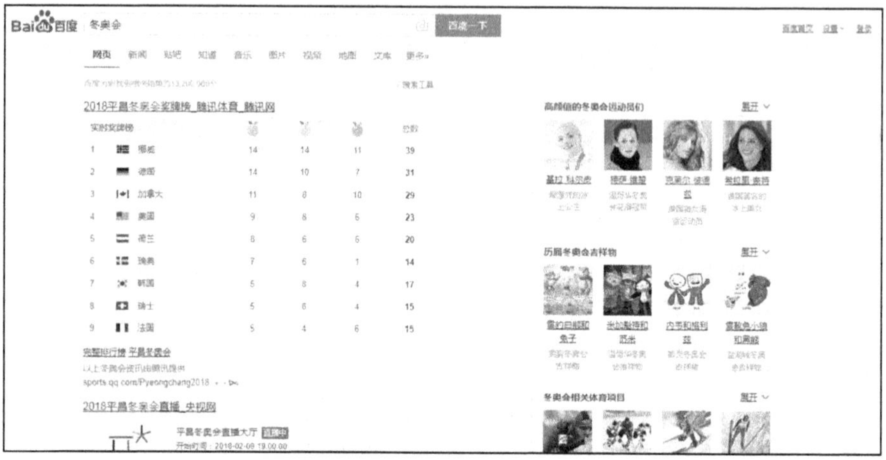

图 4-15　检索“冬奥会”的结果

如果想把与平昌相关的结果排除掉，就可以在搜索框中输入“冬奥会-平昌”，一个减号就把与平昌相关的结果剔除了，如图 4-16 所示。

图 4-16　排除“平昌”的检索结果

■ 包含完整的关键词（“”）

在搜索框中输入的关键词，即使中间没有空格，百度也会自动对其进行拆分，再与索引进行匹配。

例如，在搜索框中输入“冬奥会北京”，查询结果中会将“冬奥会”和“北京”拆开来再匹配，如图 4-17 所示。

图 4-17　关键词拆开匹配示例

为了与“冬奥会北京”完整匹配，要在关键词上加上双引号（注意，是英文状态下的双引号），这样查询出的结果就包含了完整的关键词，如图 4-18 所示。

图 4-18　完整匹配检索示例

■ 关键词是文学影视等作品（《》）

书名号是百度独有的查询语法，加上书名号，百度结果中会优先显示含有关键词的文学、影视等作品。

例如，在搜索框中输入“未来”，查询结果没有什么特别之处，如图 4-19 所示。

图 4-19　没有添加书名号的检索结果示例

在关键词上加上书名号，查询结果显示的都是音乐、图书、影视作品等，如图 4-20 所示。

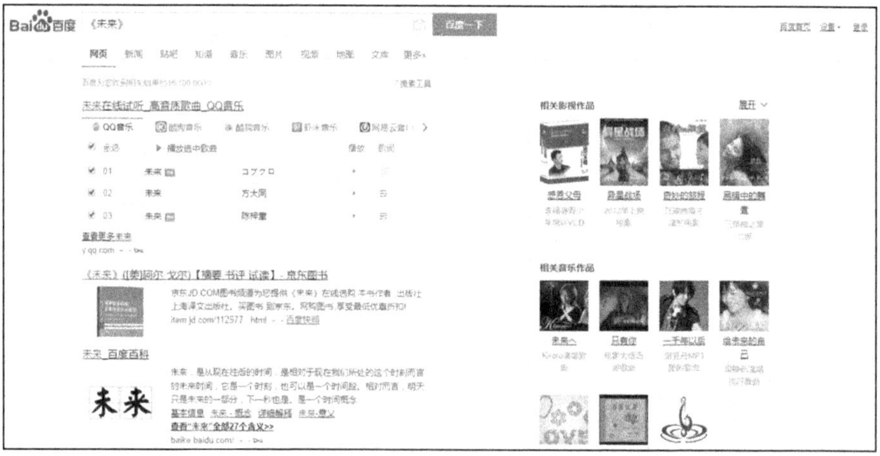

图 4-20　添加书名号的检索结果示例

■ 限定搜索的网站（site）

在百度中输入关键词，搜索引擎会在互联网的所有网页中去查询匹配结果，而有时我们只想在某些特定的网站中搜索。

例如，在搜索框中输入“GDP”，百度返回的结果包含各种网站，如图 4-21 所示。

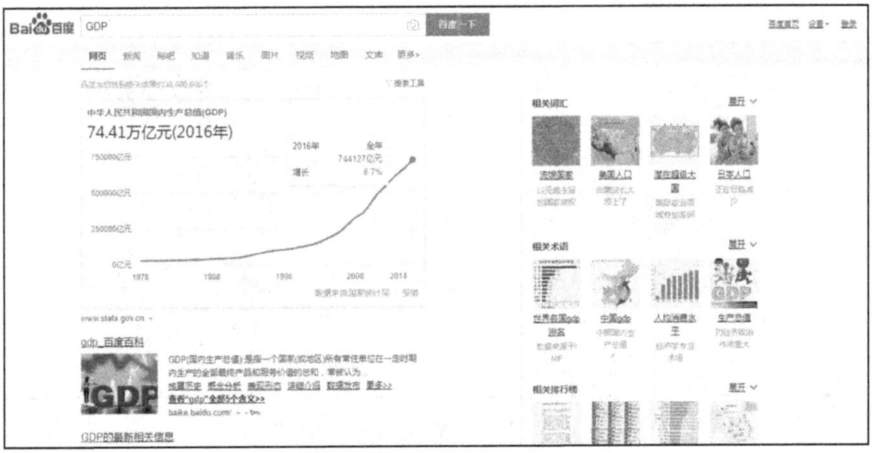

图 4-21　百度检索“GDP”的结果

如果我们只想查询豆瓣这个网站的相关结果，就可以运用 site 的语法把关键词改为“GDP site:www.douban.com”，这样百度查询出来的结果都来自豆瓣网站，如图 4-22 所示。

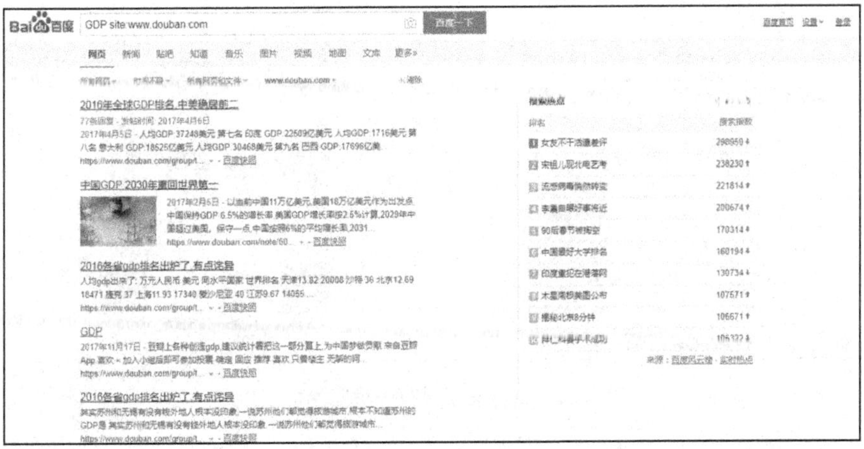

图 4-22　只检索特定网站的示例

如果不是限定在某一个网站，而是某一类网站，例如，从政府网站查询结果，可以将关键词改为“GDP site:gov”，可以看到返回的结果都是政府网站的，如图 4-23 所示。

图 4-23　只检索政府类网站的示例

“site:gov”返回的都是英文的政府网站，如果要显示中文的，就要加上“cn”，即把关键词改成“GDP site:gov.cn”，返回的结果如图 4-24 所示。

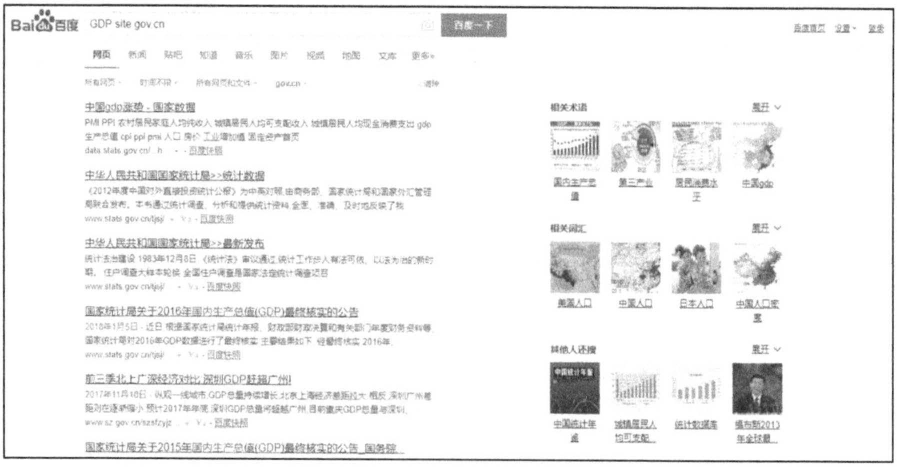

图 4-24　只检索中文政府类网站的示例

■ 查询指定文件类型（filetype）

工作中经常需要制作 PPT、Excel、Word 文档，如果能搜索到类似的文档作为参考就会很有帮助。

我们可以在百度搜索引擎里运用 filetype 语法。

例如，在搜索框中输入“深圳”，返回结果都是网页，如图 4-25 所示。

图 4-25　检索指定文件类型的示例

如果运用 filetype 语法，把关键词改成“深圳 filetype:ppt”，查询出的结果就全是 PPT 了，如图 4-26 所示。

图 4-26　只检索 PPT 文件的示例

除了 PPT，还可以改成其他的文件类型，如 filetype:pdf，查询出的结果就是 pdf 文件，如图 4-27 所示。

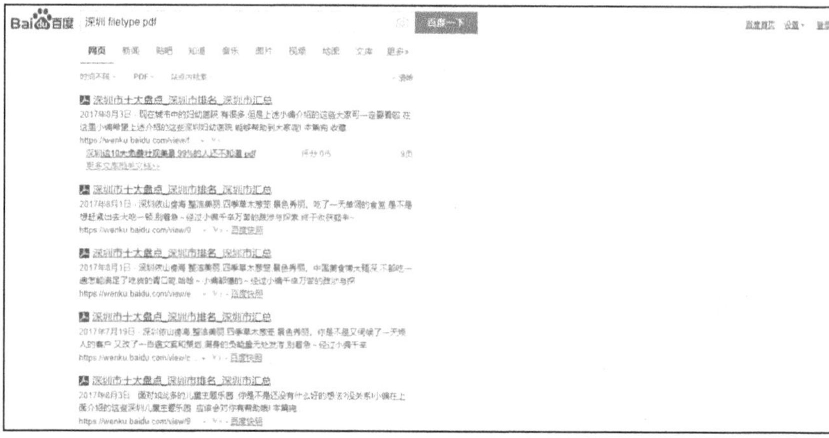

图 4-27　只检索 pdf 文件的示例

■ 关键词位于网页的地址中（inurl）

关键词如果位于网页的 url 中，也就是网页的地址中，网页的相关度一般都会很高。

例如，在搜索框中输入“inurl:gdp”，结果如图 4-28 所示。

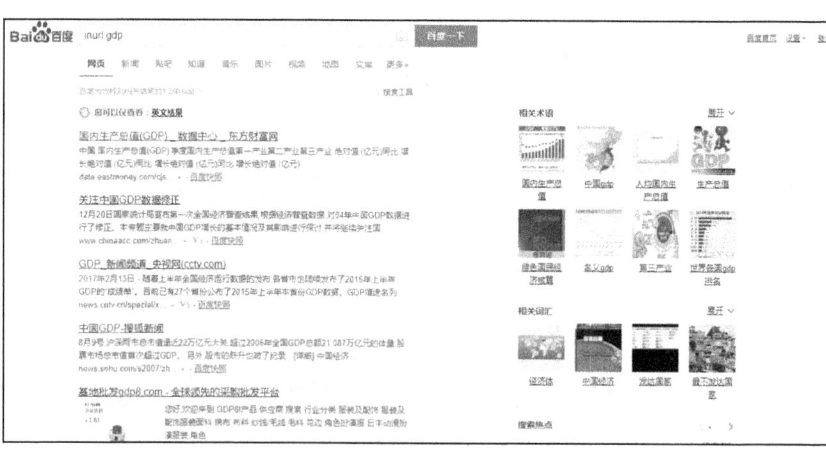

图 4-28　只检索 url 中包含“gdp”的网页示例

从结果中任意打开两个网页，网页的地址栏中都含有 gdp 这个关键词，如图 4-29

和图 4-30 所示。

图 4-29　网址栏中包含“gdp”

图 4-30　网址栏中包含“gdp”

■ 关键词位于网页的标题中（title）

百度根据关键词查询出来的结果，并不一定在标题中都包含关键词。想让查询结果的标题都含有关键词，就要运用 title 语法。

例如，在搜索框中输入“gdp”，可以看到返回了 30 000 000 个结果，如图 4-31 所示。

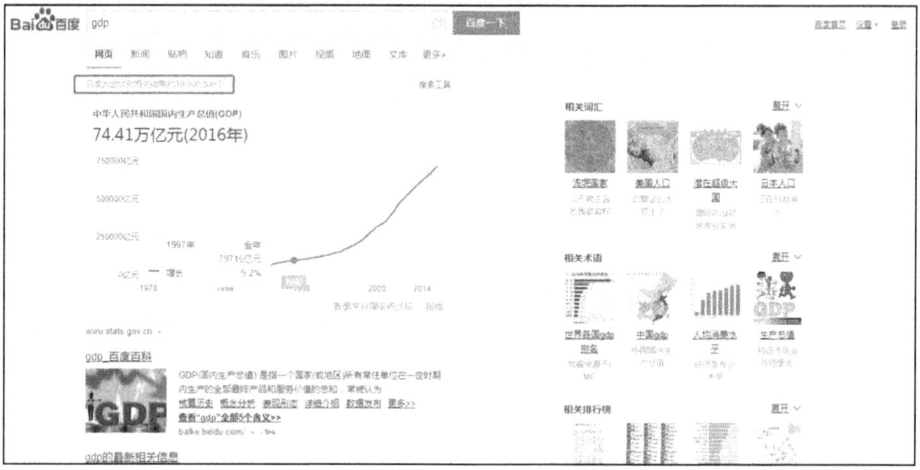

图 4-31　百度检索“gdp”的结果

如果把关键词改成“title:gdp”，结果数量就变成 1 810 000 个，如图 4-32 所示。

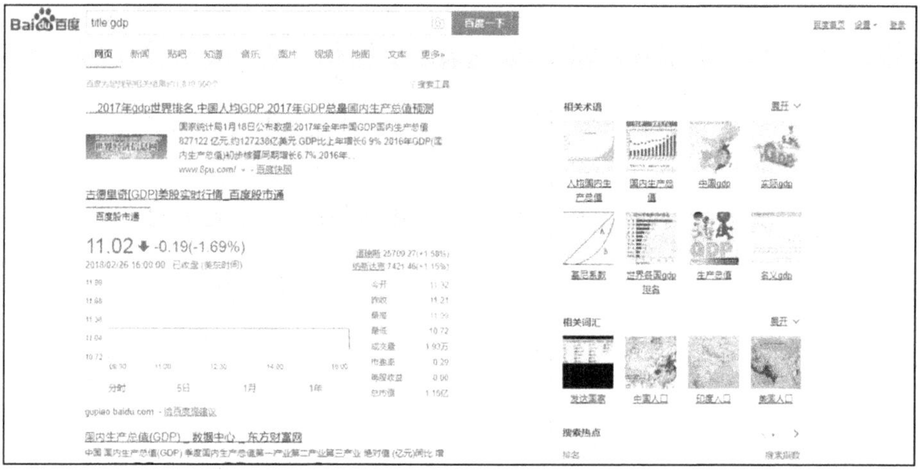

图 4-32　只检索标题中包含“gdp”的网页示例

记住，这些常用的高级搜索技巧，可以让自己的搜索技能如虎添翼。但你可能觉得记这些语法太麻烦，有没有不用记语法的方法呢？

可以在百度的首页，选择“设置”→“高级搜索”，进入高级搜索的界面，如图 4-33 所示。

图 4-33　百度高级搜索界面

如果你不知道界面入口，也可以在搜索框中输入“百度高级搜索”，点击第一个查询结果也可以进入，如图 4-34 所示。

图 4-34　用百度搜索“百度高级搜索”

百度高级搜索的界面与之前介绍的高级搜索语法有对应关系，如图 4-35 所示。

如果你不知道对应功能的语法是什么，可以直接输入标示性的关键词，点击“百度一下”，就可以看到对应的语法关系，如图 4-36 和图 4-37 所示。

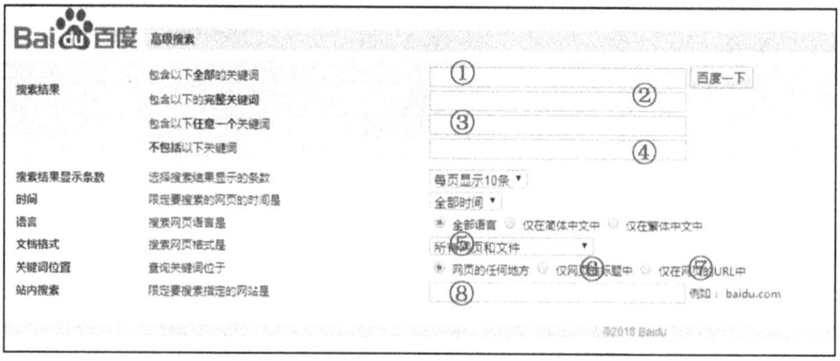

注：① 无；② “”；③ |；④ -；⑤ filetype；⑥ title；⑦ inurl；⑧ site。

图 4-35 各高级搜索语法对应关系

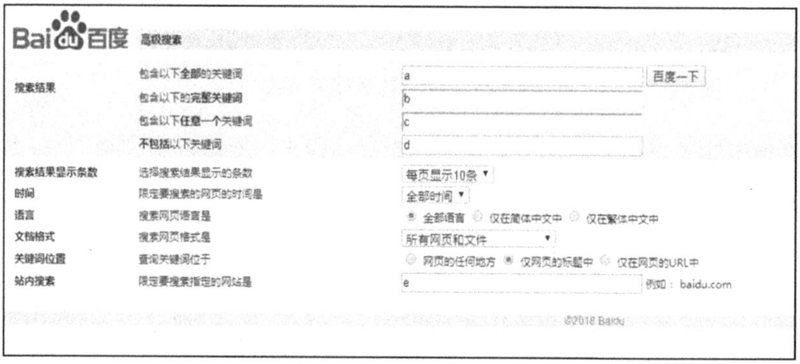

图 4-36 输入标示性的关键词

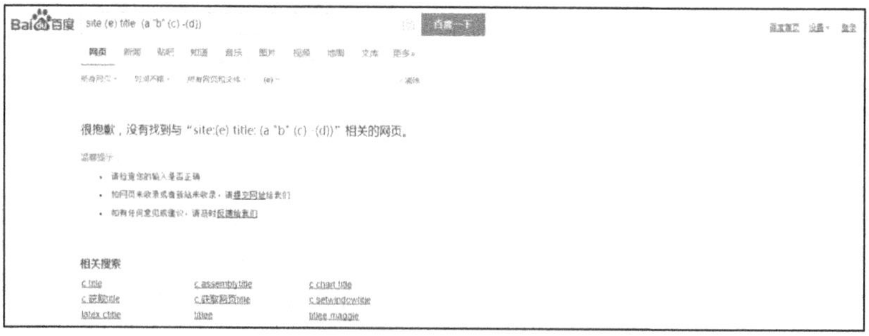

图 4-37 百度搜索框中显示的高级搜索语法

■ 百度的“搜索工具”

除了高级搜索界面，搜索工具也是百度搜索一个不错的辅助搜索的功能，如图 4-38 所示。

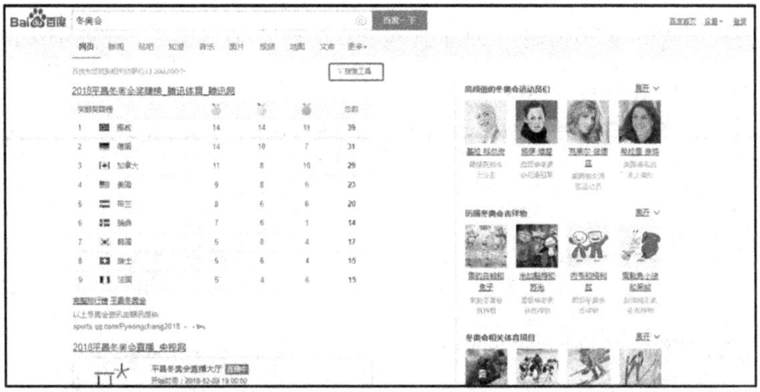

图 4-38　百度“搜索工具”所处位置

例如，在高级搜索界面中，可以限定搜索的网页的时间，但不能设置具体的日期，如图 4-39 所示。

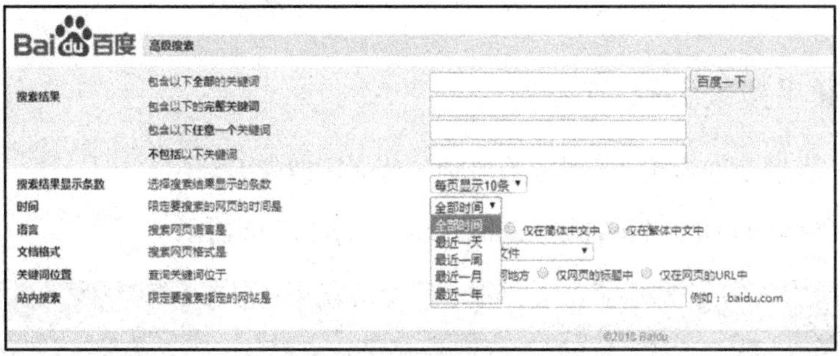

图 4-39　在高级搜索界面中无法设置具体的日期

在搜索工具中可以设置具体日期范围，如图 4-40 所示。

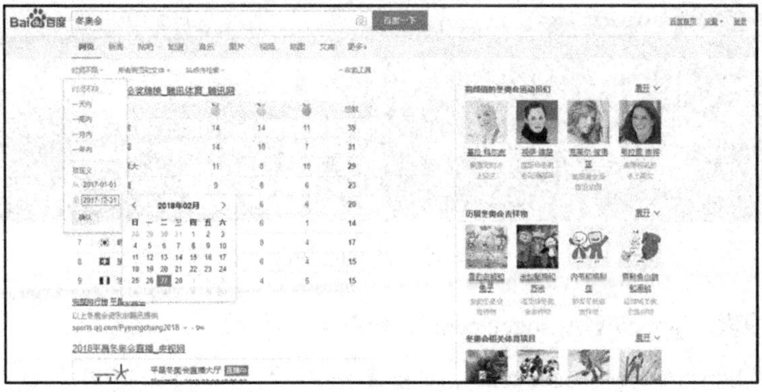

图 4-40　在“搜索工具”中可设置具体日期范围

例如，限定时间为 2017 年 1 月 1 日至 2017 年 12 月 31 日，查询结果的网页都在此时间范围内，如图 4-41 所示。

图 4-41　设置日期范围后的检索结果页面

■ 其他通用搜索引擎

我们一直以百度为例，当然还有其他一些通用搜索引擎。

例如，微软的 Bing（https://cn.bing.com），如图 4-42 所示。

图 4-42　微软的 Bing

搜狗搜索（https://www.sogou.com），如图 4-43 所示。

谷歌（https://www.google.com），如图 4-44 所示。

图 4-43　搜狗搜索

图 4-44　谷歌

■ 搜索引擎的专项搜索

1. 百度学术和谷歌学术

百度除了搜索网页，也可以搜索学术文献，但地址不是 www.baidu.com，而是 xueshu.baidu. com，如图 4-45 所示。

如果记不住百度学术的地址也没有关系，在百度的搜索框中输入“百度学术”，第一个查询结果就是对应的网址，如图 4-46 所示。

例如，在百度学术的搜索框中输入“心理学”，点击“百度一下”，如图 4-47 所示，就可以查询到与心理学这个关键词有关的学术结果，如图 4-48 所示。

图 4-45　百度学术页面

图 4-46　百度搜索“百度学术”的查询结果

图 4-47　在百度学术中检索“心理学”

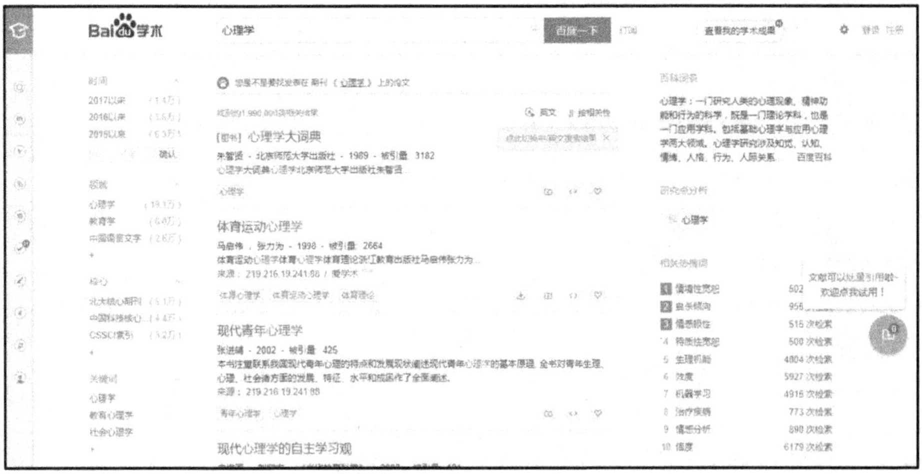

图 4-48　百度学术检索“心理学”的结果示例

同样，谷歌也有学术搜索（scholar.google.com），如图 4-49、图 4-50 和图 4-51 所示。

图 4-49　谷歌学术搜索

图 4-50　在谷歌学术搜索中检索“心理学”

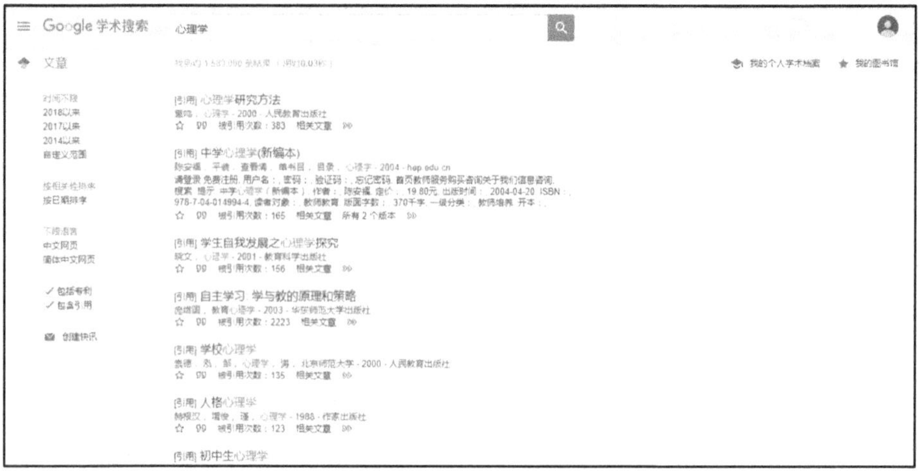

图 4-51　谷歌学术搜索检索“心理学”的结果示例

2. 图片检索

我们有一张图片，但图片的大小不满意，或者被打上了水印，有没有办法找到质量更高的相似图片呢？例如，这张可爱的小狗图片，如图 4-52 所示。

图 4-52　可爱的小狗图片

很多人知道百度可以用来搜索问题，却不知道同样可以搜索图片。

在百度首页，点击搜索框中的照相机，如图 4-53 所示。

图 4-53　百度首页中的“照相机”

将小狗的图片拖拽到图中的指定位置，或者上传本地图片，如图 4-54 所示。

图 4-54　将原图拖入指定位置或上传

查询结果显示图片尺寸是 441×646，点击“更多尺寸”，如图 4-55 所示。

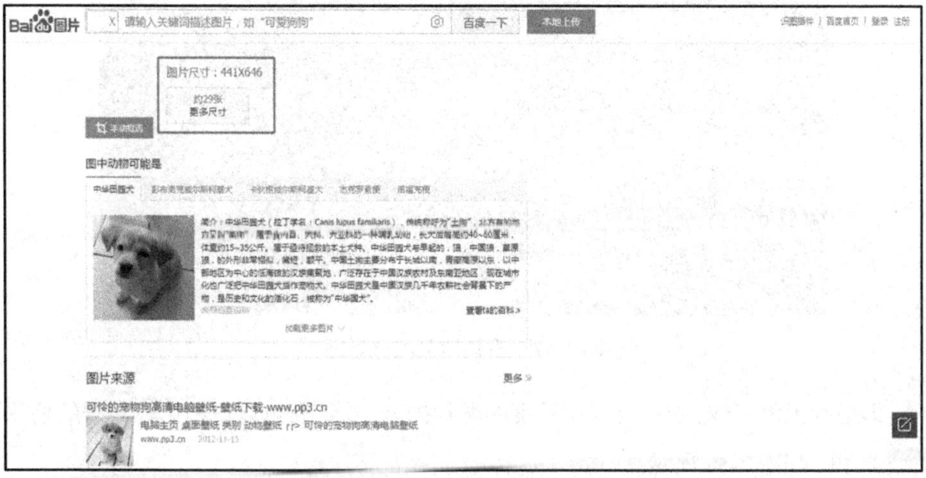

图 4-55　检索更多尺寸的图片

我们可以找到一批类似的图片，但是图片质量不同，如图 4-56 所示。

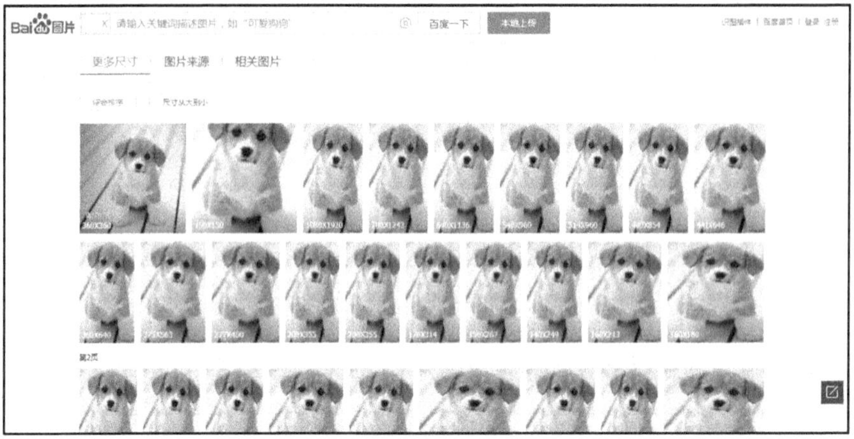

图 4-56　图片检索结果示例

除了找到相似的图片，图片搜索还有其他妙用。

例如，朋友拍了一张照片，让我猜猜这是哪里，如图 4-57 所示。

图 4-57　不知地名的风景图

即使我孤陋寡闻，但只要运用百度的图片搜索功能，就可以得到比较靠谱的猜测：稻城亚丁，如图 4-58 所示。

如果朋友给的是这样一张照片，让我猜猜是哪里，如图 4-59 所示。

图 4-58　百度图片搜索的查询结果示例

图 4-59　不知地名的场所

用百度图片一搜索，并没有给出任何猜测，如图 4-60 所示。

图 4-60　百度图片未查询到相关结果

那么，是不是只能放弃了呢？

一张照片，除了我们肉眼能看到的信息，还有很多其他隐含的信息可以挖掘。

一般照片中都会带有 EXIF 信息。EXIF 信息是可交换图像文件的缩写，是专门为数码相机的照片设定的，可以记录数码照片的属性信息和拍摄数据。

很多看图软件都可以查看 EXIF 信息，也有专门 EXIF 信息查看工具，或者直接在 Windows 7 系统中，右击图片文件，在详细信息中查看。

例如，针对之前的这张图片，通过查看它的属性，就可以知道它是用 iPhone 5s 拍摄的，如图 4-61 所示。

继续查看它的属性，还可以看到 GPS 信息，也就是全球定位系统的经纬度（见图 4-62）。具体如何根据经纬度找到拍摄的具体地址，这里就不再赘述了。

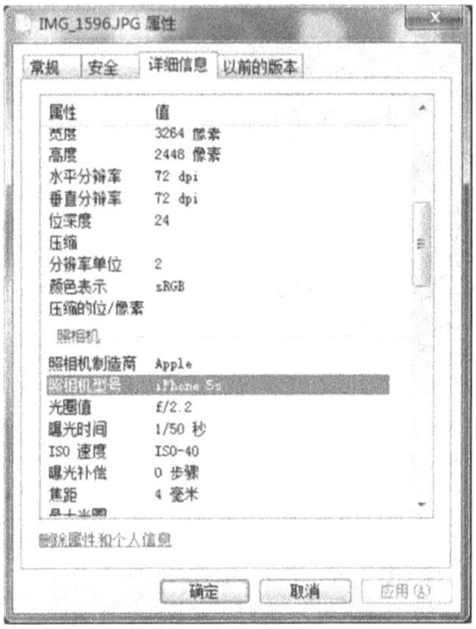

图 4-61　照片属性显示相机型号

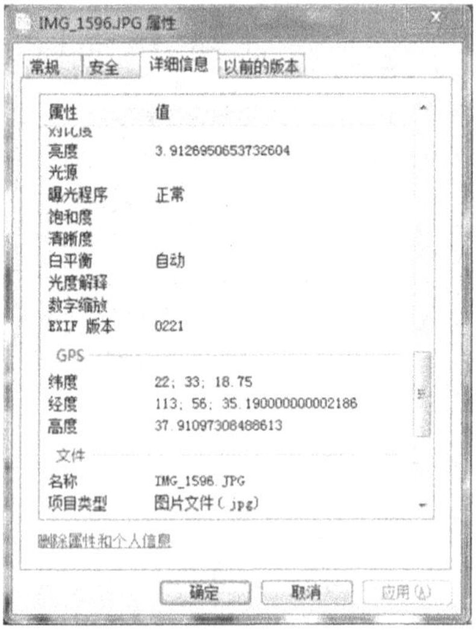

图 4-62　照片的 GPS 信息

3．视频及其他内容检索

假设让你做一道菜叫宫保鸡丁，即使你之前没有做过，只要百度一下，也可以找到很多相关的网页。但只有文字和图片看着还不够过瘾，如果能有视频照着一步一步做，就更好了。

你只要在搜索框中输入“宫保鸡丁”，就可以查询到上千万的网页结果。要想具体到特别的内容，只要点击搜索框下面的一排按钮即可，如图 4-63 所示。

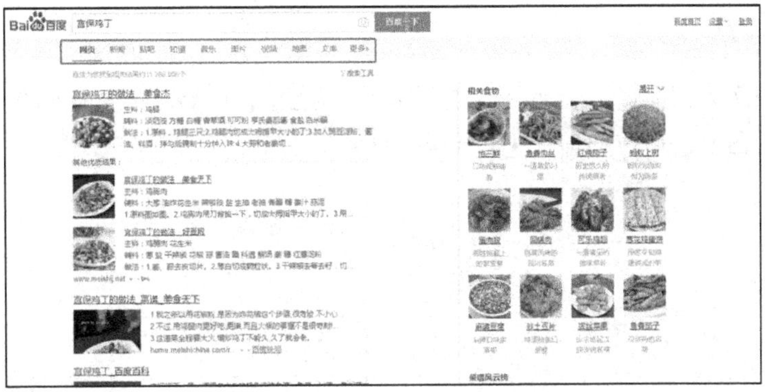

图 4-63　百度搜索框下方的按钮示例

例如，点击“图片”，就可以显示所有和宫保鸡丁相关的图片，如图 4-64 所示。

图 4-64　搜索内容为图片的结果示例

点击“视频”，就可以看到制作宫保鸡丁的视频，如图 4-65 所示。

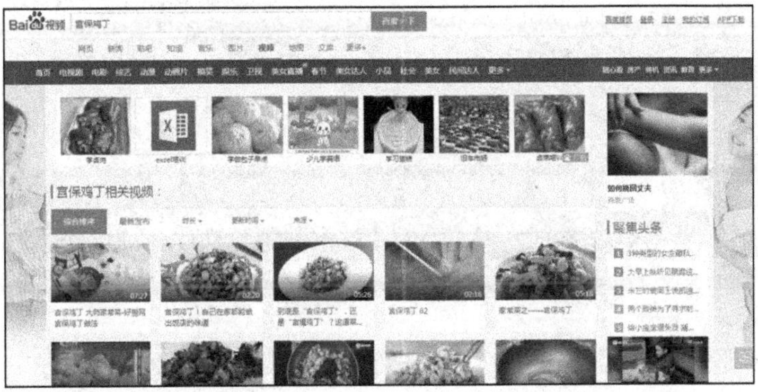

图 4-65　搜索内容为视频的结果示例

■ 百度街景

相信很多人都用过百度地图，如深圳的世界之窗，只要在百度地图的搜索框中输入“世界之窗”就可以找到具体的位置，如图 4-66 所示。

图 4-66　“世界之窗”在百度地图上的具体位置信息

但如果想体验身临其境的感觉，有什么办法吗?

只要点击百度地图右下角的“全景”即可看到“世界之窗”的全景界面，如图 4-67 所示。

图 4-67　百度地图中“世界之窗”的全景界面

这可不是普通的图片，在图上你还可以拖动鼠标，变换视角，在图上漫步，如图 4-68 所示。

图 4-68　全景状态下拖动鼠标即可变换视角

第 2 节　常用网站资源介绍，搜索引擎外的宝藏

通用搜索引擎固然强大，但不是所有信息用搜索引擎都是可以检索到的。

之前在搜索引擎的原理中提到过，搜索引擎的爬虫需要到互联网上去爬取各个网站的网页内容，存储到自己的服务器上之后再建立索引。

如果一些网站增加新的内容，搜索引擎的爬虫还没来得及去爬取网页，或者一些网站设置了禁止搜索引擎爬虫爬取信息，那么搜索引擎的服务器上自然没有这些网站的内容，更不用说建立索引了。这样即便我们用百度用得再出神入化，也无法找到这些网站的内容。

还有一种情况是，搜索引擎虽然已经爬取到了网站的内容，但是由于通用搜索引擎处理的信息比较庞杂，在搜索一些专门信息的效率上就会逊色于专门的网站，两者相比，通用搜索引擎搜索信息可以说是“在大海中捞鱼”，专门的网站则是“在池塘中捞鱼”。

例如，以下这些专门网站。

■ 网站历史查询

有时候用搜索引擎检索出结果后，一点击却发现网页已被删除。这时，如果你使用下面两个网站的话，神奇的效果可能就出现了：被删除的网页竟然被保存下来了！

中国 Web 信息博物馆（http://www.infomall.cn/），如图 4-69 所示。

图 4-69 “中国 Web 信息博物馆”页面

网站历史查询（https://web.archive.org/），如图 4-70 所示。

图 4-70 “网站历史查询”页面

例如，可以查到百度历史上 2003 年 2 月 5 日的页面是什么样的，如图 4-71、图 4-72 和图 4-73 所示。

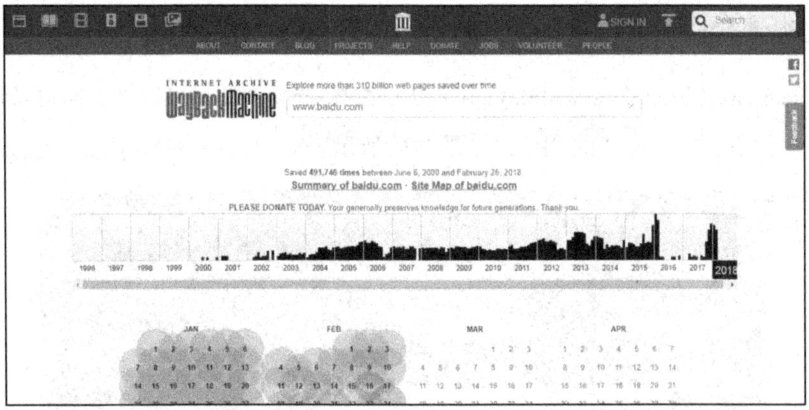

图 4-71 “网站历史查询”检索百度示例

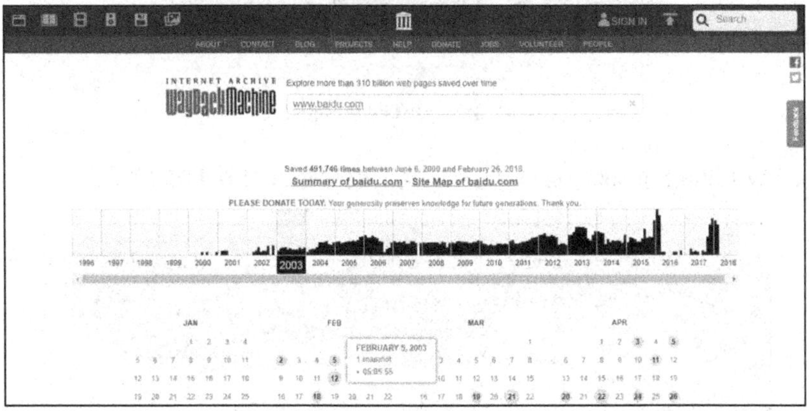

图 4-72 选择想要查看的日期

图 4-73 搜索到的百度历史页面示例

■ 主题聚合网站

SlideShare（https://www.slideshare.net/），PPT 分享网站，可以在上面检索到很多国外制作优良、内容专业的 PPT，如图 4-74 所示。

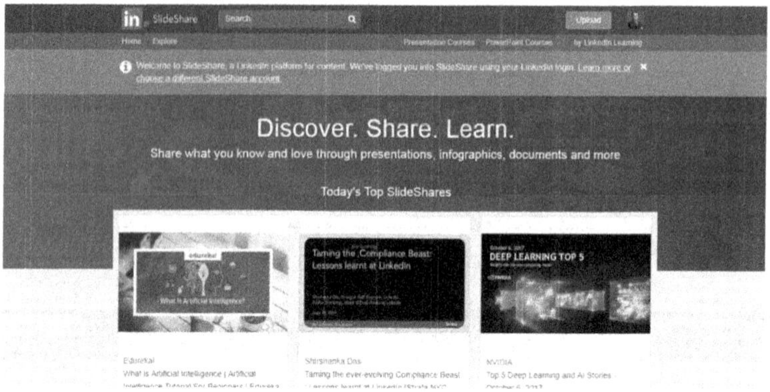

图 4-74　PPT 分享网站 SlideShare

Pixabay（https://pixabay.com/），免费高清图片库，如图 4-75 所示。

图 4-75　免费高清图片库 Pixabay

Iconfont（http://www.iconfont.cn/），国内功能强大且图标内容丰富的矢量图标库，提供矢量图标下载、在线存储、格式转换等功能，如图 4-76 所示。

新榜（https://www.newrank.cn/），在这里可以检索到微信公众号的相关信息，如图 4-77 所示。

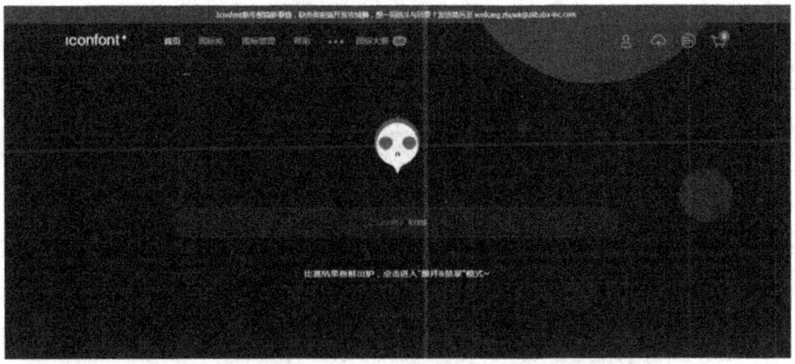

图 4-76　矢量图标库 Iconfont

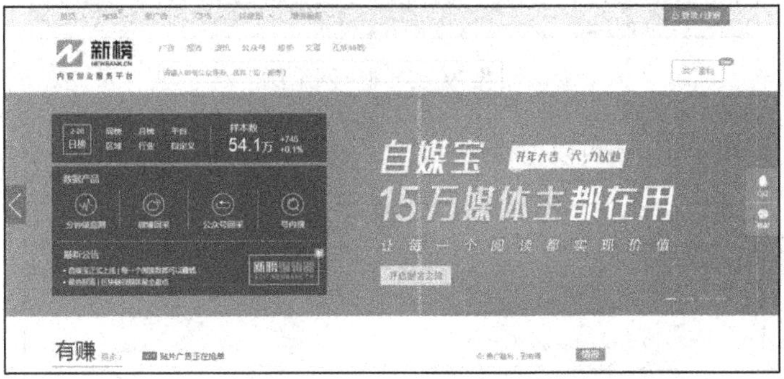

图 4-77　检索微信公众号相关信息的“新榜”

■ 行业网站

如果想了解一家企业或行业的相关信息，为制作分析报告提供素材，可以访问公司官网、财经证券网站或频道、行业协会网站等。

以华大基因为例，可以从招聘网站或百度中检索到公司官网，如图 4-78 所示。

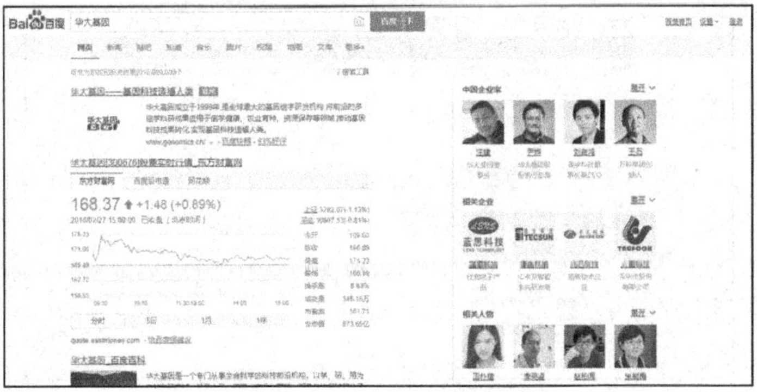

图 4-78　通过百度检索公司官网示例

公司官网（http://www.genomics.cn），如图 4-79 所示。

图 4-79　公司官网示例

如果是上市公司，还可以查看其招股说明书，如图 4-80 所示。

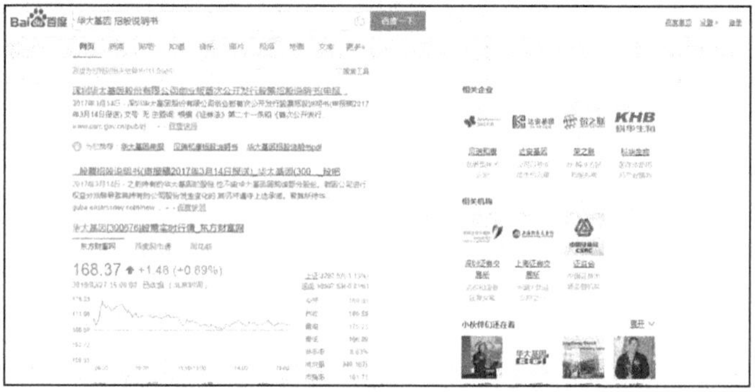

图 4-80　通过百度检索上市公司招股说明书示例

在查询结果中第一个就是华大基因招股说明书对应的网站，如图 4-81 所示。

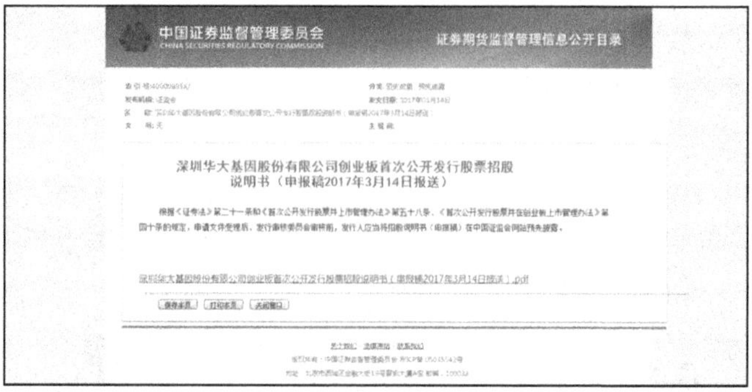

图 4-81　上司公司招股说明书对应的网站

将招股说明书下载下来，其中有丰富的公司信息，如图 4-82 所示。

图 4-82　上市公司招股说明书（申报稿）示例

除了公司本身披露的信息，还可以查看机构研报。

例如，用慧博投研资讯（http://www.microbell.com/），注册后可免费下载机构研报，如图 4-83 所示。

图 4-83　慧博投研资讯网站

在搜索框中输入“华大基因”得到查询结果，如图 4-84 所示。

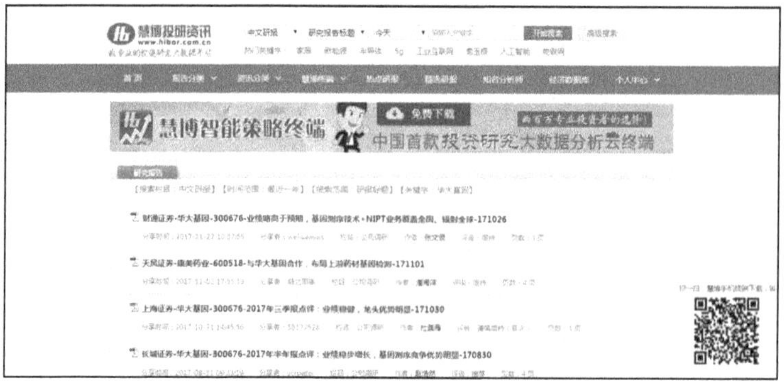

图 4-84　在慧博投研资讯网站中检索“华大基因”示例

在财经证券网站或频道也可以查询到行业研究、相关公司的研究报告等。一般大型的门户网站都有财经频道，如图 4-85 和图 4-86 所示。

图 4-85　新浪网的财经频道

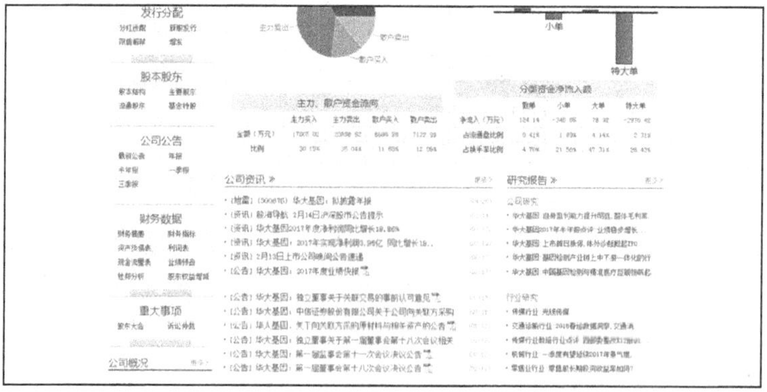

图 4-86　“公司资讯”“研究报告”在新浪财经频道的位置

■ 学术网站

MBA 智库（http://www.mbalib.com/），经管领域的资料库，你可以在这里搜到经管领域的各种术语解释、文档等，如图 4-87 所示。

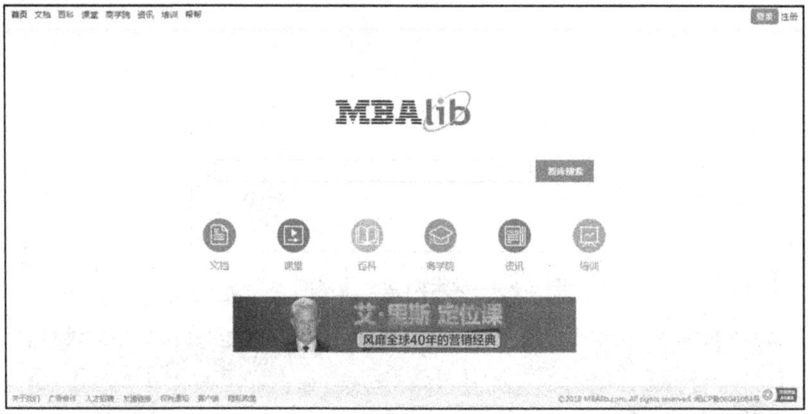

图 4-87　学术网站“MBA 智库”

百度百科（https://baike.baidu.com/），如图 4-88 所示。

图 4-88　学术网站“百度百科”

维基百科（https://www.wikipedia.org），如图 4-89 所示。

知网（http://www.cnki.net/），著名的文献数据库，如图 4-90 所示。

万方数据（http://www.wanfangdata.com.cn），是另一个文献数据库，类似于知网，如图 4-91 所示。

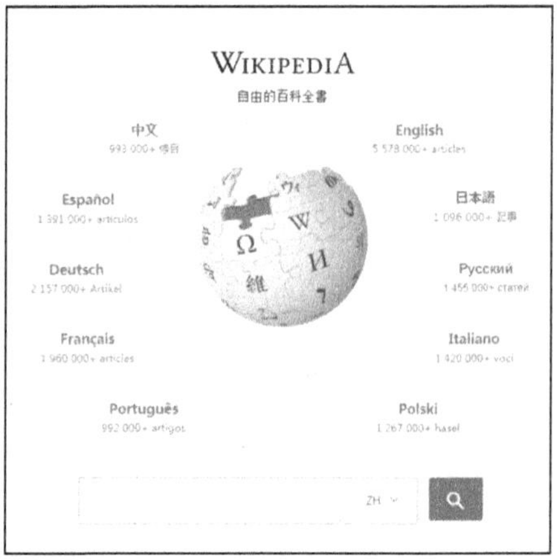

图 4-89　学术网站“维基百科”

图 4-90　学术网站文献数据库“知网”

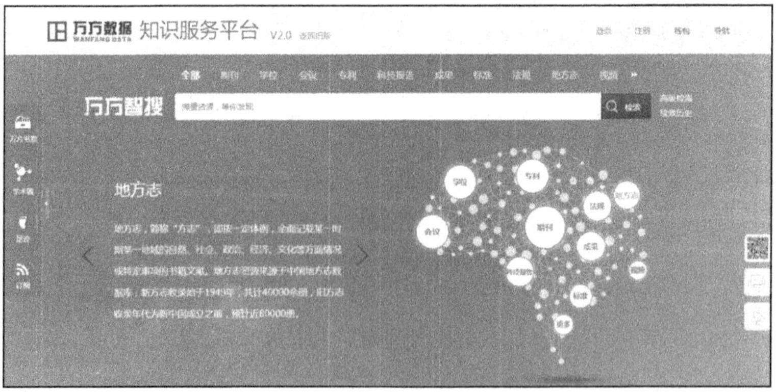

图 4-91　学术网站文献数据库“万方数据”

目前，检索文献最主要的来源还是专业数据库，即正规的出版物上发表的文献。

■ 商业数据库

1. 国内商业数据库

国内商业数据库主要有 Wind、恒生聚源、锐思数据库、CSMAR 数据库、巨潮数据库等。

2. 国外商业数据库

国外商业数据库主要有彭博、路透社、CEIC、OECD、Haver、Database、Thomson One Banker 等。

原则上，搜索资料、收集信息还是以商业数据库为主，以搜索引擎和网上其他的免费资源为补充。

好的资源库还有很多，可以通过百度搜索和平时的收集多多积累。

第 3 节　确定精准的关键词，让搜索结果又全又准

无论是用搜索引擎检索，还是在聚合网站中查询，都好比在茫茫人海中找出某个人一样。如果你的寻人启事模糊不清，如只有男性、26 岁这样的线索，那么你找出这个人的效率就会很低，甚至找不到。但如果你的寻人启事很清晰，如身高 180cm、蓝色眼睛、左耳戴一蓝色耳钉，那么你找出这个人的效率就高多了。

关键词就如同寻人启事一样，越使用精准的关键词，搜索结果就越快、越准。

那么，怎样才能更快地找到准确的关键词，搜索到所需的资料呢？你可以综合运用下面的两种方法。

■ 换位思考

很多人在搜索时习惯输入句子，这样做没有真正从搜索引擎的角度换位思考。

之前你已经了解了搜索引擎的工作原理，搜索是根据关键词匹配索引来返回检索结果的，即使你输入句子，搜索引擎也会将句子切分成多个关键词去与索引进行匹配。

如果句子中含有很多无效信息，就会影响搜索引擎的检索效果。

因此，与其让搜索引擎去切分检索的关键词，还不如你自己将关键词识别出来后，再去检索。

例如，使用“马斯洛需求层次理论+局限”作为关键词，就比你使用“马斯洛需求层次理论有哪些应用局限”作为关键词，搜索出来的结果更为全面和准确。

但光从搜索引擎的角度换位思考，知道用关键词代替句子还不够，你还要从待搜索的内容角度换位思考。

你要想想这些都是什么样的内容，它们会是什么样的用语风格，要基于不同的风格确定不同的检索关键词。

例如，这次你想检索一些关于投资的扫盲学习材料，那么使用内部投资回报率，就比使用诸如 IRR 这样的缩略词，更可能检索到符合你需要的结果。

反过来，如果你想检索一些其他公司实际在用的投资分析模板，那么使用 IRR 作为关键词，就比使用内部投资回报率作为关键词更准确。

■ 逐步逼近

有时候，你对要查找的内容可能只有一个大致的概念，例如，你想找一个适合你的用户需求分析的方法。在这种情况下，你是很难直接确定出精准的关键词的，这时就需要采用逐步逼近的方法。

首先，一开始的关键词应尽量少，先根据你的理解用一个关键词开始搜索，从返回的搜索结果中寻找线索，识别出准确性更高的一组或多组关键词。

其次，分别检索新的关键词，根据返回的搜索结果再确定是否需要进一步修正。

例如，就以找到适合你的用户需求分析方法为例。

你可以先用“用户需求分析方法”作为关键词检索，用百度搜索的结果如图 4-92 所示。

图 4-92　用百度检索“用户需求分析方法”的结果示例

你可以点开部分搜索结果，从字里行间找出几个它们介绍的需求方法的名字。例如，点开“如何做需求分析？- 知乎”这篇文章，它里面介绍了用户需求分析要把握人性、挖掘用户动机、筛选用户需求。

有了这个线索后，你可以再分别检索“把握人性+方法”“用户动机+方法”“用户需求+筛选方法”。

上面这三组关键词，每一组的搜索结果中都有不少介绍方法，你再从中分别找出适合你的方法。这样，一个适合你的用户需求分析方法矩阵就出来了。

总结

在这样一个信息爆炸的时代，搜索引擎就相当于我们的外接大脑，为了充分发挥搜索引擎的威力，就要提高自己的搜索能力。

我们平时用的最多的就是通用搜索引擎，以百度为例，不仅可以用来搜索文字，还可以进行学术搜索、图片搜索、视频搜索、地图搜索。

术业有专攻，除了百度之类的通用搜索引擎，还有其他的专业搜索引擎，如网站历史查询、高清图库、学术网站、商业数据库等。

无论用何种搜索引擎，决定检索结果质量的关键就是关键词，这里有两大原则。

1. 换位思考

从搜索引擎的角度思考，用关键词检索，不直接用问句检索。

从目标搜索内容的角度思考，用更贴切目标搜索内容风格的关键词搜索。

2. 逐步逼近

一开始的关键词尽量少，从搜索结果中寻找线索，不断调整关键词。

整个检索过程就是一个迭代的过程：先检索、再调整、再检索。

学员感言

以前一遇到问题，我就习惯性去问人，如果别人不会，我基本也就放弃了。见识了搜索的力量以后，下次除了问人，我还是要多问问搜索引擎。

——学员 1

我一直在用百度，但和一些搜索高手比起来，差距太大了，感觉别人就没有搜索不到的东西。原来这是因为自己连搜索引擎的工作原理都不知道。赶紧好好练习，争取早日也能成为搜索高手。

——学员 2

书外求助

看完了这一章，搜索还有什么困难吗？

当自己搜索不到想要的内容时，想不想听听别人的建议？

想不想积累更多的搜索技巧，收藏更多的主题聚合网站？

扫码入群，即可获得书外求助的机会。记得备注“学习力”！

第5章 五类学习技巧之二：阅读技巧，彻底提高阅读水平

朋友向你推荐了一本书。你听完后很动心，赶紧去网上看了该书的简介、书评，心里感叹“相见恨晚”。于是你迫不及待地将它加入了购物车，稍带还多买了两本。你付款成功后很兴奋，恨不得快递员下一秒就能给你送过来。

第二天，书终于收到了，但不凑巧，你手头还有很多事没做完，于是就先把书放了起来。心里想着，这么好的书一定要专门抽一天好好读，并做好笔记。

然后，你一直就没能抽出时间。某天收拾桌子时你才突然发现，原来还有三本书没有看。

你有过这样的经历吗？因为对一本书很期待，很想花一整段时间好好地读，但因为抽不出大段时间，结果反而几个月都没看。

或者，比较凑巧，你周末收到了书，正好手头也没事打扰，于是翻开了书，看完的每一页都很有共鸣，你忍不住拍手叫好。一口气读完后，你只觉得全身上下都酣畅淋漓，充满了成就感，恨不得立马将这本书推荐给所有你认识的人。

可是，两三天之后，你的感动之情减淡，渐渐地，你忘记了书中的内容，甚至连读过这本书都不记得了，直到某天突然又看到这个书名，才想起你也曾经读过。

好不容易抽出了时间，又难得碰到了一本好书，但除了一时感动，却没能给你带来任何益处。是不是很可惜？

又或者，你是否有过这样的烦恼？“明明有很多必须阅读完的书籍和资料，但怎么努力都来不及读完”，或者“书虽然看了很多，但能在实践中应用的却寥寥无几”。

如何才能做到再忙也能及时看完一本想看的书？精彩的内容看完再也不会遗忘？再多的书籍和资料不仅能在一天内读完，还能学以致用？

这就需要你掌握一套高效的阅读方法。

关于如何高效阅读，虽然讲的人很多，但分享的方法普遍存在两大不足：

（1）停留在信息化之前的纯纸质阅读时代，未能利用新的技术工具进一步提高阅读效率。典型代表就是 20 世纪 40 年代出版、70 年代再版的《如何阅读一本书》。

（2）浅阅读分享者居多，分享的读书方法更多只适用于社科类和科普类读物，对深层次阅读，尤其是如何“读以致用”很少有能讲清楚的。

YouCore 从自身大量实践中提炼出来的四大阅读理念、三大阅读方法，就很好地弥补了以上两大不足。

第 1 节　四大阅读理念，不只读得快，更能记得深、用得好

要做到不只读得快，还能将读到的内容记得更深、用得更好，首先得掌握 YouCore 超速阅读的四个基本理念。

■ 理念 1　带着目的阅读才能学以致用

阅读目的，大致可分为两类：一类是娱乐、打发时间的，如阅读网络奇幻小说、言情小说、历史小说等；另一类是学习和应用的，如阅读《德鲁克管理思想精要》《思维力：高效的系统思维》《易经》等。

YouCore 超速阅读是适用于以学习和应用为目的的。至于以娱乐为目的的阅读，你想怎么读就怎么读。既然是娱乐，自己觉得舒适就行，没必要去学习别人，就像你总不会还花时间去学习如何赖床睡懒觉吧（如果会的话，请联系我，容我当面对你的严谨表示敬意）。

既然是抱着学习和应用的目的，那么，如果能做到以下三点：① 围绕这个目的选书；② 做阅读前的准备；③ 阅读过程中锁定与目的有关的内容，是不是阅读效率会高很多呢？

带着目的读书，就像抱着查询“淼”字怎么念的目的来查《新华字典》一样，1、2 分钟就能得到自己想要的答案；不带着目的读书，就像盲目地翻阅《新华字典》一样，多花 100 倍、200 倍时间，最终可能还是啥都没记住。

因此，在开始阅读前，如果先认真想好你的阅读目的（最好能写下来），你的阅

读效率立马就能翻倍。

■ 理念 2　第二遍永远比第一遍更容易理解

你有没有这种感觉？去一个陌生的地方，去的时候一般会觉得路很远，左转右拐的，自己都被转晕了。但回来的时候就不同了，路途好像一下变短了很多，路也没那么复杂了，不就是“前面路口左转，走到头再右转”嘛。

读书同样如此。一本书，你读第二遍的时候理解程度会远远高于第一遍。因此，越是你想认真阅读的书，越要快速浏览完第一遍，这样你在第二遍认真阅读的时候，理解的程度才会更深。

这里要特别提醒你一点，第一遍一定要克服怕看漏了的心理，阅读速度一定要快，大致要达到在书店翻看一本书值不值得买的速度的一半，有任何看不懂的地方，或者看了不感兴趣的地方，跳过就行。至于为什么，我们在本章第 4 节“多重阅读，用更少的时间彻底吸收一本书的精华”中会详细解释。

■ 理念 3　阅读后回忆，效率更高

很多人在学习的时候，如听视频课的时候，不喜欢停下来做章节自测，而是喜欢一口气都看完。

看书也是如此，不喜欢停下来做章节的内容提炼，而是一股脑往下看，直到看完或看累了为止。

这种学习和阅读的方法其实非常低效。

无论是艾宾浩斯发现的遗忘曲线现象，还是生物学上的神经元解剖实验都已经充分证明，短时记忆需要经过一定的间隔重复才能固化为长时记忆，而短时记忆在发生后的 1 小时内记忆量会急速下降，也就是说，如果在 1 小时后再重复，大量被忘记的学习内容就需要重新学习了，这就会导致吸收效果和阅读效率的大大降低。

因此，在阅读时，要每隔一段时间就停下来，用自己的语言回忆下刚刚这段时间阅读到的内容，这样做一是有助于强化大脑的记忆，二是能发现记忆不牢或理解不清的地方。

理念 4　按自己的框架重新组织阅读内容才能理解得更深

假设我从菜市场给你买回来四个西红柿、三两肉、两个鸡蛋、两个大土豆，现在要你用这些材料准备好两个人的午饭（佐料齐全），你会怎么做？

我相信有人可能做成西红柿炒蛋、土豆炒肉丝；也有人可能做成酸辣土豆丝、西红柿肉汤、荷包蛋；还有人可能做成了土豆泥、西红柿蛋汤、土豆肉丝。

你在读一本书时，就像上面做饭一样。有的作者可能只提供了食材，你需要根据你的阅读目的搭配成不同的菜；有的作者可能是按西红柿炒蛋、土豆肉丝写的，但你要从你的阅读目的出发重新搭配成酸辣土豆丝、西红柿肉汤、荷包蛋。

在第 2 章“搭好框架”中，你已经知道知识是主观的，你构建的个人能力知识体系框架不同、理解的程度不同，你所认知的世界就不同。

因此，在阅读的时候，如果能从自己的阅读目的出发，按自己的框架重新组织阅读内容，那么你对所阅读材料的理解就会更深刻，也更容易学以致用。

第 2 节　阅读目的不同，最佳的阅读方式就不同

掌握上面的四个基本理念后，你就已经具备成为一名阅读高手的基础。

接下来，你要做的就是进入具体的阅读实操了。

首先，思考这样一个问题：同样阅读《思维力：高效的系统思维》，一位 MBA 教授、一位 HR 人才发展经理、一位刚入职场的大学生，他们的阅读方法应该相同吗？

答案：可能相同，也可能不同。这取决于他们阅读这本书的目的。

如果他们三位都具有一定的解决问题的方法基础，想再系统地整理自己的方法，那么阅读方式基本相同，按照章节顺序，完整地阅读即可。

但如果 MBA 教授阅读这本书的目的，是想改进他的授课内容，将思维训练融入战略规划的课程中，那么他就无须从头到尾按顺序阅读这本书，而需要采取主题阅读的方法，借鉴案例设计，即这本书是如何运用一套完整的思考方法解决一个案例的。

同理，如果 HR 人才发展经理阅读这本书的目的，是想在公司员工的推荐阅读书单中增加一本好书的话，那么他宜采用整体阅读的方法，即用 30 分钟左右的时间提炼出这本书的主要框架和核心精髓，能写出阅读推荐语。

最后，如果刚入职场的这位新人，一直被思考速度慢、思路不清晰所困扰的话，想找一本书作为练习教材，那么他就可以采用多重阅读方法，全面、系统地吸收这本书的精华内容。

一旦阅读目的不同，即使读同一本书，每个人的阅读方式也都会不同。其实，哪怕是同一个人在不同时间读同一本书，只要阅读目的不同，阅读方法都可能不同。

接下来，我就从不同的阅读目的出发，分别介绍这三种不同的阅读方法——整体阅读、多重阅读、主题阅读，帮你在更短的阅读时间内实现更多的阅读收益。

第 3 节　整体阅读，30 分钟读完一本书

整体阅读是 YouCore 在日本企业咨询顾问高桥政史的整读法基础上改进的一种快速阅读方法，可帮你在 30 分钟内读完一本书，并且从中找出你所需要的信息。

整体阅读主要适用于下面五种阅读目的：

（1）准备做某件事或某个改变，想从书中得到下一步的行动指导。

（2）碰到了某个具体问题，想从书中找到与该问题有关的解决方案。

（3）思路受到了阻碍，想通过阅读从书中得到另外视角的启发。

（4）了解某个人生或职场的基本原理，如 80/20 法则、意志力原理。

（5）了解一本书的主要内容，制作推荐书单。

不属于上面五种阅读目的的，就要考虑采用多重阅读方法或主题阅读方法（分别在第 4 节和第 5 节介绍）。

简单来说，整体阅读就像找人问问题：

（1）提问之前，要先明确好问题，再根据找到的人的背景情况，采用不同的问法。

（2）提问之后，这个人可能比较热心，会长篇大论地回答很多，有的内容和你的问题有关，有的内容和你的问题无关。

（3）采纳和问题有关的部分，并且经过自己的理解和加工，最终得到问题的答案。

整体阅读主要分为五个步骤。

■ 步骤 1　确定阅读目的

在开始阅读一本书之前，如果能先确定阅读目的，那么阅读效率立马就能得到提

升。如果能更往前一步，做到根据阅读目的选择图书的话，效果就会更好。

确定阅读目的，最好从两个维度考虑：第一个维度，想解决什么问题。例如，是有点迷茫不知道干什么的问题，还是觉得意志力不够想提升自控力的问题，等等。第二个维度，想解决到什么程度。例如，是有大概的框架就行，还是要一个很具体的行动计划，等等。

明确阅读目的之后，才能知道选择什么类型的书，以及在阅读过程中哪些章节应该重点读，哪些章节应该略读甚至不读。

举个例子。如果你总不能按计划完成任务，不清楚是不是自己的意志力有问题，想寻找怎样才算是有意志力的答案，那么选择阅读麦格尼格尔的《自控力》，就比阅读《高效能人士的七个习惯》对你更有帮助。

因为《自控力》这本书分析了意志力不足的心理学、经济学、神经学、医学根源，阐述了人为何会屈服于诱惑，以及怎样抵抗诱惑；而《高效能人士的七个习惯》直接告诉你应该做什么和怎么做。

但是，如果你想找到一个克服意志力薄弱的方法，那么阅读《高效能人士的七个习惯》的“习惯三 要事第一”就比阅读《自控力》这本书更有帮助。因为《高效能人士的七个习惯》直接给出了具体操作的步骤和工具，你马上就可以用；而《自控力》更多是问题的原因剖析和原理性的解决方向。

上面是第一个维度“想解决什么问题”，会影响你阅读什么书或阅读书中的什么内容。

第二个维度“想解决到什么程度”，就决定了你应该阅读到哪个层次。

例如，你只是想判断自己的意志力是否有问题，那么在阅读《自控力》时，翻阅章节要点，知道这个章节的大致意思就可以了，不需要仔细阅读细节内容。但如果你不仅想判断自己的意志力有没有问题，还想进一步判断自己抵抗诱惑的程度，就需要仔细阅读段落细节，甚至要按照书中案例的步骤逐步去操作。

因此，阅读的第一步一定要从两个维度出发明确阅读目的，这样才能知道应该读什么内容，以及读到什么程度合适。

■ 步骤 2　提出具体问题

确定阅读目的之后，就知道应该选什么样的书，或者应该阅读一本书中的哪些内容，也就知道阅读到哪个层次更合适，即是阅读到章节要点，还是要阅读到段落细节。

确定阅读目的之后，就可以拿起书了。

首先，看一看书的封面、腰封（若有的话）、作者简介，并且浏览书的前言和目录。这样做的目的有两个：

（1）确定这本书跟你的阅读目的是不是相符。如果不相符，就没必要花费时间去正式阅读它了，可以等以后有需要的时候再阅读。

（2）根据作者的简介，以及你对本书内容的大致了解，将你的阅读目的转化为跟作者提问的具体问题。你可以在脑海中想象作者就站在你的面前，然后向他提出你的具体问题。

例如，我的阅读目的是想了解影响一个人自控力的因素有哪些，因此在看了《自控力》这本书的封面、作者简介后，我将这个阅读目的转化为这样一个问题：**根据您（麦格尼格尔）的教学实践，学员反馈最多的影响自控力的核心因素有哪些？**

为什么是这个问题呢？因为浏览了书的封面、作者简介，以及目录和前言后，我发现作者麦格尼格尔是讲授“意志力科学”课程的，她这本书就是从这门课程的教学经验中提炼出来的，因此与其他作者的书相比，她的书可能有更多的学员实践案例反馈。

这里特别提醒你，跟作者提出的问题一定要具体，而不能模糊宽泛。例如，“如何变得更富有”这种问题就是模糊宽泛的，你很难从书中提炼出清晰的结论，最好换成诸如“我如何在两年内赚到100万元”这种具体的问题。

■ 步骤3　选出16个关键词或关键句

确定了阅读目的，提出了具体问题之后，就可以进入正式阅读了。

一般人在阅读的时候，可能第一步就进入正式阅读的阶段了，但采用整体阅读方法，一定要先做完前两个步骤再开始正式阅读。

整体阅读的应用场景是快速归纳出自己问题的答案，因此采用的阅读方式不是逐字逐句地阅读，也不是去拆解作者的章节结构，而是从你的具体问题出发，在字里行间找出与你问题相关的内容，并且提炼为关键词或关键句。

在提炼关键词或关键句时，特别提醒你注意下面三点。

1. 翻阅书页的速度以你能看清每页的内容为标准

因为受从小养成的阅读习惯的影响，有人养成了视读的习惯，即一目十行；有人养成了心中默读的习惯，即一个词一个词地读。

无论哪种阅读习惯，都不妨碍你对整体阅读方法的运用，因为影响阅读效率最关键的因素是理解和加工，而非文字的输入速度。因此你在翻阅书页的时候，以能看清每页的内容为标准，无须盲目地攀比文字的输入速度。

2. 提炼出的关键词或关键句一定要与你的问题相关

每本书的信息量都很大，而且每个人的阅读角度，以及想获取的信息都有所不同。因此，如果不是要全面学习或全盘接受某本书的内容的话，就没必要完全复制作者的内容。就像我们在超速阅读的四个基本理念中介绍的，你是抱着如何做酸辣土豆丝、西红柿肉汤、荷包蛋的目的来的，但作者是按如何做土豆肉丝、西红柿蛋汤的框架写的，因此你需要从中汲取如何挑选食材、如何切土豆丝、如何切西红柿的方法，而不是完全复制作者的全部内容。

这就是整体阅读之所以花费时间更少，但获取信息更有针对性的根本原因。

我在阅读《自控力》这本书时，因为自己的阅读目的是找到影响自控力的核心因素，因此我提炼的关键词和关键句是下面这样的：

- “注意力分散会导致人更容易向诱惑低头。”
- “睡眠不足会影响细胞对葡萄糖的吸收，从而导致意志力薄弱。”
- “血糖不足，会降低自控力。”
- “长期的过量糖分吸收，会导致糖分依赖，降低自控力。”
- “意志力是有限资源，会被消耗完。”
- “善行后的补偿行为，会更容易导致人放纵。”
- “外部诱惑（如广告）会刺激多巴胺释放，导致对诱惑的屈服。”
- ……

而如果我的阅读目的是“找到如何可在室内进行的，不超过 20 分钟的自控力锻炼方法”的话，那么我提炼的关键词和关键句可能就变成这样了：

- “冥想会增加大脑灰质，从而提升前额皮质的控制力。”

- “放缓呼吸到每分钟 4~6 次，能有效提升你的自控力。”
- “困的时候小憩一下，有助于提升自控力。”
- “15 分钟的跑步机锻炼就能让人更容易抵抗诱惑。”
- ……

3．限定自己最多提炼 16 个关键词或关键句

限定 16 个关键词或关键句的目的，是为了让你的阅读更聚焦，带着主动思考来读书，而不是原封不动地搬运作者的原话或陷入无关紧要的细节中。

如果你在提炼关键词或关键句的时候，发现书才读了一半，但是关键词已经写了 14 个。或者，随着越往后面阅读，理解得越深，你可能发现之前提炼的某些关键词或关键句没那么关键了，这时，你可以删掉它们，或者用新的关键词或关键句替换它们。

列举一个我在实际阅读中替换关键句的例子。

我在阅读《自控力》第 2 章“意志力的本能”时，曾提炼了下面这个关键句：

“压力是意志力的死敌。”

但当我阅读到第 6 章“情绪低落为何会使人屈服于诱惑”时，我发现这章对压力与意志力的关系剖析得更清楚，因此我就用新的关键句做了替换：

“压力是意志力的死敌。”→“压力会使大脑进入寻找奖励的状态，从而使人屈从诱惑。”

还有一种情况，你会发现自己只能从一本书中提炼出 12 个或 14 个关键词，这样也是可以的。只要守住一个基本原则就行：关键词或关键句**最多不超过 16 个**。

总结一下，在选 16 个关键词或关键句时，一定要坚守三点：① 翻阅书页的速度以你能看清每页的内容为标准；② 提炼出的关键词或关键句一定要与你的问题相关；③ 限定自己最多提炼 16 个关键词或关键句。

只要做到这三点，你的整体阅读就会又快又好。

■ 步骤 4　挑选三个关键点

完成对材料的整体阅读后，紧接着你就要花 3~5 分钟，将 16 个关键词或关键句归纳为三个关键点。

归纳的方法有两种：

第一种方法相对轻松，从关键词或关键句中选出你认为最核心的三个关键点。这种方法主要适用于寻找具体的行动方案，或者寻求其他视角的启发，或者写书单推荐语的阅读目的。

假设我抱着“寻找自控力锻炼的可行方法”这个阅读目的来阅读《自控力》，我就可以直接从提炼的关键词中选择三个，分别是“15 分钟冥想”“15 分钟跑步机锻炼”“4~6 分钟放缓呼吸”。

第二种方法相对要求高些，要对关键词或关键句做分类和汇总，归纳出三个最终的关键点。这种方法主要适用于寻找完整的解决方案，或者了解某个基本原理的阅读目的。

假设我抱着“寻找影响自控力的关键因素”这个阅读目的来阅读《自控力》，我就需要对提炼出的 16 个关键词分类，重新归纳为“生理机制因素：前额皮质、血糖水平、多巴胺”“自身状态因素：睡眠不足、注意力分散、负面情绪、压力以及善行后的补偿心理”“外部环境因素：他人的感染、广告的诱惑”。

无论是采用第一种直接选取三个关键点的方法，还是第二种归纳提炼出三个关键点的方法，核心都是要从你的具体问题出发，挑选最相关的要点。

■ 步骤 5　归纳问题的结论

三个关键点归纳出来之后，就可以给出你所提问题的答案了。

还以我阅读《自控力》这本书为例。我提出的具体问题是：“根据您的教学实践，学员反馈最多的影响自控力的核心因素有哪些？”

我最终归纳出的三个关键点分别是：

（1）前额皮质因素。锻炼不足、注意力分散会降低或绕过前额皮质的监督和控制。

（2）血糖水平因素。睡眠不足、自控过度会导致血糖水平降低，削减“我要做”的动力和“我不要”的抵抗力。

（3）多巴胺奖励因素。负面的情绪、过大的压力、善行后的补偿心理、外部广告的诱惑会刺激多巴胺奖励系统，导致现时放纵行为的发生。

当然，还有一些外部环境因素和自身状态因素，作者未能从生理机制影响上给出解释，只停留在“现象→影响”这个粗观察的层面上，因此我未将其归纳为重点。

因此，经过大约 20 分钟的阅读、5 分钟的最终提炼后，我从《自控力》这本书中得出的一句话结论就是：前额皮质、血糖水平、多巴胺是影响自控力的最重要的三个生理因素，锻炼不足、注意力分散、睡眠不足、自控过度、负面的情绪、过大的压力、善行后的补偿心理以及广告的诱惑等自身状态和外部环境因素，就是通过改变这三个生理因素，从而影响一个人的自控力表现的。

采用整体阅读五步法，在短短的 25 分钟内，就可以读完一本 263 页的心理类图书，而且能读出自己的理解和结论出来，是不是值得尝试?

不过看到这里，你很可能只记得这个整体阅读方法真的很高效，至于整体阅读的五个步骤是什么，每个步骤具体应该做什么，可能已经记不太清楚了，就更谈不上去尝试应用了。

因此，为了杜绝这种情况的发生，我给你分享一个超级棒的上手即用的小技巧，帮你立马就将整体阅读方法用起来。

你可以像我这样，找两张对开的 A5 活页纸，如图 5-1 所示。

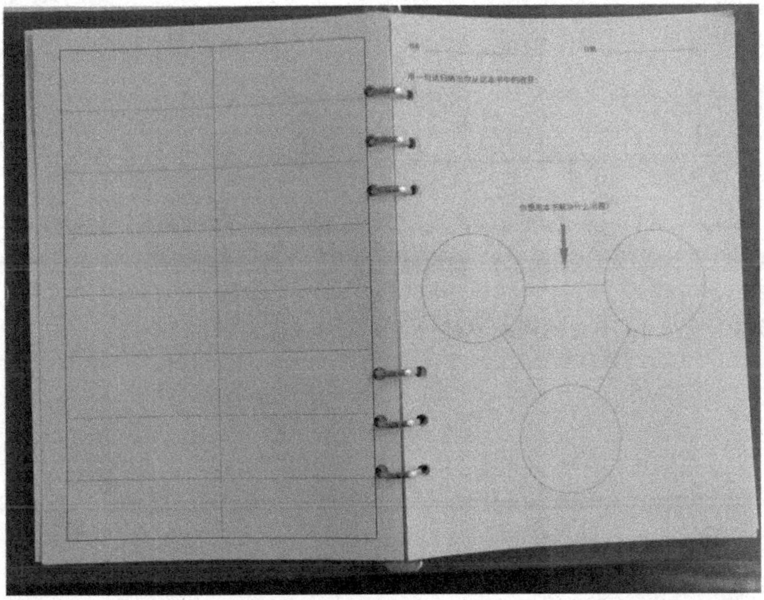

图 5-1　两张对开的 A5 活页纸

按照整体阅读的五个步骤，按顺序填充内容，这样一学完就立马可以应用了。

下面，我以阅读凯利·麦格尼格尔的《自控力》为例，一步一步说明这个模板是怎么应用的。

步骤 1　确定阅读目的。

确定阅读目的之后，就填写好页面顶端的书名和阅读日期。

步骤 2　提出具体问题。

将具体问题“学员反馈最多的影响自控力的核心因素有哪些”，填入页面下方的三角框中，如图 5-2 所示。

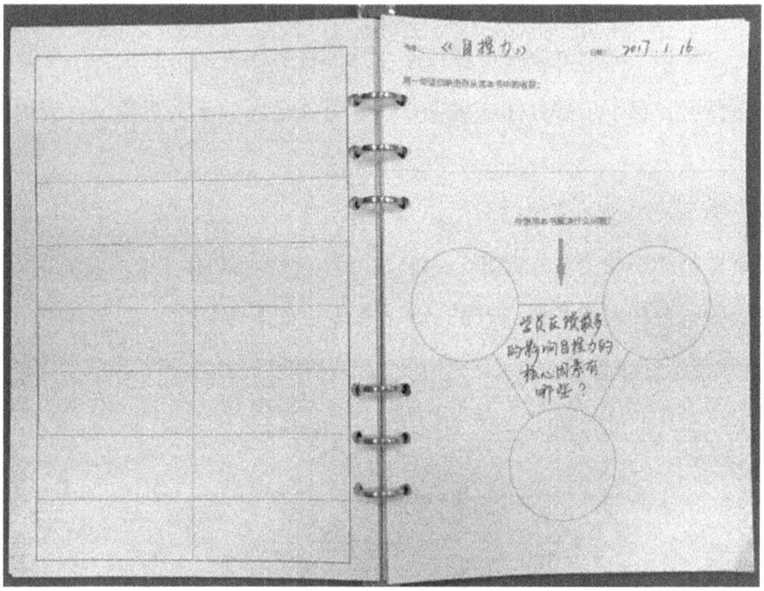

图 5-2　将具体问题填入三角框中

步骤 3　选出 16 个关键词或关键句（见图 5-3）。

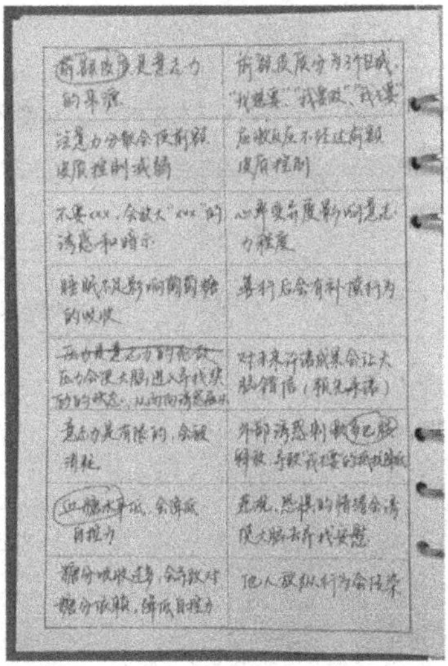

图 5-3　将 16 个关键词或关键句写在对应框内

步骤 4　挑选三个关键点。

将前额皮质、血糖水平、多巴胺奖励分别填入页面下方的三个圆圈中，如图 5-4 所示。

步骤 5　归纳问题的结论。

将归纳出的结论填写在页面上方的空白画线处，如图 5-5 所示。

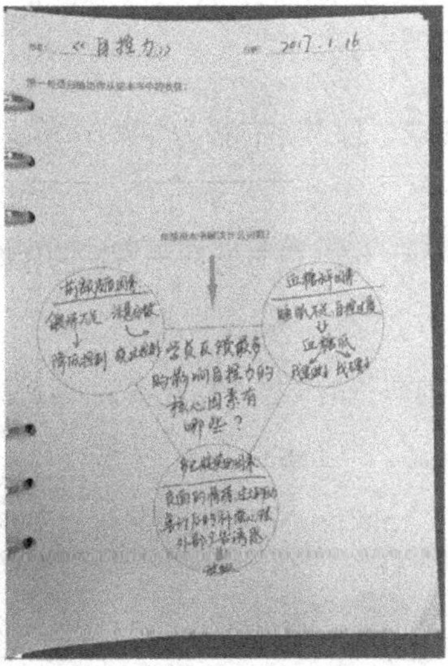

图 5-4　将三个关键点写入圆圈中

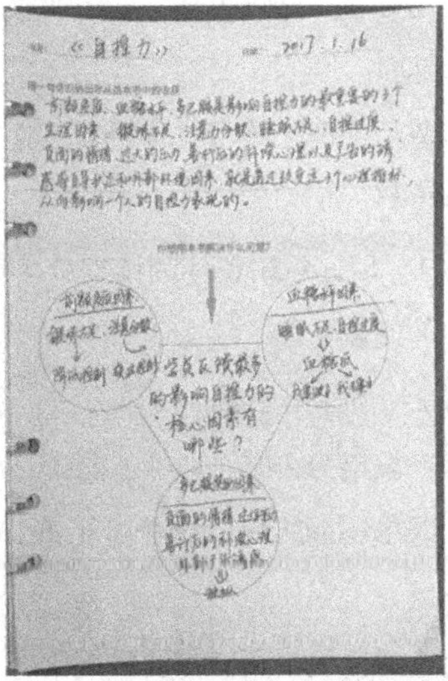

图 5-5　结论写在页面上方空白画线处

最后呈现出来的完整页面如图 5-6 所示。

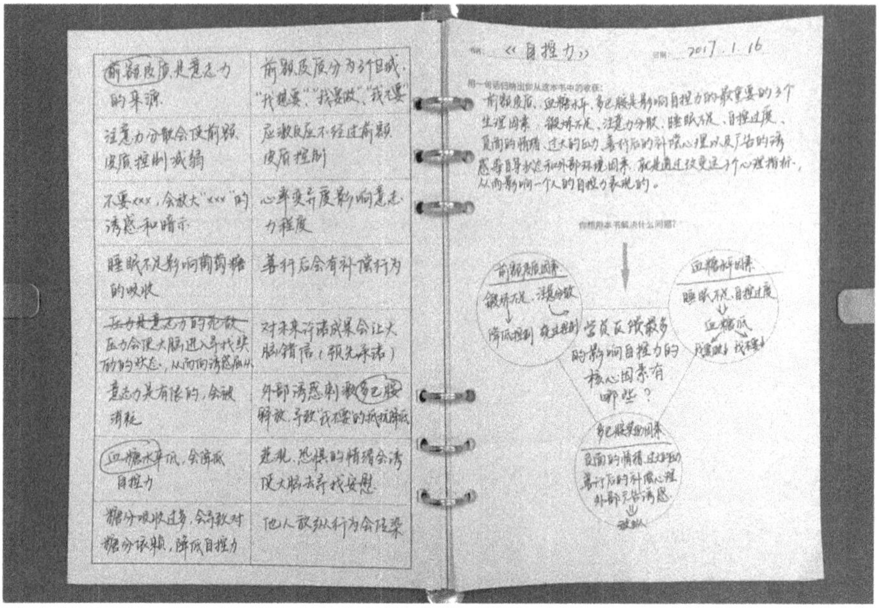

图 5-6　完整的“整体阅读”结果示例

■ 本节练习

要运用好整体阅读方法，就不能仅仅停留在记忆和理解方法上，更需要动手去实践。

本节留给你两个练习，你可以任选一个完成。如果你有精力将两个练习都完成，效果就会更好。

练习 1　请你运用整体阅读方法，阅读《自控力》。请务必从你自己的实际需要出发设定你的阅读目的。

练习 2　请你运用整体阅读方法，阅读大前研一的《思考的技术》。请将阅读该书的目的统一设定为“如何训练才能让自己的逻辑思维更敏捷”。阅读完后，你可以在 YouCore 公众号回复 2015，参考 YouCore 晶美同学的阅读示例。

对超速阅读模板页有需要的同学，可以扫描右侧二维码。

第 4 节　多重阅读，用更少的时间彻底吸收一本书的精华

整体阅读适用于从阅读材料中寻找 1~3 个有用信息的情形。

但如果你的阅读目的不仅是获取几个有用信息，而是想做更系统的吸收，如系统学习物理、系统学习财务、系统学习思维方法、系统学习营销理论等，那么就要采用另一种阅读方法：多重阅读。

多重阅读，顾名思义，就是要做多遍阅读，但这个多遍阅读不是简单的多读几遍，而是有很多的诀窍和技巧在其中，你读两遍，哪怕三遍，花的时间都比你原来读一遍要少，而且对阅读材料的理解和掌握程度更是不可同日而语。

简单来说，多重阅读就如同石油勘探一样。石油勘探人员通常通过普查、详查和细测三个步骤进行地质调查。

（1）普查工作是找出有含油希望的地区和范围。多重阅读画出阅读框架的过程，就是在明确阅读范围。

（2）详查主要是勘探人员进一步证实普查有希望的地区，从而选出更有力的含油构造地区。多重阅读的第一遍变速阅读，核心目的就是要选出重点精读的内容。

（3）细测主要是确定含油构造，编制出精确的构造图以供钻探。多重阅读的重点精读，就是要将阅读内容归到你的个人知识体系中，变成你自己的理解和知识，从而在需要的时候可以被顺畅地调用出来。

下面我以如何阅读《思维力：高效的系统思维》为例，演示这种高效的阅读方法。多重阅读总共四个步骤：① 明确目的；② 画出框架；③ 变速阅读；④ 重点精读。

■ 步骤 1　明确目的

这个步骤跟整体阅读的步骤 1 完全一样，要求你带着明确的目的开始阅读，这样既能选出合适的图书阅读，又能保证阅读时的高效性。

如果你之前对阅读题材有基础的话，还可以在阅读之前思考一下：**如果是我写这本书的话，我会怎么组织观点呢？**

例如，在开始阅读《思维力：高效的系统思维》之前，你可以先不翻开书，而是设想下，从你的阅读目的出发的话，你会怎么编排目录。是按照解决问题的思考步骤来组织，还是按照一个个思考工具来组织，或者按照不同的问题类型来组织？

经过这一步的思考，你再翻开《思维力：高效的系统思维》这本书，跟你什么都不想就直接翻开书相比，阅读的主动性、理解的程度就会大大增强。

■ 步骤 2　画出框架

确定好阅读目的，自己做过初步思考后，就可以浏览书的封面、腰封（如果有的话）、作者简介、目录、前言等。

做这一步的目的有两个：① 让大脑对本书内容形成一个整体印象，这样阅读的效果会更好；② 要利用这些信息，从你的阅读目的出发画出一个整体的阅读框架，这样在阅读时就会重点突出，而且不容易陷入细枝末节中。

全面吸收一本书的内容，就好比你要穿过一片森林到对面的马路上一样。如果你啥都不管，一头钻进去，那么极有可能就是在这片森林里绕圈子，要么怎么都绕不到对面的马路上去（达不到阅读目的），要么就是多花了几倍的时间才能绕出去（阅读效率低）。

但是，如果你在钻进森林前先在外面整体观察一下（浏览封面、作者简介、前言、目录），就会知道马路的大概位置，这时再钻进森林就有了大致的行进方向，不会怎么都绕不出去了（阅读效果有了保障）。

如果你还能从阅读目的出发，在浏览封面、作者简介、前言、目录后，画出一个整体的阅读框架关键词，就相当于你画好了地图再钻进森林里去，这样效率就更高了。

下面以阅读《思维力：高效的系统思维》为例。

假设你的阅读目的是想掌握一套完整的解决问题的方法，你浏览了封面、作者简介、前言和目录后，就会发现这本书就是按解决问题的步骤组织的。因此，你完全可以根据目录，画出阅读框架。这个阅读框架不是要照抄目录内容，而是要用自己的语言提炼为关键字或关键词，如图 5-7 所示。

这里给你一个小提醒，如果条件允许的话，我建议你在电脑上绘制这个阅读框架。这样做的优点有两个：一是制作效率高；二是随着后面的多遍阅读，扩充和修改起来更方便。

如果条件不允许的话，在纸上绘制也是可以的，虽然没有电脑上方便，但相较不绘制阅读框架，效果还是好很多。

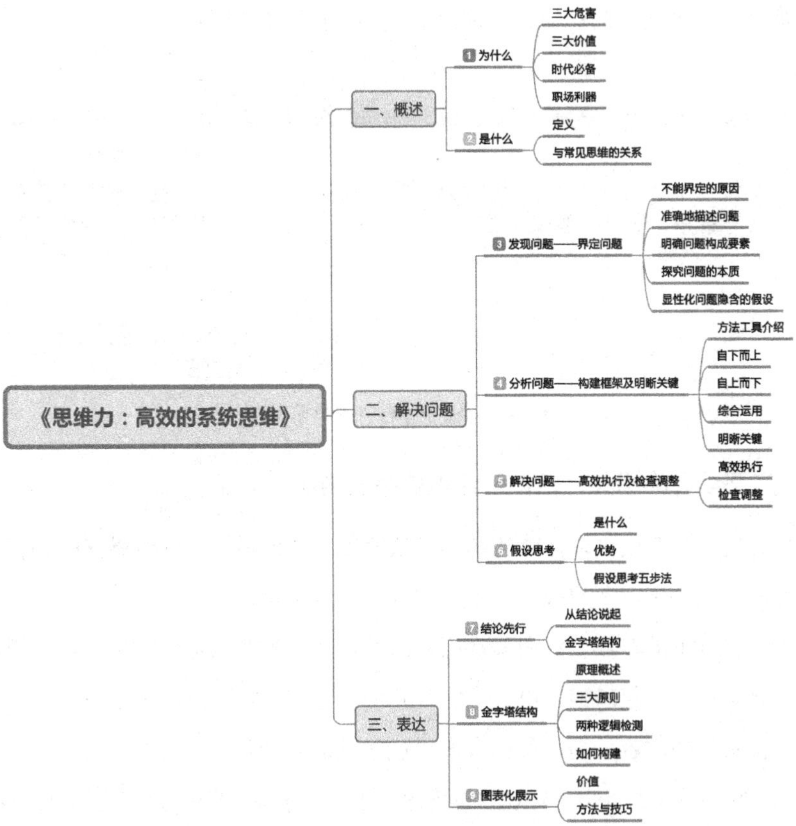

图 5-7　《思维力：高效的系统思维》阅读框架示例

■ 步骤 3　变速阅读

完成步骤 2，画出整体的阅读框架后，就可以开始第一遍阅读。

第一遍阅读的时候，要采用泛读的方式。阅读速度不要一成不变，要采取变速的阅读方式，针对四类不同的内容采用不同的阅读速度。

1．与阅读目的不相关的内容

这部分内容，阅读时跳过就行。如果你担心以后会用到，又不记得在书中的位置，那么就在步骤 2 画出的阅读框架中做个标识即可。

例如，你在阅读《思维力：高效的系统思维》的时候，阅读目的是想学习一个完整的解决问题步骤，那么书中讲表达的内容就可以跳过不看了。但如果你担心以后会用到，那么加一个简单的标识，方便以后找到，如图 5-8 所示。

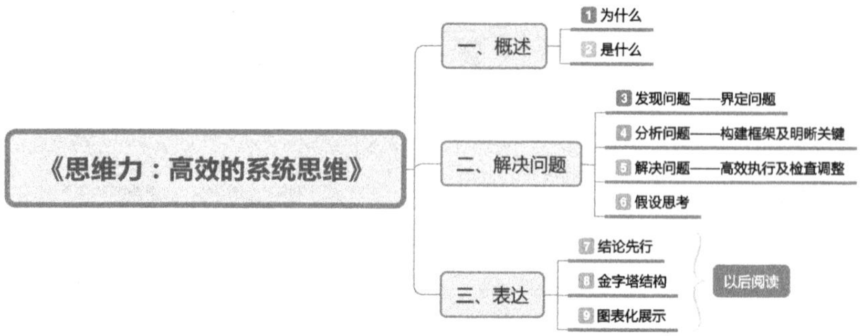

图 5-8　阅读框架中的简单标识

2．与阅读目的相关，但你已经很熟悉的内容

这部分内容，阅读时以你能达到的最快速度浏览即可，只需留意其中是否有个别值得借鉴的要点，千万不要投入大量的时间去仔细阅读。

不少人在读书的时候，特别喜欢反复阅读自己熟悉的内容，因为在自己阅读的舒适区里，会有一种读起来很轻松又有收获感的错觉。一定要克服这个习惯，因为反复阅读已经很熟悉的内容，是一种投入产出比很低的阅读习惯。

例如，在阅读《思维力：高效的系统思维》时，你对 5W2H 如何使用已经很清楚，那么第 3 章第 2 节的内容你只需要快速浏览，留意有没有你不知道的要点，或者举的例子对你是否有新的启发就可以了。

3．与阅读目的相关，但是你不熟悉的内容

这部分内容，在第一遍阅读时就要回到正常的阅读速度进行阅读。

而且在每一章或每阅读 10 分钟之后，必须停下来，离开书本，在脑海里回忆刚刚阅读过的内容，然后将你能回忆出来的内容，添加到阅读框架中。

添加回忆内容时有个小技巧，就是先将所有你能想起来的内容添加进来，能想起多少算多少。然后，再花 1~2 分钟翻阅刚刚读过的内容，补充上遗忘的。

这样做的原理，请参考本章第 1 节“理念 3 **阅读后回忆，效率更高**”。

例如，你在阅读《思维力：高效的系统思维》第 3 章“界定问题”的时候，发现这部分是解决问题的第一个关键，之前基本没有意识到，而且这部分内容挺容易理解

的。因此，你就可以按照你正常的阅读速度仔细阅读了。

阅读完这一章后，一定要停下来，在脑海中回忆刚刚阅读过的内容，再添加到步骤 2 画出的整体阅读框架中，如图 5-9 所示。

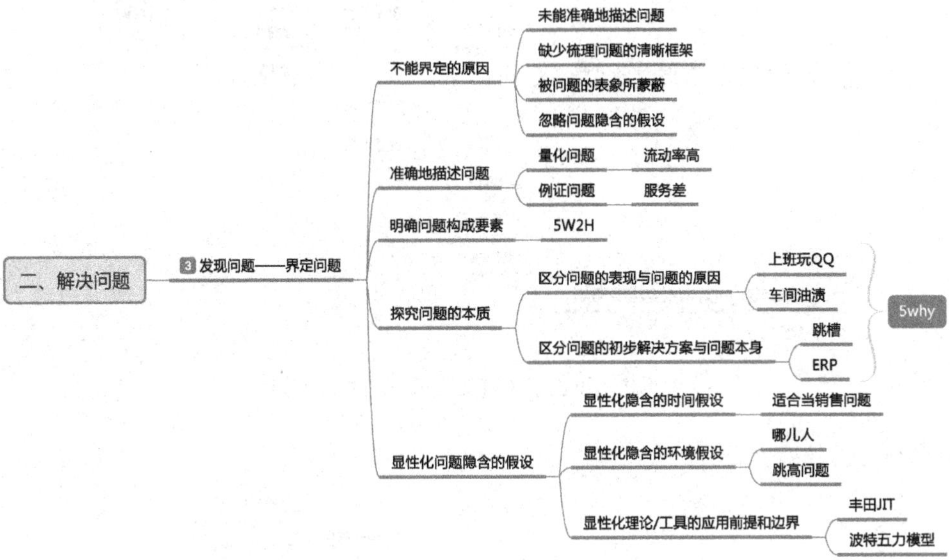

图 5-9　添加了阅读内容的整体阅读框架

4. 与阅读目的相关，但第一遍理解起来很难的内容

在阅读不熟悉的内容时，如果碰到理解起来很难的内容，第一遍阅读时标记下来，看一看，在脑海中有点印象就行。

这些不理解的内容，是你第二遍要重点阅读的，因此不用担心会漏掉关键内容。当全书通篇看过之后，第二遍再来读这部分内容的时候，你就会发现一个神奇的现象：**怎么一开始觉得那么难的内容，这次看起来这么简单呢？**

这个原理，你可以参考本章第 1 节“理念 2 **第二遍永远比第一遍更容易理解**”。

例如，你在阅读《思维力：高效的系统思维》第 4 章第 2 节的时候，发现归纳和演绎的逻辑顺序理解起来有点难，就大致翻一翻这部分内容，知道共有四种逻辑顺序，在阅读框架中加上关键要点分支就可以了，如图 5-10 所示。

针对上面四种不同的阅读内容，按照变速阅读的方式完成第一遍泛读之后，你的阅读框架应该变得更丰满了，差不多像这个样子，如图 5-11 所示。

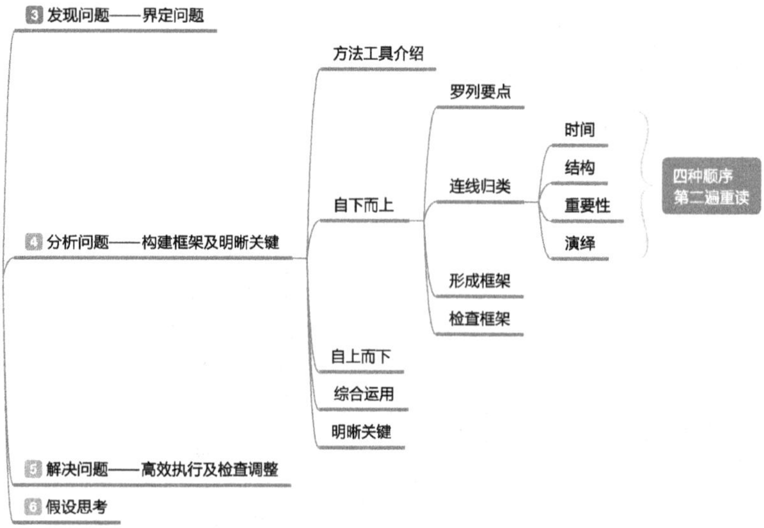

图 5-10　添加了关键要点分支的阅读框架

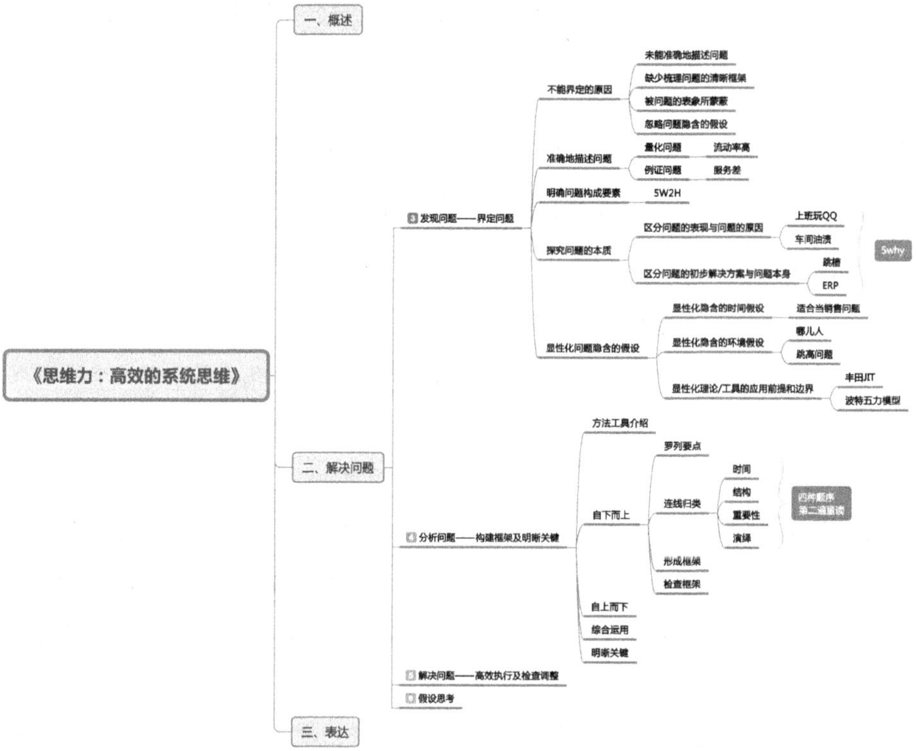

图 5-11　完成变速阅读后的整体阅读框架示例

在开始第二遍阅读之前，你还要做一件事，就是在这个阅读框架中标出哪些是不要读、哪些是以后读，以及哪些是要重点读的内容，如图 5-12 所示。

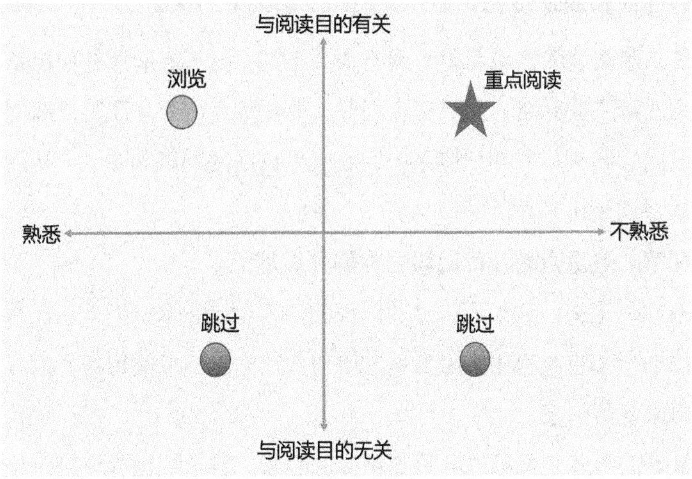

图 5-12　对阅读内容分类标识

标识好后的阅读框架，如图 5-13 所示。

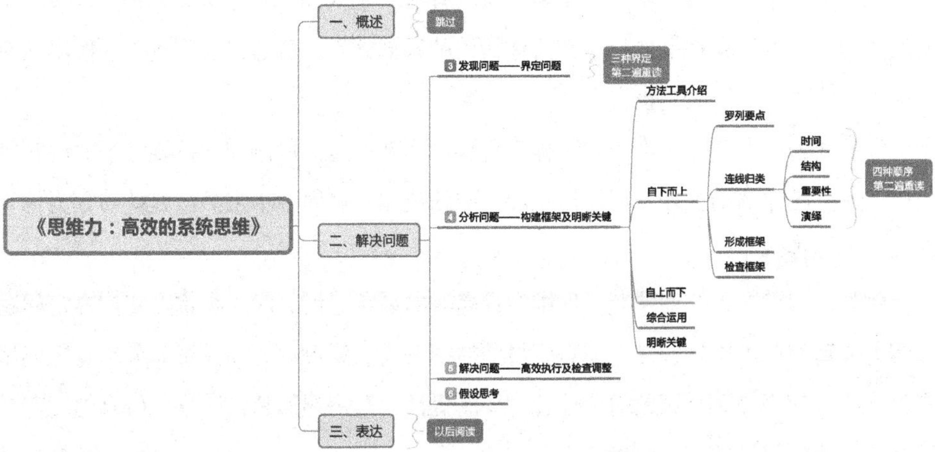

图 5-13　标识好后的阅读框架示例

■ 步骤 4　重点精读

第二遍阅读的时候，我们不需要将所有内容都重新阅读一遍，而是重点精读符合阅读目的，又是自己不熟悉的部分。

再次提醒，一定要克制住自己反复阅读已熟悉内容的冲动，否则既浪费了阅读时间，又不会有任何新的收益。

而且，**第二遍阅读的输出与第一遍有很大不同**。第一遍阅读的输出依然在阅读框架中，目的是厘清主要脉络，形成初步理解，抓住重点内容。而第二遍阅读的主要目的是要将阅读内容归到你的知识体系中，变成你自己的理解和知识，从而在需要的时候可以被顺畅地调用出来。

因此，在**第二遍重点精读的时候，你需要做笔记**！

好记性不如烂笔头。如果不将这些详细的内容记录下来，时间一长你就会忘了。只记录在阅读框架中也没有用，因为不方便查找，你也不可能每隔一段时间就将这些阅读框架拿出来复习一遍。

因此，最好的方式是在第二遍重点精读的时候，将这些内容记到笔记里，而且一定要体系化地组织这些内容（推荐使用 OneNote，第 7 章的笔记技巧中会具体介绍这个工具的使用方法）。

如果你对某个领域是第一次学习，还没有建立个人知识体系框架，暂时也没有个人的理解，就可以先把书的目录作为你初始的知识体系，随着以后阅读更多图书、有了更多实践之后，再做更新。

如果之前已经建立了个人知识体系框架，或者有自己的理解，就要将书的内容打散，重新按照你的知识体系框架填充到对应的位置，这样这本书的内容就转变为你自己的知识和理解了。

例如，假设在第二遍精读《思维力：高效的系统思维》时，会重点阅读界定问题和四大逻辑顺序的内容，你就不需要再照抄图书的组织顺序，而是可以分别将它们填充到你个人知识体系框架的对应位置中（小提醒：第一遍阅读的时候，所有内容都是记录在阅读框架中的，没有做笔记）。

只重点精读自己不熟悉的部分，同时将阅读内容重新组织进个人知识体系框架中，通过这种做法，你就能以更少的阅读时间，提炼出更多对你有价值的知识。

第二遍阅读完成后，如果有需要，还可以进行第三遍、第四遍阅读。但要记住：**只阅读你未彻底理解的，或者在应用上碰到疑问的。**千万不要再从头到尾阅读一遍。

如果忍不住这么做了，你就会发现哪怕读一万遍，还是只熟悉你熟悉的内容，难点的内容依然是难点。

到这里你已经完成多重阅读了。

多重阅读一共四个步骤，每个步骤都有不同的目的和侧重点。

（1）明确目的。这个步骤是在阅读开始前就要完成的，核心目的是建立主动阅读的意识，因为任何一本高质量图书的信息量都是很大的，而且都可以有多个角度的解读。如果不明确阅读方向，就会迷失在森林中，缺乏有效的输出。

（2）画出框架。这个步骤是在浏览完封面、书腰、前言、目录后开始做的，目的是理出阅读的主要脉络，这样既能形成整体概念有助于理解和记忆，又不会迷失在段落的细节中。特别是在某些书自身逻辑不太清晰的情况下，这一步更有价值。

（3）变速阅读。这个步骤的目的是进一步理清脉络，形成初步理解，并抓住重点内容。关键是要针对不同内容采取不同的阅读速度：与阅读目的无关的内容要跳过；熟悉的内容要快速浏览；难以理解的内容要大致看一遍；与目的相关、又不熟悉的内容要仔细阅读。

（4）重点精读。这个步骤的目的是将阅读的内容转为自己的理解，融入自己的知识体系中。记住，这个步骤只阅读与目的相关并且自己不熟悉的内容，而且要按自己的个人知识体系框架来记笔记。

■ 本节练习

一个好的阅读方法，看上 100 遍，不如自己动手做上一遍。

本节留给你的练习是：采用多重阅读方法，自己阅读《思维力：高效的系统思维》（千万别忘了在阅读前设定好你的阅读目的）。

扫码入群，跟其他人一起共读，相互检验阅读效果。

第 5 节　主题阅读，一天读完上百份资料

了解完整体阅读和多重阅读后，你还需要掌握一种阅读方法：主题阅读。

主题阅读是针对某个行业（如房地产、零售）、某个专业领域（如资金集中管理、

HR 绩效管理、生产成本管理），或者某个具体问题（如何提高客户回头率），在一天或几天的时间内集中阅读大量材料，以便快速建立全新知识体系或完整解决方案的一种阅读方法。

主题阅读是以整体阅读、多重阅读为基础的，它与整体阅读、多重阅读一个最大的不同在于，整体阅读和多重阅读同一时间都只阅读一份阅读材料，而主题阅读则需要同时阅读几份甚至几百份阅读材料。

因此，相较于整体阅读、多重阅读，主题阅读必须在大规模阅读开始之前，就构建好一个整体的主题框架，再根据主题框架，按图索骥地收集资料和重点阅读，否则就会陷入资料的汪洋大海中，再怎么努力都读不完。

例如，因为项目需要，你要在三天内给某个客户出具一个关于阿米巴经营模式的解决方案。在你准备收集大量资料、投入大量时间阅读之前，最好能先构建一个关于阿米巴经营模式的框架，再根据这个框架去搜索阅读材料和开始阅读，如图 5-14 所示。

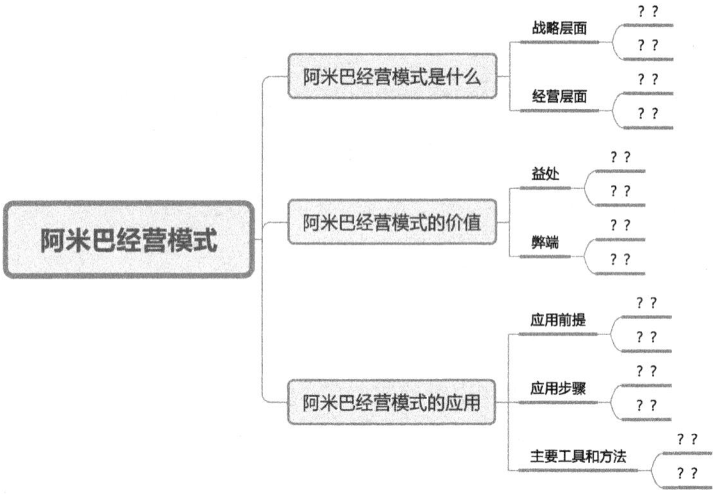

图 5-14　阿米巴经营模式的框架示例

简单来说，主题阅读就如同找一群人开会。在开会之前，你先要明确目的，勾勒出整个会议要讨论的内容框架，之后找一群人，围绕框架，各抒己见，填充内容。

下面，详细介绍主题阅读的两个步骤。

步骤 1　搭建主题框架

根据对主题掌握程度的不同，搭建主题框架的方式主要有两种。

1. 对主题一无所知的情况

在对主题一无所知的情况下，需要先翻一遍书，构建出基本框架，再开始主题阅读。而且最好选用结构完整、逻辑清晰，但内容相对比较浅显的书。

例如，当全新了解一个行业时，最好选用行业蓝皮书或行业研究报告作为第一份阅读材料；刚开始学习会计知识时，最好选图解会计之类的入门书。因为它们覆盖的内容很完整，框架很清晰，内容很简单。

利用它们搭建好初始框架后，再阅读更专业的内容。例如，要学习会计方面的知识就可以阅读那些通用的会计教材。

这里与你分享一个经验：**在全新接触一个主题的时候，最好能同时阅读三本以上的书。**

因为每个作者都会受到自身视野和经验的局限，写出来的书与客观实际都是有偏差的，但因为你在这个主题上尚无经验，因此也难以做出判断，这时只有同时阅读多个人针对同一主题的书，才能搭建出相对全面，也相对客观的主题框架。

而且，你很容易就能看到不同作者之间“打架”的地方，这些地方往往就是这个主题的重点或难点。弄清楚了这些地方，你对这个主题的理解也就很深刻了。

例如，在阅读与记忆相关的主题时，有的书说遗忘是因为记忆不停地消散导致的，因此要不停地重复以抵抗记忆消退，这样效果才好；有的书却说不能不停地重复，因为重复强度越大会导致突触连线发生改变的门槛越高，因此重复间隔长些的效果会更好，例如背英语单词，隔两个月复习一次的学习效果比两星期一次要高 50%。

你看，“打架”的地方就来了。你肯定不能都采纳，这时你自然就会去查找更多的资料做验证，理解就会很深刻了。

像上面记忆这个主题，最后你能找出来的最权威的解释就是：短时记忆至少要 2 小时以上，并且经过一定的重复才能转为长时记忆，因此重复是必需的。在这一点上两者都对，但是记忆不是消退而是被其他记忆覆盖了，特别是记忆发生后的 1~2 小时。因此，最好的方法是背完单词的 2 小时内，不要再去记忆其他内容（因此睡前记忆效果最好）。

这种以第一本书为基础，再翻阅 2~3 本书做验证和调整的方式，第一本书需要采用多重阅读方法，后面 2~3 本书采用整体阅读方法，将输出结果再更新到第一本书的笔记中。

2. 对主题有一定理解的情况

如果你对这个主题已经有一定的理解，就基于你已有的理解，从阅读目的出发，先构建出一个主题框架（如某个咨询解决方案的框架），阅读更多资料后，再做修正。

■ 步骤 2　填充主题框架

主题阅读最大的难点在于，如何在很短的时间内，从大量的阅读材料中找出有用的信息，并且结构化地整理出来。

这就需要你在第一步构建出的主题框架基础上，按图索骥地搜索阅读材料，以及按照主题框架结构化保存收集到的材料，否则你会迷失在海量资料中。

填充主题框架时，主要有两种信息的输入：一种是思路的输入，这种信息被更新到主题框架中，作为对思路的完善。另一种是直接应用的材料，片段的内容就直接被复制到文档或 OneNote 笔记中，完整的内容就在文档或 OneNote 笔记中标明位置，将来能索引到就行。

这种按图索骥搜索材料和填充内容的方式，首先，不会使你迷失在材料的汪洋大海中；其次，所有内容都是按主题框架结构化填充的，省却了后续大量的整理时间。

总结

你已经完成对 YouCore 四大阅读理念、三大阅读方法的学习。

你一定已经发现，其实三大阅读方法就是四大阅读理念在不同阅读情形下的运用。把握好这四大阅读理念，你也可以创造出自己的阅读方法：

- 理念 1　带着目的阅读才能学以致用
- 理念 2　第二遍永远比第一遍更容易理解
- 理念 3　阅读后回忆，效率更高

- 理念 4　按自己的框架重新组织阅读内容才能理解得更深

整体阅读、多重阅读、主题阅读这三大阅读方法，分别有它们适用的场合，因此在选择一个阅读方法之前，需要先明确阅读目的。

整体阅读就像跟人提问，适用于想从阅读材料中寻找 1~3 个有用信息的阅读情形。例如，从某本书中找出快速提升自家产品销量的三个上手即用的营销技巧。

多重阅读就像石油勘探，适用于系统地吸收某本书的内容，构建相对完整的知识体系的阅读情形。例如，从某本营销书中提炼出一套完整的营销方法体系。

主题阅读就像找一群人开会，适用于需要在一天或几天的时间内集中阅读大量材料，以便快速建立一个知识体系或完整解决方案的情形。主题阅读是以整体阅读、多重阅读为基础的。

其实，还有一种阅读方法我没有介绍，就是逐字逐句地阅读。有些经典文献是不适合快速阅读的，相反需要一个字一个字细细地品，如《易经》《金刚经》《论语》等。不过，这个阅读方法我相信即使不介绍，你也是掌握的，本质上就相当于朗诵。

最后再啰唆一句，阅读方法不同于学习策略，光知道原理是没用的，要真正掌握它们，必须找几本书读一读才行。

学员感言

我以前怕读书，因为实在读得太慢，一个月都读不了一本，一个字一个字地看，生怕错过了什么金句。这下我知道了，根本没有必要这样读书，速度不仅慢，效果还差。用新学的 YouCore 阅读法，我终于不怕读书了。

——学员 1

我从小到大读了不少书，但要问方法，基本都是一个，就是从头翻到尾。从来没有想过根据不同的目的，读书的方法还各不相同。如果能早一点知道这样的读书方法，收获会更多。

——学员 2

书外求助

看完了这一章，有没有将书中的阅读方法用起来？使用中遇到了什么问题吗？

例如，想不想知道自己的阅读笔记怎么样，让大家评一评，看看还有哪些提升的地方。

或者，想不想看看别人的阅读笔记是什么样的。

扫码入群，获得书外求助的机会吧。记得备注“学习力”！

第6章 五类学习技巧之三：理解技巧，让知识掌握得更好

第1节　四类不同的知识

人类自从诞生到现在，已经积累了海量知识，而且知识的种类纷繁复杂，如诗歌、文化知识、历史事件、操作指引等。

对这些知识的分类迄今也没有统一的标准，但在激烈的争论中，还是有一些分类得到了广泛认同。例如，美国著名教育家布卢姆提出的四大知识类别：① 事实性知识；② 概念性知识；③ 程序性知识；④ 元认知知识。

至于什么是事实性知识、概念性知识、程序性知识和元认知知识，我可以举一个简单的例子，如图6-1所示。

图6-1　《白毛女》戏剧

例如，你正在学习《白毛女》这部戏剧，你可以有四种学习方法。

第 1 种学习方法

你认为自己应该知道《白毛女》剧中所有角色的名字，以及角色之间显而易见的关系（例如，黄世仁与白毛女是迫害和被迫害的关系），还应该知道剧情的细节，知道哪个角色说了什么话，甚至能够凭借记忆背诵剧本中某些重要的段落。

这种学习方法将注意力集中在《白毛女》的细节和要素上，因此**你关注的是事实性知识。**

第 2 种学习方法

你认为《白毛女》能够使自己懂得一些重要概念，如压迫、阶级矛盾和社会制度。你还有兴趣理解这些概念之间的关系，如社会制度在白毛女的悲惨命运中扮演了什么角色。你觉得关注这些概念及其关系，可以使自己在剧情和用来理解人类现状的那些不同概念之间建立联系，从而使自己学习《白毛女》这部戏剧的价值更大。在这种学习方法下，**你关注的是概念性知识**。

第 3 种学习方法

假如你认为，《白毛女》只不过是中国的戏剧之一。你的目的是把《白毛女》作为载体，掌握应该如何对剧本进行思考。为了这个目的，你先学习了一套阅读剧本时使用的一般性方法：① 跟朋友或同学讨论剧情；② 审视角色之间的关系；③ 理解剧作者传达的信息；④ 考虑剧本的写作方式和它的文化背景。假设你学习的这四个一般性步骤构成的学习程序，不仅可以用于《白毛女》，而且可以用于所有剧本的学习，那么**你关注的就是程序性知识。**

第 4 种学习方法

跟第 3 种学习方法类似，你把《白毛女》看作自己在今后的学习中会遇到的众多戏剧之一。你也希望自己学会一套一般的程序或“工具”，用以学习、理解、分析和欣赏其他剧本。与第 3 种学习方法不同的是，你不想只是生搬硬套或机械地使用别人的方法和工具，而是希望自己能“边学习，边思考”，对自己使用这些工具的方式加以反省和进行元认知活动。例如，你会把使用这些方法阅读剧本时遇到的问题记下来（如角色发展混同于剧情），并且从这些问题中学习。最后，你还希望通过对剧本角色的认同，对自己有所了解，如自己的价值观或自己的优缺点。在这种学习方法下，**你关注的是元认知知识。**

不过，我们上学时，为了应付考试，对这四类知识的学习，用的是同一个万能大法：背！

只要能背得下来，考试分数基本就有保障了。虽说上不了清华北大，但考个不错的本科院校还是可以的。

上学时采取这种“背”的万能大法还可以，但进入职场就不行了。你知道为什么吗？因为职场是一个需要实践的地方，而不是像上学时那样面对的试卷只有一个标准答案。

例如，公司统一培训了面向客户的沟通技巧，讲了三个原则、四个方法，以及一个完整的演示方案。在实际使用的时候，你将这三个原则、四个方法、一个方案一字不差地背了下来。如果是学校里的考试的话，我估计你肯定能得 90 分以上。但若实际应用于与客户的沟通中，你觉得一字不差地背下来有用吗？

在职场学习中，还能通过“背”字来处理的，就是各种事实性知识了。例如，公司是哪一年成立的，公司全年的销售额在行业中排名第几，等等。

这类知识无须理解，也无须应用，只要记住，在需要的时候能回忆起来即可。

除了事实性知识，剩下的概念性知识、程序性知识、元认知知识就不是“背”能解决的了，它们分别需要你能深刻理解、熟练应用，以及举一反三。

那么，某个知识属于这四类中的哪一类，以及各类知识怎样学习才是效率更高的？下面我详细介绍。

第 2 节　事实性知识的记忆技巧，助你过目不忘

事实性知识是指分离的、孤立的、“信息片段”形式的知识。学习事实性知识的关键，就是要背得快、记得牢，也就是记忆术要用得好。

这部分知识的学习因为难度低、见效快，因此市面上很多讲学习或讲记忆的课程或图书，都侧重于这类知识的学习。

而我们的父母和我们自己因为受传统填鸭式教育的影响，也经常误以为记忆好就

是智商高，就是聪明，因此很容易盲目地投入大量时间、精力来练习记忆术。这是学习上一个**很大的误区：将宝贵的脑力、精力，浪费在价值很低的事实性知识的学习上**。

古代因为受存储和查询技术的限制，因此很多知识要记忆在大脑中，否则在使用的时候会因为记不住而无法运用。例如，王勃在写《滕王阁序》的时候，如果回忆不起来冯唐和李广的故事，那么他也不可能写出“冯唐易老、李广难封”这样的诗句。因为谁也不可能在游山玩水的时候，在身上还背着成千上万本书。

但在技术越来越发达的今天，对于绝大多数事实性知识，我们已经不需要再记忆了。你记忆水平再好，再号称记忆大师，难道还能比谷歌收录的信息多？而且，现在通过手机随时随地都能联网，直接在百度或谷歌上搜索“冯唐”“李广”就可以了。哪怕你连人名都不记得了，但只要搜索“谁一直没有被封侯”，也很容易将李广的故事给搜索出来。

当然，这么讲并不是让你一点事实性知识都不记忆了，而是让你将宝贵的脑力和精力花在关键信息的记忆上。

那么，怎样记忆效率才最高呢？我推荐两种方法：一种是思维导图；另一种是记忆宫殿。

思维导图是利用从中心向四周发散的结构，同时加以线条、图片、颜色的综合，刺激你的形象记忆，从而可以提高你记忆的速度和牢固度。

记忆宫殿是提前设定好一个你熟悉的环境空间，然后在这个环境空间中布置上各种元素并标上顺序。例如，你可以将你的卧室作为记忆宫殿的原型。熟记了这个环境空间后，以后再记忆其他知识时，就可以分别映射到这个环境空间的元素上。

讲述这两种方法的书、文章、课程多如牛毛，而且基本都免费，你可以上网搜索。

但还是要提醒你，不要在事实性知识的记忆上花太多时间，要多利用技术手段，能即时查询的就不要记忆。只记忆那些关键的、需要熟练记忆的知识即可，如术语符号等。

第 3 节　概念性知识的三个自问，帮你彻底理解

第二类知识是概念性知识，这类知识是更为复杂的、结构化的知识形式。

概念性知识包括较一般的名词概念（AI、区块链、框架）、模型（4P营销、马斯洛需求层次理论）、原则（以终为始、以事实为依据）、原理（金字塔）或理论（建构主义、行为主义）。

一般人在学习概念性知识的时候，容易将其当成事实性知识来记忆，觉得能将概念、模型、原则、原理或理论的内容记下来，就算掌握概念性知识了。这就是不清楚事实性知识和概念性知识的巨大差别所导致的。

概念性知识包含一些事实性知识，但这些事实性知识必须是相互联系、非任意性的、结构良好地组织起来的。打个比方，概念性知识中包含的事实性知识就像一块块瓷砖，上面有一些简单的纹路，孤立地看每一块瓷砖没有什么意义，但是当你把这些瓷砖按照一定的结构拼接起来，呈现在你面前的将是一幅恢宏的图画，这才算掌握了概念性知识。

假如你能背出马斯洛需求层次理论包括生理需求、安全需求、社交需求、尊重需求、自我实现需求，你是不是就懂马斯洛需求层次理论了？其实，从能背出来到真正理解马斯洛需求层次理论，这之间的距离是非常遥远的。

例如，我问你三个关于马斯洛需求层次理论的问题，你看你能否回答出来：

（1）马斯洛需求层次理论是哪一年提出来的？为什么会在那个时间点提出来？

（2）你能举出三个与马斯洛需求层次理论有联系的知识吗？

（3）你能举出三个适用马斯洛需求层次理论的场合，以及三个不适用的场合吗？

针对上面的三个问题，如果你有任何一个回答不出来，就表明你对马斯洛需求层次理论没有真正地理解。

如果你回答不了第一个问题，就说明你不了解马斯洛需求层次理论的起源、产生的历史背景，以及可能的发展趋势。离开了这个知识产生的环境来理解马斯洛需求层次理论，你是很难认识到它的本质、它真正的价值和它的局限性的。

如果你回答不了第二个问题，就说明你还没有掌握马斯洛需求层次理论所包含知识之间的真正联系，换句话说，你对马斯洛需求层次理论的理解还是表面的，未抓住它更本质的规律和更一般的原理。

如果你回答不了第三个问题，就说明你尚未掌握马斯洛需求层次理论的应用方法和使用它的前提条件。只有真正掌握了这两点，你才能知道它能用于哪些场合，不能用于哪些场合，以及在哪些场合中调整后才能用。

因此，为了确保自己真正理解和掌握了某个概念性知识，你需要在学习的时候自问下面三个问题。

■ 自问 1　这个知识的来龙去脉是什么

很多人在学习知识的时候，很少去探究知识的起源，就好似这个知识是凭空产生的一样。而实际上，任何知识都是在先前知识和先前经验的基础上发展起来的。只有了解了知识的起源，才能抓住其本质。

只看一张照片本身你能理解的信息是有限的，但如果你追根溯源这张照片拍摄的背景，一张照片就可以变成一部电影，甚至一部连续剧，这时你才能真正看懂这张照片。

因此，在学习一个新的概念性知识的时候，你需要问自己：**它是在哪个时点产生和兴起的？为什么在这个时点产生和兴起？在它之后（可能）产生了什么新理论？**

下面以目前很火的区块链为例来说明它的来龙去脉。纷繁复杂的信息从各种渠道扑面而来。现在如果不知道区块链，你都不好意思跟别人开口。那么，区块链到底是什么呢？

如果你去查区块链是什么和区块链的价值，我估计你查一天都不会有结果。因为仅百度的搜索结果分别就有 11 700 000 条和 2 440 000 条（见图 6-2 和图 6-3），而且等你看完各种科普文、专业论文、专家评论、创富论坛，我相信你已经成功地将自己搞晕了：有人说它是第四次产业革命的开端，有人说它是投机骗局大泡沫。

图 6-2　用百度搜索“区块链是什么”

图 6-3　用百度搜索“区块链的价值”

这时，如果你能问自己这些问题——区块链的起源是什么，区块链为什么会产生和兴起，区块链可能会被什么技术取代，并且去阅读相关资料的话，你花的时间会更少，但对区块链的理解会更深。

我就是用这个方法，花了大约30分钟，大致对区块链形成了以下认知。

1. 区块链的起源

（1）区块链作为比特币的底层技术，于2008年年底被中本聪在比特币论坛提出。

（2）比特币因为其巨大的争议性和炒作性（洗黑钱、绑票赎金、火箭般蹿升的价格等），逐渐进入主流社会视野，进而让其底层的区块链技术被人所关注。

（3）2015年12月，以纳斯达克首次在个股交易商使用区块链技术为标志，区块链技术跳出比特币，开始在非虚拟数字货币领域应用。

（4）目前区块链技术主要局限在金融体系中的应用，但会计师事务所已在研究如何把它应用在审计业务中。至于如何在供应链体系、政府体系中应用还处于概念设想阶段。

2. 区块链产生和兴起的原因

（1）技术层面。随着互联网计算量的急剧增加，中心化的计算架构已难以支撑，因此从2007年起分布式计算逐渐成为发展主流（亚马逊和阿里巴巴是非常成功的分布式计算和存储案例），这股思潮影响到了技术开发人员，因此在虚拟货币领域出现分布式自治的比特币也是一种正常现象。

（2）硬件层面。随着PC服务器的普及和计算能力的指数式增长，2009年以后具备了为区块链技术提供计算能力节点的便利性（普通人也能架构计算能力足够的服务器并将其作为区块链的节点加入了，而在2000年之前，普通人压根就买不起计算能力达标的服务器）。

（3）商业层面。区块链所具备的去中心、去信任、伪造极难的三大特征，恰好解决了股票交易、银行结算等金融领域降低双方信任成本、加快交易速度的需要（例如，将股票交易的手续费降至0.01%，交易周期从“T+1天”变成“T+30s”，也就是你卖出股票后30秒就能买新股票，你高不高兴），因此区块链技术优先被部分金融机构小范围应用（这个应用跟比特币、瑞波币、莱特币等是两码事，这些虚拟数字货币只是区块链最初期的应用，因此被人忽悠去当“接盘侠”，炒作这些货币是高危投机行为）。

（4）政治层面。区块链有一定的降低交易成本的作用，政府肯定会有一定的应用指导，但是区块链完全的去中心化，特别是匿名不可追踪的性质，使其存在着巨大的政治风险。因此，到底能不能在全球广泛开展区块链技术，还是一个未知的事情。现在的绝大多数应用设想，都是典型的技术思维（也有人知道，但故意炒作或忽悠你）。假如撇开政治因素光谈技术可行性。例如，我倒卖国宝卖了 1 000 万元，到账 1 分钟后，我通过基于区块链的交易平台将这笔钱支付给了房地产商，30 秒后这个交易平台自动判断已满足交易条件，就将房产证的电子证明给我了，这套房子就属于我了。跟现在买房相比，交易更便捷，完全不需要房产中介，而且完全有保证，因为我不担心交了钱拿不到房子，房地产商也不担心交出了房产证收不到钱。更关键的是，这两笔交易都分别只有买卖双方自己知道，谁也跟踪不到这个钱的来源和流向，“洗钱”特方便。虽然交易便捷了，又降低了交易成本，但你觉得哪国政府会支持呢？

3. 区块链可能会被什么技术取代

区块链最核心的本质就是解决了信任问题：因为是分布式计算节点，交易信息被所有广播到的计算机都记录了，所以如果要伪造交易，就必须至少控制一半以上的计算机节点。不像现在传统的银行计算架构，只要你能攻克银行主机，就能随意篡改交易数据。因此随着参与的人越多，反而会越安全。因此就不再需要一个第三方背书，而是交易双方就可以建立信任关系。我卖货给你，再也不怕你不给钱了；你交了钱，再也不怕收不到货了。

一切交易成本的降低、流程的便捷，都是因为省却了各种验证环节和验证成本。

因此只要有一个技术，也能让伪造变得几乎不可能，同时很便捷，也就没区块链啥事了。

■ 自问 2　这个知识与其他知识之间有什么联系

大部分知识之间都是相通的。这就意味着你在学习绝大多数所谓的“新知识”时都不应该是从零开始的，而应该与你大脑中已有的知识和经验联系起来，这样既能加快学习新知识的速度，又能加深对新知识的理解。

那么，怎样才能在学习新的概念性知识的时候，与已有的知识和经验建立关联呢？方法就是问自己下面这个问题：我能否举出至少三个与该知识相关联的知识？

还以区块链为例。我自问了自己上面这个问题，结果在第一时间脑海里冒出了下面四个知识：

（1）分布式计算与存储。区块链技术的分布式账本系统，本质上就是一种分布式的计算和记录的技术。

（2）加密技术。各计算机节点为区块链提供的计算能力主要应用在加密运算上，因此不同的密码学系统可以区分不同的区块链技术平台。

（3）信任成本。商业社会最大的成本是信任成本，区块链的最大应用价值就是解决了交易双方的信任问题。因此凡是目前信任程度低、交易撮合难的金融领域，区块链技术能最快、最大限度地发挥其价值。

（4）基因冗余。区块链上的交易之所以难以被伪造和篡改，核心机制就是有大量的冗余节点都记录了这个交易信息，因此要想篡改就至少需要控制一半以上的节点，而且这仅仅是一个基本要求。正是这种冗余的技术机制带来了区块链技术的无限应用想象。而这种冗余机制，与生物系统和基因系统有着异曲同工之妙。例如，植物的花、精子、一窝昆虫都有巨大的数量，就是这种生物冗余保证了各种不可预见的情况下生物也能大概率地存活下来；这种冗余在生物的记忆组中更加明显，真核生物的基因组中有大量的DNA冗余现象，存在大量的重复片段。在大基因组的植物中平均有72 %~95 %的DNA重复了100次以上，基因组较小的植物也有46 %~74 %。

一旦将区块链与上面这四个知识建立关联后，我就不是从零开始学习区块链了，而是可以调用原有的这些知识去类比、理解和验证区块链，这样：① 学习速度更快；② 理解难度更低；③ 理解程度更深。

如何才能关联出更多的知识和经验呢？这就需要你好好运用三大学习策略。

（1）功利性（参见第 1 章）。因为要实现一个共同的目标，所以可以帮你将一些看似风马牛不相及的知识联系起来。例如，在无人驾驶汽车出来之前，有谁会想到谷歌和百度的搜索技术与汽车有关联呢？

（2）框架（参见第 2 章）。随着你搭建的个人知识体系框架越完整、越密集，就好像一张立体的渔网一样，网越来越大，网眼越来越小，你在学习新知识时，能关联起来的先前知识和经验就越多。

（3）可迁移（参见第 3 章）。对新知识背后的本质和一般性原理认识得越深刻，你所能联系起来的知识和经验就越多。例如，你看到一个皮球滚了一段距离后停了下来，如果认识到这是摩擦阻力的作用，你能关联起来的知识就会大量增加，甚至能将跑步的钉子鞋跟这个滚皮球关联起来。

■ 自问 3　这个知识有哪三个能用和不能用的场景

专家的知识与普通人的知识有个很大的不同，就是专家的知识都是条件化的。

怎么理解这个条件化呢？用大白话翻译过来就是，专家知道自己的知识适合在哪些场景下使用，不适合在哪些场景下使用，在哪些场景下要调整后才能使用。

如果不知道一个概念性知识的使用条件，那么最多算理解了这个知识的一半，有的时候甚至不如不学。我们可能都听说过“满瓶不动，半瓶摇”，这是最害人的一种状态。因为完全不懂的话至少可以去学习或请教，而这种似懂非懂的状态就容易让人乱点鸳鸯谱，瞎套用方法，就像手上有了一把锤子，看到所有的东西都是钉子一样。

例如，有人学习了思维导图之后，不去深入了解思维导图最适用的两个情境——零散信息的记忆、发散思维的激发，而是将其当成一个万能工具无限地泛化，结果反而造成效率更低。例如，我看到有人是用思维导图输出项目计划的，其实哪怕用 Excel 也比用思维导图输出的计划更直观，更能展现多维性。

那么，专家是如何做到将他们的知识条件化的呢？他们的诀窍就是，在开始学习这个概念性知识的时候，就问自己：**这个知识有哪三个能用和不能用的场景？**

通过这样的自问自答，第一，逼迫自己去提炼和显示这个概念性知识适用的前提条件；第二，建立使用场景印象，这样在下次碰到类似场景时，会更容易调出该知识。

还以区块链为例。我问了自己“区块链有哪三个能用和不能用的场景”，得出了下面六个答案：

（1）适用于虚拟数字货币。这个就不用多讲了，无论是最早的比特币，还是后来的莱特币、以太币等，这是区块链技术为人所知的起点。

（2）适用于信任成本高、交易撮合难的金融交易场合。这就是股票交易系统、同业资产交易平台会优先使用区块链的原因。

（3）适用于财务审计。这就是德勤、毕马威等积极成立区块链研究团队的原因。

（4）不适用于要交易留痕的场合。因此区块链在中国用于银行间的结算交易就不合适，因为跳过央行清算系统是有巨大监管风险的，而且央行本来就是各银行间交易的最大信任背书。

（5）不适用于计算节点少的应用场合。区块链是参与计算节点越多越安全，如果低于一个量级，交易的篡改难度就很低了。

（6）不适用于信任程度已经很高的场合。区块链的价值主要是在信任程度低的交易中，减少验证环节，从而提高效率，降低成本。如果本身信任程度就已经很高，用区块链就多此一举了。

我将在学习一个概念性知识时会自问的三个问题总结如下：

- 自问 1 这个知识的来龙去脉是什么
- 自问 2 这个知识与其他知识之间有什么联系
- 自问 3 这个知识有哪三个能用和不能用的场景

通过这三个问题，我的搜索和阅读就很聚焦了，哪怕是像我这样刚刚了解区块链 30 分钟的新手，对区块链的理解相较盲目学习了几个月的人，也会全面和深入很多。

特别说明：为了让你能更好地理解和感受自问这三个问题的价值，我特别挑选了一个我之前几乎毫不了解的概念“区块链”做了演示。因为只有 30 分钟的碎片阅读时间，因此我对区块链的理解肯定有不少偏颇之处，但我不会修改任何错误的内容。因为这样你才可以最真实地看到，自问三个问题的这种学习方法，在 30 分钟内可以对一个新的概念性知识理解到什么程度。

■ 在自问三个问题基础上的类比和比喻

另外，如果你学习的概念性知识是抽象的，还可以在自问三个问题的基础上做类比和比喻，以加深对这类概念的理解。下面列举两个例子。

爱因斯坦解释相对论

有人问爱因斯坦：“什么是相对论？”

爱因斯坦回答：“你坐在美女身边，1 小时像 1 分钟；你坐在火炉上，1 分钟像 1

小时。”

佛祖谈“六根”

佛教说：“人有六根，包括眼、耳、鼻、舌、身、意的六个识根。”

佛祖又说：“六根归一。”众教徒不解。

佛祖拿一条华巾打了六个结，六个结追本溯因，本质都是一条华巾。众皆恍然！

对于一个抽象的概念，如果你能做出类似上面的类比或比喻，让一点基础都没有的人也能听懂的话，就证明你对这个概念的理解已经很深入了。这与著名的“费曼技巧”有着异曲同工之妙。

第 4 节　程序性知识的三个步骤，上手又快又好

程序性知识是关于如何做某事的知识。通常，程序性知识以需要遵循的一系列步骤的形式出现。例如，提交预算的流程、安排会议的步骤、客户跟进的流程、社群运营的流程、软件开发的流程、事后复盘的流程等。

在职场中，程序性知识是我们接触得最多的一种知识。

职场层级最低的时候，程序性知识占据的比重最高，而且以执行型的程序性知识为主，如财务凭证制作、客户跟进数据录入、代码编写等。

随着职场层级的上升，程序性知识所占比重会有所下降，而且逐渐以规划型的程序性知识为主，如财务政策制定、客户跟进策略制定、软件架构设计等。

■ 学习程序性知识的两个误区

程序性知识如此之多，而且占一个职场人的知识比重如此之大，但 80%的人没有真正掌握程序性知识的学习方法。他们最容易陷入的误区有以下两个。

误区 1　低效率上手

很多人在学习一个新的程序性知识时，采取的都是被动的、片段式的学习方法。这其实是一种效率非常低下的学习方法。

例如，同样两个新人转行做互联网社群运营，两人一开始的任务都是在社群里发

布话题，引导社群讨论，整理讨论结果并发布出来。

第一个人的做法是安排他做什么，他就做什么。让他选择一个明天用的话题，他就去找话题；让他将群里的讨论汇总起来，他就去汇总起来。就这样每天听人安排，他似乎做了一个月后，渐渐地也越来越熟练，只不过话题讨论质量一直维持在勉强合格的程度。

第二个人的做法就有所不同了。同样接到负责社群话题讨论的工作安排后，他首先会画一个流程，捋清楚这个工作分几个步骤，每个步骤都有哪些内容，如图 6-4 所示。

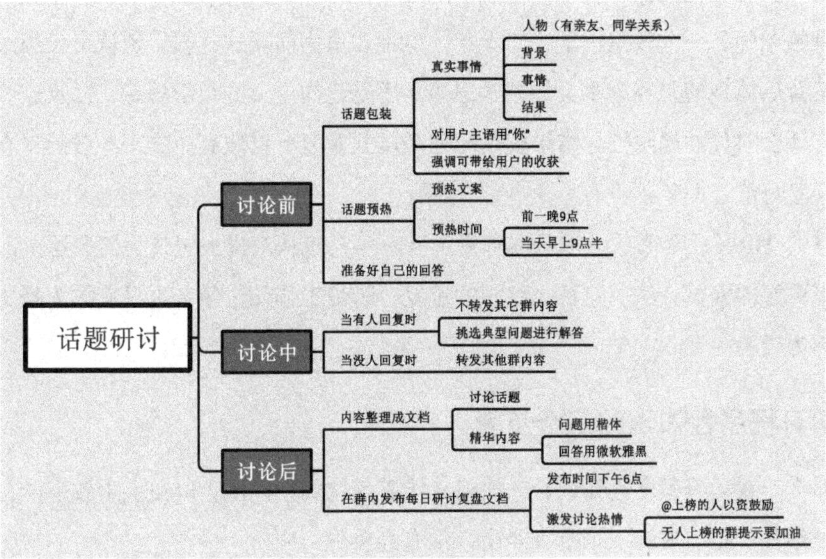

图 6-4　话题研讨流程

第一遍画的流程可能很粗糙，例如，有步骤遗漏了，有的内容错了，但随着 1 天、2 天、3 天都做同样的内容，他很快就将这个流程补充得很完善，而且能主动找领导、同事去请教流程中所缺的内容。

因此，只用了不到一周，他就对社群话题讨论的工作很熟悉了，而且不再需要别人每天安排他做什么，他就知道哪些地方要提前准备，哪些地方要着重注意，于是他的工作质量每天都有所提升。

在上面这个案例中，第一个人采用的学习方法就是被动的、片段式的，跟第二个人的学习方法相比，明显有三个差距：① 上手工作的时间周期要长4倍，甚至更多；② 工作质量做不到随着时间推移而持续改善、提升；③ 没有书面的工作沉淀，一旦来了新人无法系统地指导工作，或者自己换工作后基本没有可迁移的内容。

误区2 无意识重复

除了低效率上手，大多数人在学习程序性知识时特别容易陷入的第二个误区是无意识重复。

何谓无意识重复？用大白话说就是，我好像一直都这么做的，至于为什么要这么做，还有没有优化的空间，我从来就没想过。

有的老师，一个教案用了一二十年，也不知道为何要这么教。她从来没想过，这个教案背后体现的是行为主义的教学思想，还是建构主义的教学思想，以及这些教学思想有什么时代的局限性。结果就是原地踏步式重复，看似有一二十年教龄，有效的教学经验可能连两年都没有。

有的 HR，一套面试话术照本宣科了五六年，也从来没去想过为何要这么问，还有没有更好的面试方法。这种无意识的重复，哪怕工作几十年，也只能称为经历，而不能称为经验。

■ 学习程序性知识的三个步骤

那么，在学习程序性知识时，如何才能避免这两个误区，以免上手效率低，或者白白工作几十年，成为一个空有经历、没有经验的人呢？

这就需要在学习程序性知识的时候，采用下面三个步骤。

步骤1 流程化：书面整理出程序性知识的流程

程序性知识是关于如何做某事的知识，一般都是以一系列步骤的形式出现的，因此它最好的呈现方式就是流程化的图表。

以上面的社群话题讨论为例。你可以用一个 Excel 表将这个程序性知识的具体内容全部呈现出来。Excel 表的横轴记录步骤，左侧的纵轴记录涉及的角色。例如，根据话题讨论的流程图，在横轴上就可以先写上“讨论前”“讨论中”“讨论后”。接着，在每个阶段的下方，分解出子步骤的内容。例如，你可以将“讨论后”分解为“整理讨论结果”“发布讨论结果”两个步骤，如表 6-1 所示。

表 6-1　社群话题讨论的流程化模板

步骤 / 角色	讨论前		讨论中		讨论后	
	选择话题	包装话题	……	……	整理讨论结果	发布讨论结果

填好横向的流程步骤后，就可以在左侧的纵轴上自上而下填入相关的部门或人员，如运营总监、部门主管、自己等，如表 6-2 所示。

表 6-2　填入角色的社群话题讨论模板

步骤 / 角色	讨论前		讨论中		讨论后	
	选择话题	包装话题	……	……	整理讨论结果	发布讨论结果
运营总监						
部门主管						
自己						

搭好整个流程框架后，就可以将已经收集和了解到的具体内容填写在对应的位置上。

例如，你可以在横轴“发布讨论结果”与纵轴“自己”相交叉的位置记录如何发布讨论结果，包括：

（1）选择最多人蹲马桶或吃饭的时间发布，这样才能让更多的人看到讨论结果。如果你不知道社群里的人一般都什么时候蹲马桶，发个有趣的小调研就行了。

（2）对于上了精彩发言榜的人，要表扬，肯定他们的付出和专业。

（3）对于无人上榜的群，要发与其他群的差距对比，激发他们下次参与的斗志。

将每个步骤都这么整理以后，你就有了一个完整的流程框架。这样，无论是接下来的学习还是工作应用，都有了一个很好的指导。

步骤 2　刻意用：有意识地应用流程步骤

画出流程后，要对照流程图中的步骤有意识地去应用。

具体做法是，将前面整理好的流程框架作为一套模板，每开始一个新任务的时候，就将这个模板复制一份，然后按照模板中的流程一步一步去做。

还以做社群话题讨论的流程为例。在开始对这个流程还不熟悉的时候，可以每天将话题讨论流程的 Excel 模板复制一份，然后照着说明一步一步进行。例如，在讨论前，就按照“选择话题”“包装话题”一步一步地做，如表 6-3 所示。

表 6-3　按步骤套用社群话题讨论的流程模板

步骤 / 角色	讨 论 前		讨 论 中		讨 论 后	
	选择话题	包装话题	……	……	整理讨论结果	发布讨论结果
运营总监	×××	×××				
部门主管	×××	×××				
自己	×××	×××				

这样做的好处有以下两点。

（1）你每次都练习了这个流程的全部环节，因此你实践一次所积累的经验，让那些没这么做的人要重复 5~10 次后才能获得。

（2）你更容易发现流程中还不完善的地方。例如，你按照“选择话题”的要求，选了一个“为何女生都喜欢有钱男人”的话题；然后根据“包装话题”的要求，以自己惨痛的爱情经历写了一段故事背景。结果，你以牺牲个人隐私为代价的这个话题，在群里一发，竟然出现了一个发言的人都没有的情况，甚至连个“表情”都没有。这时怎么办？你很自然地就能想到，是不是最好能有人先做个发言示例，才能带动其他人参与讨论。因此，一次实践后你就会在“讨论前”的准备内容中，再增加一个步骤“预热话题”。

那些没这么做的人，可能还在思考是不是话题选错了，或者是不是话题包装的故事不吸引人，压根就没意识到是预热不够导致的。结果，因为找错了原因，当第二次做的时候效果还是不好，甚至第三次、第四次还是这样。

当他们还在一次一次的错误中熟悉已有流程的时候，你已经一次性就将“社群话题讨论”这个流程完善了。

步骤 3　一般化：提炼出更具一般性的流程

跟概念性知识类似，程序性知识同样有着适用的前提条件，因此你在学习程序性知识时，还要提炼出这个程序性知识适用于何时、何地。这样才不会出现一套方法打天下的情况。

例如，前面介绍的社群话题讨论流程，就仅适用于严肃理性的社群，即在非节假日的话题讨论。如果你将这套流程应用于某个明星的粉丝群，估计你会被“淹死”在无数粉丝的唾沫里。即使在严肃理性的社群，如果在国庆假期、春节假期里用这套话题讨论流程的话，那么，虽然不会有人骂你，但你也只能自娱自乐了。

提炼出一个程序性知识的适用时间和场合，除了能更好地运用这套程序性知识，还有助于将其提炼为更一般的流程。

还以社群话题讨论的程序性知识为例。你至少可以提炼出下面四个更一般性的规律：

（1）话题讨论前、讨论中、讨论后这三个大步骤是可以保留的，无论你做什么类型的社群都可以遵循。

（2）挑选与社群用户切身相关的话题，并且强调带给他们的收获，这也是做任何社群讨论都可以遵循的。

（3）讨论中，要激发用户的讨论意愿，有人回答时要及时互动，无人回答时要及时转发其他群的讨论内容，这也是运营任何社群都可以采用的。

（4）讨论后，对上榜的用户要鼓励，以刺激他们持续分享的意愿，这也是可以采用的。

通过将程序性知识提炼为更一般的规律和方法，你就可以在更多场合运用这个知识，从而提升自己跨岗位甚至跨行业的可迁移能力。

总结

这一章我们采用布卢姆对知识的分类方法，将知识分为事实性知识、概念性知识、程序性知识和元认知知识。

事实性知识是指分离的、孤立的、“信息片段”形式的知识。学习事实性知识的关键，就是要背得快、记得牢，也就是记忆术要用得好。

概念性知识是以结构化的形式组织起来的知识。它包含一些事实性知识，但这些事实性知识必须是相互联系、非任意性的、结构良好地组织起来的。概念性知识学习的关键，是要能自问自答出三个问题：

- 自问 1　这个知识的来龙去脉是什么
- 自问 2　这个知识与其他知识之间有什么联系
- 自问 3　这个知识有哪三个能用和不能用的场景

如果学习抽象的概念性知识，在问这三个问题的基础上，再做到类比和比喻，学习效果就会更好。

程序性知识是关于如何做某事的知识，通常以需要遵循的一系列步骤的形式出现。程序性知识的学习最容易陷入两个误区：低效率上手；无意识重复。但采用下面三个学习步骤，就能有效避免：

- 步骤 1　流程化：书面整理出程序性知识的流程
- 步骤 2　刻意用：有意识地应用流程步骤
- 步骤 3　一般化：提炼出更具一般性的流程

除了上面三类知识，还有第四类知识：元认知知识。

元认知包括一个人底层的能力表现，如思维能力、学习能力、沟通能力等；元认知也包括反思自己表现的能力，以及制订计划、自我监控、自我调整等能力。

所谓的元认知知识，就是关于以上元认知的知识。例如，有关学习的知识（你正在看的这本书）、反思自己表现的知识和自我调整的知识。

元认知是体现在一切的知识学习、问题解决之中的，是一个人能不能认清自我，能不能提炼一般方法、能不能自我反思和自我调节的决定性因素，但学习它的关键不是元认知知识，而是元认知过程。在学习、理解和应用事实性知识、概念性知识、程序性知识的过程，就已经是元认知过程，这个过程质量的高低，就决定了学习效果的高低。

学员感言

学习知识遇到困难的时候，我只知道自己学不会，但具体哪里不会，有时又搞不清楚。将知识分类后，我终于知道自己学不会的症结在哪里了：不分知识类型，一律以背为主。

——学员 1

说到理解，以前以为只要能把概念说出来，能在一两个场景应用就可以了。对照概念性知识里面的几个问题一问，才发现原来自以为理解的东西实际上都还不懂。

——学员 2

书外求助

看完了这一章，对知识的理解还有什么困惑吗？

例如，有人问：虽然知道理解时要做知识之间的关联，但还是关联不起来，该怎么办？

或者，想不想知道一个概念，自己的理解对不对，别人又是怎么理解的？

扫码入群，即可获得书外求助的机会。记得备注“学习力”！

第7章 五类学习技巧之四：积累技巧，让每一次学习都充分沉淀

你每天都在接收大量的知识和信息，有被动的，也有主动的，但能被沉淀下来真正转变为自己的，可能寥寥无几。就像用漏斗接水一样，看似倒入的水很多，但最后真正留下来的也就是粘在内壁上的几颗水珠。

如何才能将这些知识和信息有效地沉淀下来，而不是随着时间的推移白白地流失呢？这就是本章重点解决的问题。

知识和信息的沉淀有两种基本状态：① 知识仓库，就像一个粮仓一样，在一个防水防潮的地方妥善保存着；② 知识体系，不像知识仓库储存“粮食”，而是将这些“粮食”变着花样给吃了，转化成自己所需要的能量和营养。

因此，没有知识仓库不行，没有知识仓库就没地方存储粮食，知识体系也就构建不出来；光有知识仓库也不行，如果不会将粮食加工成食物，哪怕粮食堆成山，也会被活活饿死。

本章的三节内容，先从知识仓库的沉淀开始，逐渐过渡到知识体系的构建。

- 收藏技巧：跟你分享如何以更便捷的方式打造个人知识仓库，让每一个有用的资料都做到雁过留毛。
- 笔记技巧：跟你分享如何以更高效的方式，将别人的知识记录、加工、吸收为自己的知识，这是从知识仓库转为知识体系的关键基础单元。
- 组织技巧：跟你分享如何组织知识，才能将知识仓库转化为个人知识体系。

第 1 节 收藏技巧，打造个人知识仓库

一个好的个人知识仓库，至少要具备三个基本特征：

（1）能便捷地收藏一切所需的知识和信息；

（2）存储的知识和信息能够被良好地索引；

（3）能够被高效地检索出来。

其中，收藏技巧是一个很大的关键。只有具备了良好的收藏技巧，才能收藏足够多的知识和信息，收藏的知识和信息也才能被良好地索引起来（如打上标签）。

在电子笔记未成熟之前，打造一个自己的知识仓库，可是一件成本很高，而且很需要耐心和意志力的事。例如，要收藏大量的图书（家里必须有个大房子才行）、剪报（不要小看这个技能，以前有的秘书就是凭借一手剪报的好功夫，从而得到领导的欣赏而平步青云的）等。

幸运的是，进入信息社会，特别是进入移动互联时代后，收藏的成本和难度急剧下降。现在只要凭借一款电子笔记，任何人都可以轻易地打造出一个庞大的个人知识仓库。

目前，可以用作知识仓库的电子笔记主要有三种：印象笔记、有道云笔记、为知笔记（注：OneNote 不适合用作知识仓库，更适合构建个人知识体系，我们在第 2 节和第 3 节中具体解释）。

这三款电子笔记软件都很优秀，都能满足信息时代下的个人知识仓库要求：

- 都支持收藏绝大多数知识和信息，包括在网页上截图、备注等；
- 都支持云端同步，这样无论是在手机、电脑还是平板上看到的知识和信息，随时随地都可以被收藏进来；
- 都支持良好地索引，无论是目录结构还是标签功能，都很完善；
- 都支持检索，而且检索功能都越来越强大，例如，印象笔记和有道云笔记都支持 OCR 搜索（能检索图片、PDF 中的文字）。

关于这三款电子笔记的使用方法，网上都有大量的视频和文字介绍，你可以自己去看一看。还有不少人做了不同电子笔记的功能对比，你也可以参考一下。

除了这三款电子笔记，我更想给你分享一个更便捷、更轻量级的软件：微信收藏。自从微信收藏有了一定的成熟度后，基本也能当作一个入门级的电子笔记使用了，如图 7-1 所示。

微信收藏可以收藏你看到的一切内容。例如，你看到我写的一篇文章“老师，我入错行了，怎么办？”，假如很喜欢，就可以将它收藏到微信收藏中，并且打上标签，以便以后查找。具体操作如下。

（1）点击右上角的按钮，选择“收藏”，如图 7-2 所示。

图 7-1　这个了不起的功能就躲在这里

图 7-2　点击按钮，选择“收藏”

（2）（可选）如果你要给收藏的内容打上标签，就可以点击右下角的“添加标签”。注意，这个提示信息只出现 2~3 秒，如果没点击的话，它就会自动消失，如图 7-3 所示。

（3）编辑标签。在这个步骤里，你可以选择已有的标签，也可以添加新标签，而且可以打上多个标签，如图 7-4 所示。

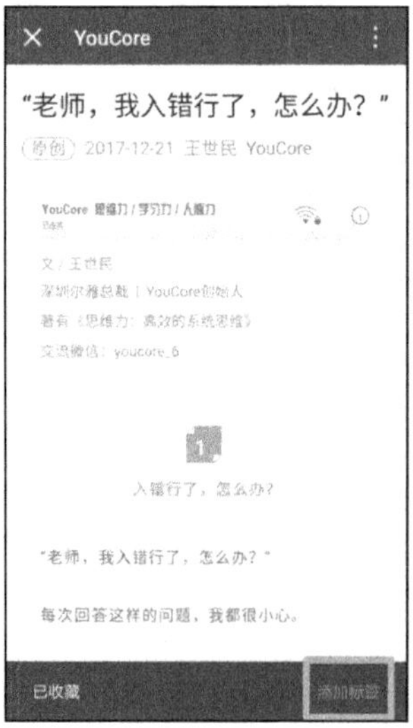

图 7-3　给收藏的内容打上标签

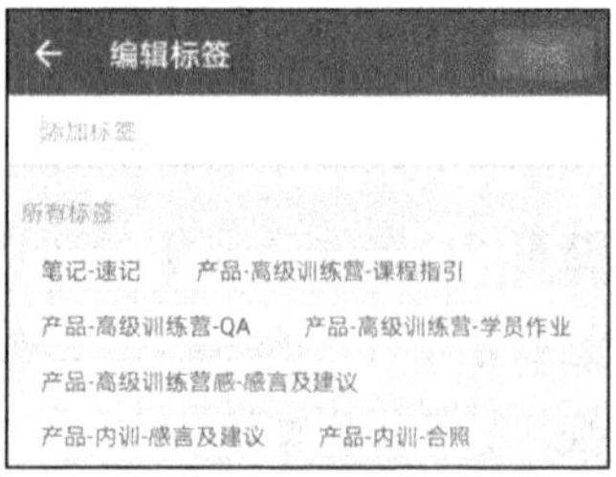

图 7-4　编辑标签

上面三个步骤完成后，进入“我的收藏”，就能看到已经打了标签的收藏内容，如图 7-5 所示。

以后，无论是通过文章内容还是标签，都可以搜索到刚刚收藏的这个内容，如图 7-6 和图 7-7 所示。

图 7-5　被打了标签的收藏内容

图 7-6　搜索文章内容示例

对于聊天记录、图片、音频、视频等，都可以用相似的方法，即选中它们后，选择“收藏”，如图 7-8 所示。

图 7-7　搜索标签内容示例

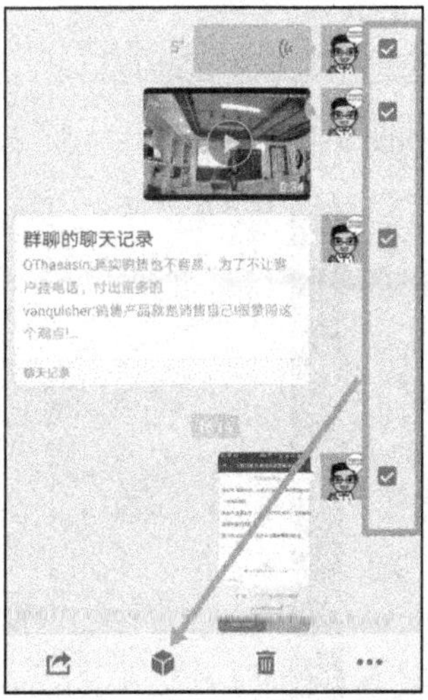

图 7-8　聊天记录、图片、音频、视频的收藏

更重要的是，你可以在微信收藏中全新创建一个笔记。在这个界面中，不仅可以输入文字（可加粗、加分割线、加项目符号和编号等），而且支持图片、音频、位置，以及其他附件，如图 7-9 所示。

例如，我就用这个功能建立了一个快速笔记，将一些临时要记的内容都放在了这个笔记里，如图 7-10 所示。

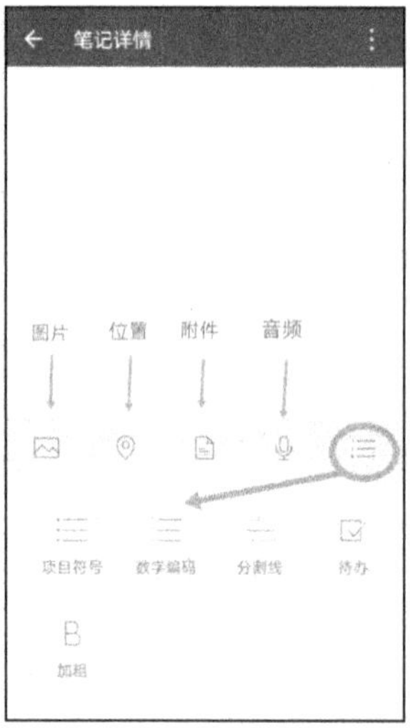

图 7-9　微信收藏的笔记功能

图 7-10　微信收藏的快速笔记应用示例

无论是用文字还是语音记录，都很方便。这个笔记还支持在移动端、电脑端同时编辑，如图 7-11 所示。

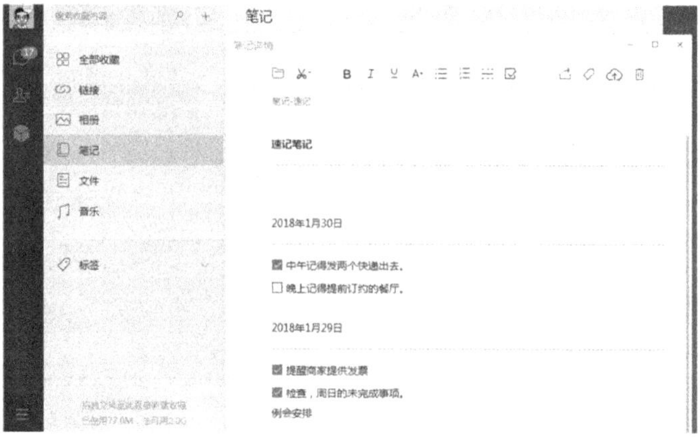

图 7-11　电脑端的笔记显示和编辑界面

除具备较为全面的电子笔记功能外，微信收藏还有四个特别的优点。

■ 优点 1　可一键收藏几乎所有信息

目前市面上，除了阿里系的极少部分应用，几乎没有哪个软件或 App 没打通与微信的接口。这就意味着，任何你看到的信息都可以被轻松收藏，如图 7-12 所示。

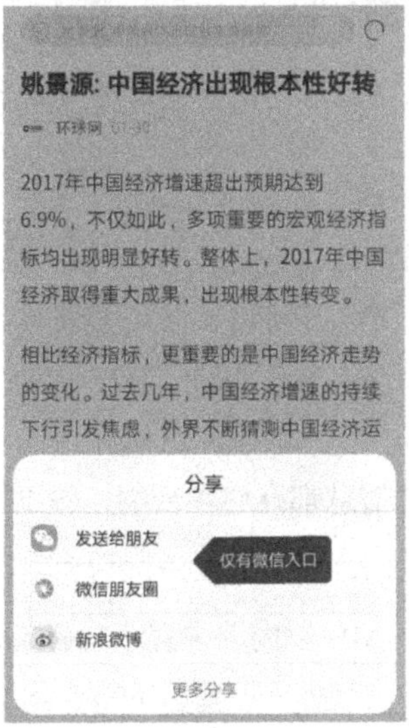

图 7-12　微信收藏入口示例

■ 优点 2　最轻量级的应用

任何一款电子笔记，你都需要单独安装 App 和配套的桌面软件，但在微信已经成为必备应用的前提下，你相当于无须安装任何额外的 App 或软件。

而且，如果你将微信收藏在微信置顶（见图 7-13 和图 7-14）后，那么每次都是 0 秒启动，无须再像其他电子笔记一样，还要去找到图标，等待打开，如图 7-13 和图 7-14 所示。

■ 优点 3　快捷的多设备同步

任何一款电子笔记都需要在云端和本地同步信息，每一次重新安装后（如换了手机或电脑）都需要重新从云端下载数据。

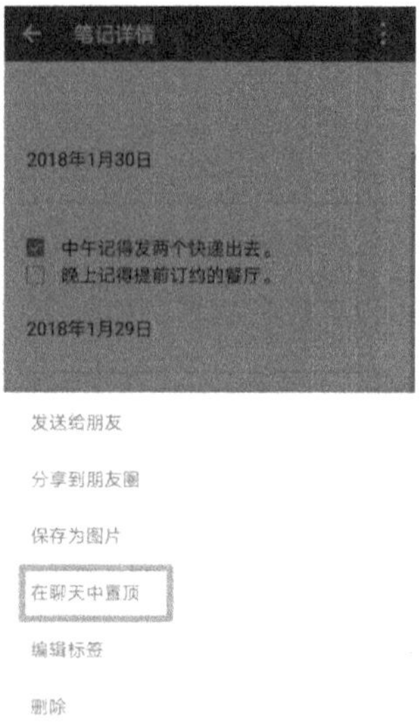

图 7-13　将笔记选择置顶

图 7-14　置顶后的效果

而目前，微信收藏的所有信息都存储在云端，腾讯云又是腾讯的战略方向之一，因此不但免费（有 2GB 的容量），而且多设备间后台自动同步。

根据我实测的同步速度，1MB 以内的内容，电脑端和手机端 1 秒内完成同步，也就是说，你在电脑端记完笔记，手机上立马就可以看到了，如图 7-15 和图 7-16 所示。

图 7-15　手机端新建笔记

图 7-16　电脑端显示

而且在手机端记录笔记，还有一个很棒的隐藏功能：自动保存。这就意味着，编辑再多内容、再长时间，也不用担心写了一半丢失的问题。

■ 优点 4　聚合的搜索

我们之所以要打造自己的知识仓库，就是为了在需要用的时候能更好地找到它，因此，知识仓库中的内容能否被很好地检索出来，就成了判断知识仓库质量高低的关键之一。

绝大多数的电子笔记软件只能搜索本软件内的内容（注：这里特别推荐印象笔记。使用印象笔记搜索时，会同时搜索网络内容和印象笔记的内容）。

但用微信搜索时，微信收藏的内容，是跟聊天记录、朋友圈、微信平台上的所有内容一起聚合搜索的，这就大大增加了知识仓库中收藏内容的使用价值，如图 7-17 所示。

当然，微信收藏还处于成长期，目前在使用上，还有三个不便利的地方。

（1）不支持多级标签。因此这就需要你自己在标签命名上运用一点小技巧，让标签名字体现出层次感（幸好，标签是按拼音字母顺序排列的）。例如，像我命名的标签是这样的，如图 7-18 所示。

图 7-17　聚合的搜索

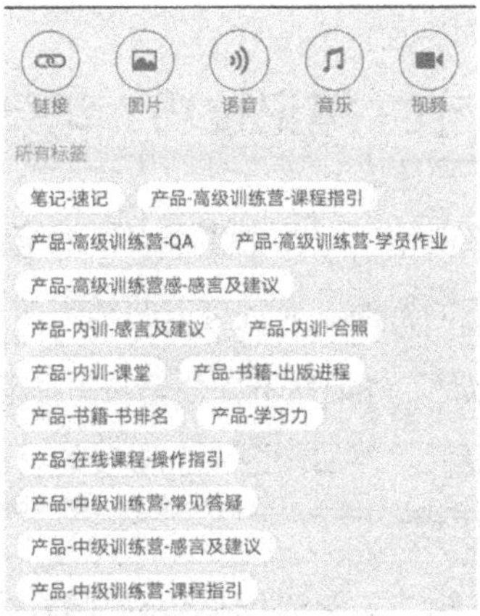

图 7-18　多层级的标签命名示例

（2）不支持标签的删除和重命名。这是最大的一个不便利点，目前我找到的替代解决办法就是，在电脑版微信上，选中标签后，批量去除所有相关收藏的标签，增加新标签，再重新给相关收藏加回标签，如图 7-19 所示。

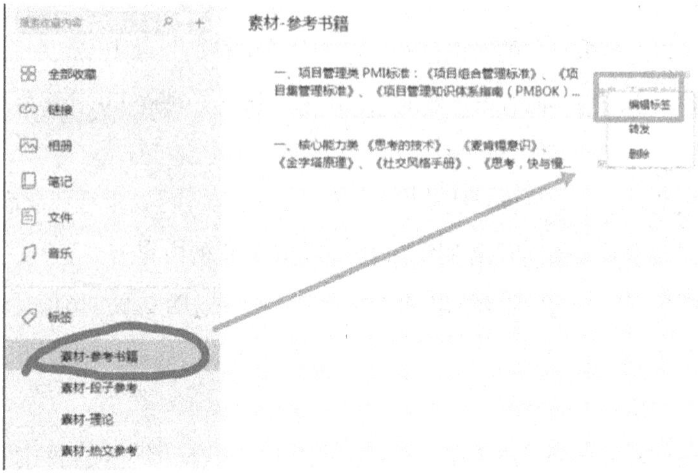

图 7-19　重新给相关收藏加回标签

（3）容量固定 2GB，没有扩容入口。这是一个潜在的风险，万一未来收藏的内容超过 2GB，只能删除之前的收藏内容释放空间了。不过，如果你采用的是跟我一样的“微信收藏+OneNote”的组合方式，那么这个风险几乎可以忽略不计，因为收藏内容是很难超过 2GB 的。

第 2 节　笔记技巧，记录属于自己的内容

为什么要记笔记？记了很多年的笔记，但也许你从来没有好好想过这个问题。

记笔记的目的，大致可以归纳为四点：

（1）记忆。好记性不如烂笔头，用笔或打字记下来，比记在脑子里牢靠程度更高，而且难度更低。例如，记一个朋友的电话号码，你记在纸上或手机里，就比记在脑子里要靠谱得多。

（2）练熟。有些方法你光用眼睛看或脑子想，是怎么都不可能熟练掌握的。例如，某个 Excel 函数，或者某个做事步骤，以记笔记的形式动手写上几遍后，就很容易熟

练掌握了。

（3）理解。有些内容如果只在脑子里琢磨，理解起来是非常困难的。例如，有 23 个角色参与、14 个步骤的一个流程，如果你能将它画成一个二维图形（横轴是步骤，纵轴是参与角色），理解起来是不是就简单了很多？

（4）沉淀。有很多内容之所以要记笔记，目的是以后使用，或者作为进一步学习的基础。这类内容就需要能够长期保存下来，并且事隔很久后还能方便地找出来。

■ 记笔记的常见错误

以上四点，就是我们记笔记的主要目的。但不少人在记笔记的时候，往往养成了一些不好的习惯，导致记不牢、练不好、想不清、找不到。

常见错误 1　一字不差的抄写

这种记笔记的方式是绝大多数人最喜欢的，它既给人一种认真学习的充实感，同时因为不用动脑思考，所以大脑又很轻松、愉悦。

但这种记笔记的方式，是性价比超低的一种方式，不但对理解毫无帮助，甚至对记忆的帮助都不大，因为大脑要长时记住一个内容，靠的不是机械重复，而是不断地提取和回忆。

一字不差的抄写式笔记，不会调动大脑的提取和回忆功能，最大的价值可能就是借给没认真听讲的同学或同事抄写复习，同时顺便练一练字。

常见错误 2　密密麻麻的文字

很多人的笔记一翻开，就是密密麻麻的纯文字。这种笔记虽然看上去工整、丰满，但有价值的内容非常有限。

这种记笔记的方式：① 说明自己的理解不深，没办法以少量的语言提炼或转化为更形象的图表；② 以后回顾或复习时，也难以抓住主线和重点。

常见错误 3　满满当当无空白

从经济角度来看，这是一个很节省的“好”习惯，用更少的纸记录了更多的内容。

但从学习角度来看，这种记笔记的方式特别不适用于需要反复学习和理解的内容，因为当第二遍、第三遍复习时，你完全没有地方填写新的理解和心得。

常见错误 4　固定装订的笔记本

绝大多数人使用的笔记本都是固定装订的。你可以看看你自己正在用的笔记本，再看看周围同事、朋友的笔记本，是不是如此？

固定装订的笔记本用于记录临时性的内容，完全没有问题。这类内容只是利用笔记临时过渡下，要么不需要长期保留，要么事后会转移到其他地方，如记录领导临时布置的一个任务等。

但如果要记录需要长期保留的内容，如某段学习心得、某个职场经验等，固定装订的笔记本就不适用了。关于固定装订笔记本的这个弊端，你只要想一下，上大学时使用的笔记本去哪里了就行了。我相信当时一定有教授讲过很精彩的内容，你也满怀激动地记了下来，但现在除了能回忆起当时的激动情绪，你还能还原那段内容吗？

那么，到底如何记笔记，才能避免上面四个错误，达到记忆、练熟、理解、沉淀的四个目的呢？

下面我分别跟你分享下纸质笔记和电子笔记的笔记技巧。

■ 纸质笔记技巧

大约在 10 年前，也就是 2007 年，关于纸质笔记的技巧分享估计能单独写一本书。但在移动互联网已经发展成熟、各种电子笔记争奇斗艳的今天，纸质笔记的使用场景已经越来越少，很多技巧都可以完全被电子笔记取代。

目前，纸质笔记还能大展身手的地方有两个：

（1）不方便情况下的速记。例如，不允许或没带电子设备的场合，或者电脑在演示但又需要记笔记的场合等。

（2）需要深度理解的场合。有时候在纸上整理思路比在电子设备上的效果更好，特别是对 80 年代及 80 年代以前出生的人。毕竟，上学的时候一直都靠纸笔，在这种情境下更能激发大脑的思考。

场景 1　不方便情况下的速记

在这种情况下记笔记，相较于电子笔记，需要克服中间新增内容如何添补、修改，以及如何快速总结的问题。

例如，你向一帮高管在投影上汇报一个项目激励的方案，因为议题很有争论性，大家你一言我一语地都有各自的看法，其中有 CEO、COO、CFO、CIO、CMO、CHO 以及其他副总裁，每个人的意见你都要认真听取。最具挑战性的是，在这种会议上高管们说出自己的看法后，是需要你立即总结出来讨论结果的。在这种情况下如何记笔记呢？

如果按照传统的笔记记录方法，从上往下一条一条记录的话，就会出现两个问题：① CEO 前面讲了三条意见，CIO、CMO 中间插了两条意见后，CEO 又补充了两条意见，是不是同一个人的意见就被分开了；② 每个人的意见记录分开了，各位高管发完言后，你立即归纳出讨论结果的难度就很大了。

因此，在这种情况下，采用思维导图的方式记笔记是最合适的，如图 7-20 所示。

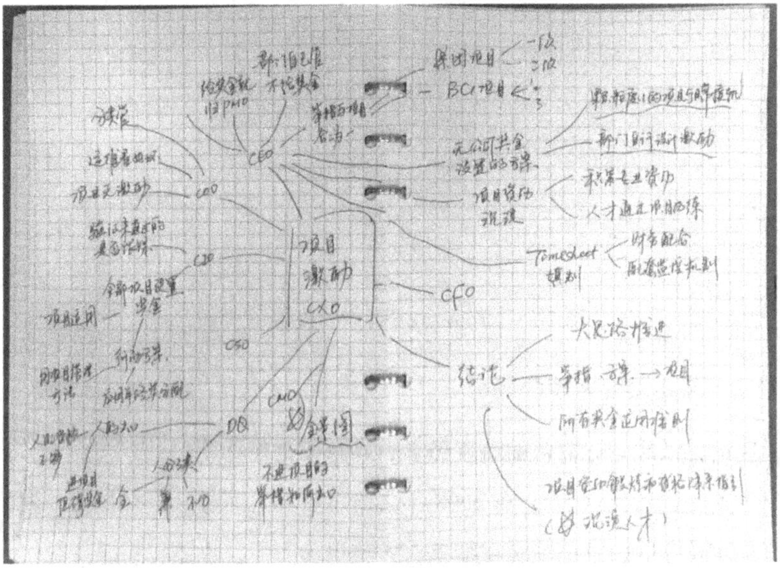

图 7-20　思维导图记笔记

首先，将每个发表意见的人作为思维导图的一个二级节点，只要是他发表的意见，无论是第几次发言，都统一记录在相应的节点下，这样就解决了条目式笔记下的同一人发言不能记在一起的情况。

其次，记得将思维导图的右下角空出来，专门记结论。这里要留意下，结论不要等到所有人发言都结束后再做，而要在过程中就将能形成的结论记在这里。哪怕一开始总结错了也无所谓，因为后面是可以修改的。只有这样才能做到，讨论一结束，你就能将讨论结果归纳出来。

会议或讨论的速记除了使用思维导图，还可以采用其他模板，如黄金三分法、YouCore 赋能本中的会议模板（见图 7-21）等。

这类模板的本质都是帮你更好地组织记录内容，使你能在更短的时间内归纳出结论。

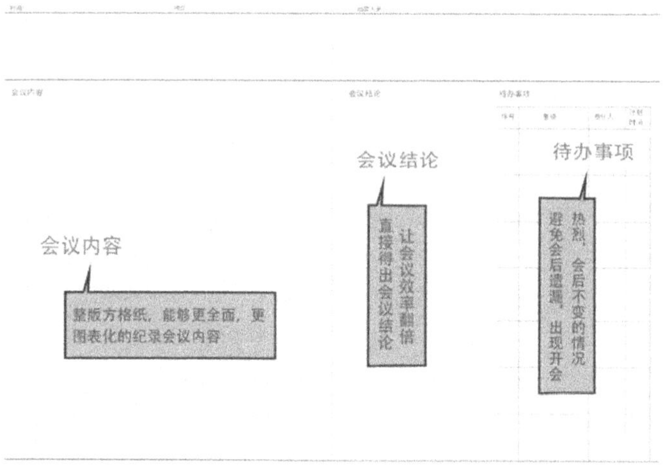

图 7-21　YouCore 赋能本中的会议模板

场景 2　需要深度理解的场合

除了速记，纸质笔记在帮助深度思考的场合下也很有用。

有很多人（包括我自己），在 2008 年之前主要都是通过纸笔来学习、记笔记的，因此一些深度思考的内容用笔画在纸上，大脑更为习惯，也更容易想清楚。

另外，因为目前所有的电子笔记在手绘图上的功能都还不太完善，所以哪怕是手绘功能相对出色的 OneNote，相较用笔在纸上画图、构思，也有很大差距。

因此，在需要绘图构思的场合，如构思商业模式图、设计 YouCore 赋能本模板页，用笔在纸上构思的效率和深度都是优于电子笔记的，如图 7-22 所示。

这里有个小建议，在这种需要深度思考的场景下，用铅笔绘图构思会更好些，因为针对一些画错的细节可以用橡皮擦掉，或者用颜色更深、笔迹更粗的圆珠笔或墨水笔覆盖掉。

上面就是纸质笔记的两个技巧，为了能更好地应用这两个技巧，有两个小建议分享给你：

（1）前期尚不熟练的时候，最好使用方格纸。使用方格纸的一个好处就是，可以降低你在页面布局以及画线、画图时的难度，因为可以将一个个格子作为参考。等熟练了之后，无论是横线纸、空白纸、点阵纸对你的影响就都不大了。

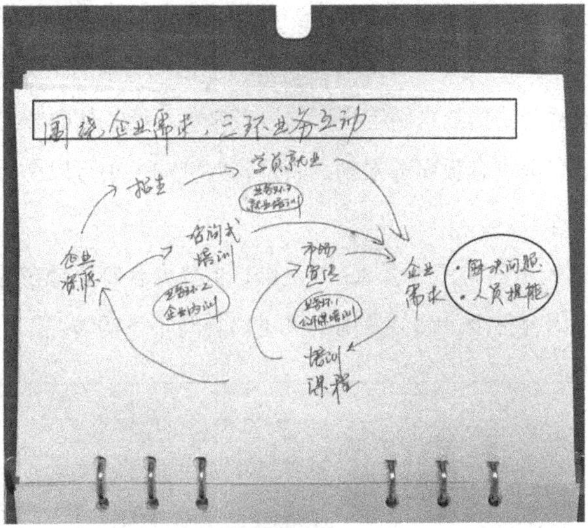

图 7-22　业务模式图示例

（2）有条件的话，最好能使用提前印制好模板的纸张，这样能帮助你降低应用的难度，而且能用更短的时间在大脑里形成各种模板的图形化印记。等熟练后，哪怕在一张空白纸上，你也能轻松地按照模板布局记录笔记，从而提升笔记的条理性，降低总结归纳的难度。

■ 电子笔记技巧

除了需要构图思考的场合，以及不得不使用纸质笔记的场合，在其他场合下我强烈建议你养成使用电子笔记的习惯，因为相较于纸质笔记，电子笔记更能实现笔记的四大目的：① 记忆；② 练熟；③ 理解；④ 沉淀。

第一，电子笔记的内容随时随地都可以查看，而且可以在多设备间同步。因为记录在电子笔记中的内容，更容易被反复看到，从而被记牢。

第二，电子笔记的内容可以反复修改、重写，不会受限于纸张，因此使用电子笔记更容易练熟一个方法。例如，你刚学习了一个绘制流程图的方法，其中有五种图标示意、三种线条含义，如果使用纸质笔记，因为要尽量记录在同一页上，肯定怕画错，因此要么不敢在纸上练习，要么就是挑最简单的画。而如果使用电子笔记的话，就无须担心画错的问题，大不了撤销画错的图标或线条再来一次。

第三，纸质笔记受限于纸张页面大小，对一些复杂的内容（往往就是这些内容难理解）很难在一页纸上记清楚，哪怕有些经典的笔记技巧采用了更大的 A3 纸（两张 A4 纸大小），但依然会受到纸张固定版面限制带来的不便，从而影响对内容进一步的理解。但电子笔记完全没有版面的限制，而且各区域的大小可以灵活调整，从而更有利于加深对内容的理解。

例如，图 7-23 所示的丰田一页 A3 纸报告，主要内容要记录在纸的四个角上，经常会出现两个角里内容很少，而另外两个角里内容写不下的情况。

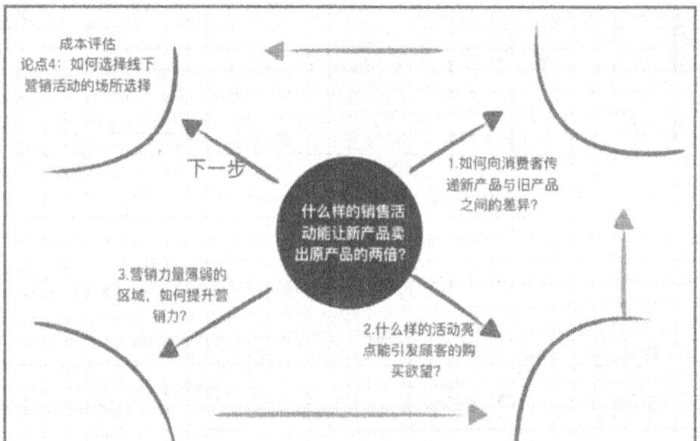

图 7-23　丰田一页 A3 纸报告

还有不方便的一点就是，A3 纸太大，不方便保存、携带和翻看。

第四，纸质笔记难以保存和查找，因此在知识沉淀功能上的表现很不尽如人意。使用活页本能解决几个月内的保存和查找问题，但相较电子笔记储存期限长达 10 多年、云端存储、几秒内海量检索的优势而言，差距依然很大。

那么，电子笔记到底有哪些具体的使用技巧呢？下面分享五个主要应用场景下的使用技巧。

场景 1　速记式笔记

电子笔记的速记功能远远领先于纸质笔记，因为它不仅支持文字，还支持图片、语音、视频等多媒体，特别是需要快速记录大量内容时，无论是直接插入录音，还是启用搜狗拼音或科大讯飞两款输入法的语音输入，都很方便、高效，如图 7-24 所示。

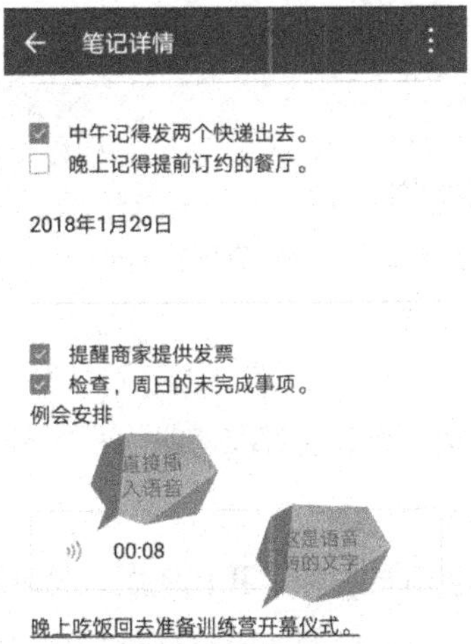

图 7-24　速记式笔记

同时，一些功能更强大的电子笔记，可以记录待办事项，并且能单独筛选出来，甚至可以转为自动提醒。

场景 2　流程式笔记

当记录的内容是流程时，特别是复杂的流程时，纸质笔记是非常难以胜任的。此时，用 Excel 表格将复杂的内容转为流程图或流程表格就非常容易组织和理解，而且更方便以后的更新，如图 7-25 所示。

像这种记笔记的流程表格，可以多多运用。横轴是用户角色或领域内容，纵轴是流程步骤或时间步骤（横轴、纵轴根据布局需要，可以互换）。

	管理者管理					内容管理	
	目标管理	流程管理	管理者培训	数据管理	文章	高质量问答	群内分享
创建期（群初创到超过240人）		1.《框架君建群期群规声明公告流程》 2.《吴小框建群三板斧流程》 4.《吴小框提供高质量提问和高质量回答范本的流程》	1.管理者日常发言规范培训 2.《吴小框工作手册》培训 3.《框架君工作手册》培训		1.微信公众号文章分类汇总，方便群内问题出现时甩过去。	1.《群内高质量问答积累》 2.高质量提问和高质量回答的范本。	
YouCore主导期（从240人开始到核心用户产生）	1.群内发言质量*数量（用积分表示） 2.付费用户比率：付费用户/全部用户 3.主导期持续时长（不超过一个半月）	1.《核心用户发现和培养流程》： 总结核心用户的特征。 确定当某项特征出现时的记录流程。 确定核心用户的培养方向，制定培训材料。 2.群内分享活动流程	1.管理者日常发言规范培训 2.《核心用户培养手册》培训	1.左侧三项目标数据 2.用户信息数据	1.微信公众号文章分类汇总，方便群内问题出现时甩过去。	1.《群内高质量问答积累》 2.高质量提问和高质量回答的范本。	1.《群内分享分类汇总贴》
用户主导期（从有了核心用户到裂变开始）	1.群内发言质量*数量（用积分表示） 2.付费用户比率：付费用户/全部用户 3.主导期持续时长（不超过一个半月）	1.《核心用户发现和培养流程》： 总结核心用户的特征。 确定当某项特征出现时的记录流程。 确定核心用户的培养方向，制定培训材料。	1.管理者日常发言规范培训 2.《核心用户培养手册》培训	1.左侧三项目标数据 2.用户信息数据	1.微信公众号文章分类汇总，方便群内问题出现时甩过去。	1.《群内高质量问答积累》 2.高质量提问和高质量回答的范本。	1.《群内分享分类汇总贴》
裂变期（用户数量会急剧下降，再次进入新建群状态）	1.新手任务完成率：越高越好	1.《框架君建群期群规声明公告流程》 2.《吴小框建群三板斧流程》 3.《新人入群仪式流程》 4.《吴小框提供高质量	1.管理者日常发言规范培训 2.《吴小框工作手册》培训 3.《框架君工作手册》培训		1.微信公众号文章分类汇总，方便群内问题出现时甩过去。	1.《群内高质量问答积累》 2.高质量提问和高质量回答的范本。	

图 7-25　流程式笔记

场景 3　梳理式笔记

当你在构思一本书、一篇文章，或者准备阅读一本书的时候，如果能使用思维导图做构思，效果会非常好。

例如，在动笔写这一章内容的时候，我就使用了思维导图工具。

第一，我按照时间顺序，将这一章的内容分为三个部分——收藏技巧、笔记技巧和组织技巧，并且将它们作为这一章的三个主要节点，如图 7-26 所示。

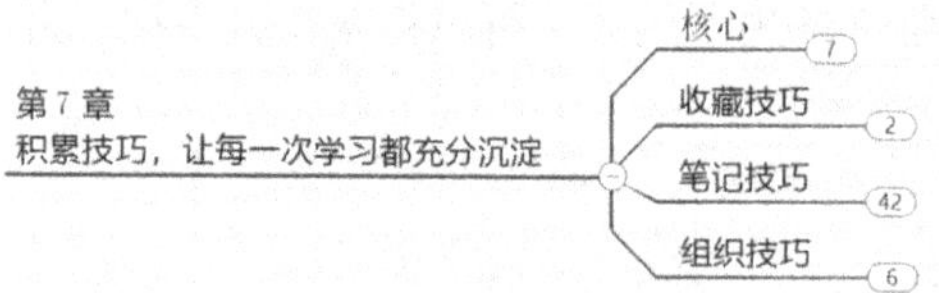

图 7-26　梳理式笔记（1）

第二，我将想写的内容都列了出来，并且将它们分别拖拉到收藏技巧、笔记技巧、组织技巧中。

第三，我按照时间、结构或重要性的逻辑顺序，将这些内容分层分组，最后形成这样的目录框架，如图 7-27 所示。

场景 4　学习式笔记

在做学习式笔记时，电子笔记相较纸质笔记就更有优势了，不仅让学习更高效，而且知识的沉淀效果更好。

在做学习式笔记时，我强烈推荐你使用 OneNote，而不是其他电子笔记，因为目前只有 OneNote 能做到在页面的任意位置编辑，这就跟在纸上记笔记一样，而且它完美地解决了纸质笔记的三大“痛点”：

（1）不受页面大小限制，可以自由定制笔记区域的大小，从便笺、A5、A4、信纸到无限大；

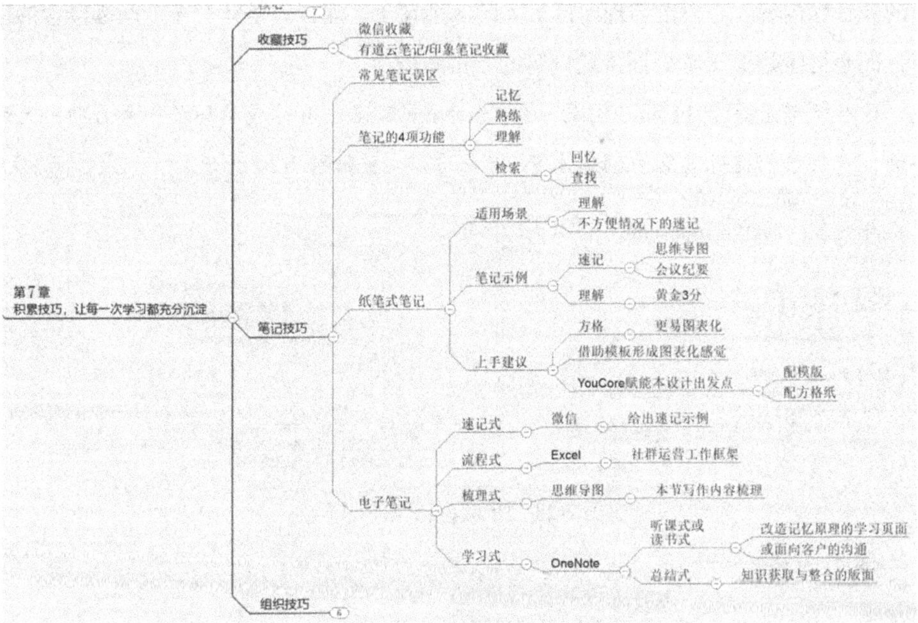

图 7-27　梳理式笔记（2）

（2）可随意擦写，不用担心写错不能修改的问题；

（3）携带和查找内容都很方便。

学习式笔记主要有两种：一种是听课式的，另一种是阅读式的。关于这两种笔记，我分别跟你分享一个我个人的示例。

1. 听课笔记

我将听课笔记的 OneNote 页面分为三个区域：

（1）课堂区。这个区域位于页面的左侧，记录老师讲授的内容。在这个区域记录内容时，要尽量用自己的语言和布局来记录，而且课后或以后再学习相同主题时，可以对这个区域的内容重新组织和整理。

（2）理解区。位于页面的右侧，用于记录对老师讲授内容的理解。这个区域记录的理解内容主要是类比、应用举例和相关联的知识点。

（3）心得区。位于页面的右上方，这个区域用于记录个人的特别感想或关于本页面的概括性内容。心得区与理解区最大的区别在于，理解区是针对某个局部概念的理解，而心得区是关于本页面主题内容的心得和概括。

这个示例是我 2011 年 3 月的一份 OneNote 笔记。当时我参加了一个为期一天的培训，是讲如何提升与客户沟通水平的，如图 7-28 和图 7-29 所示。

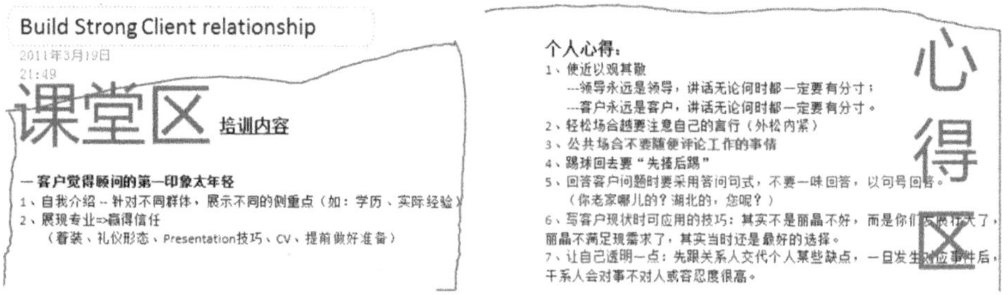

图 7-28　听课笔记示例（1）

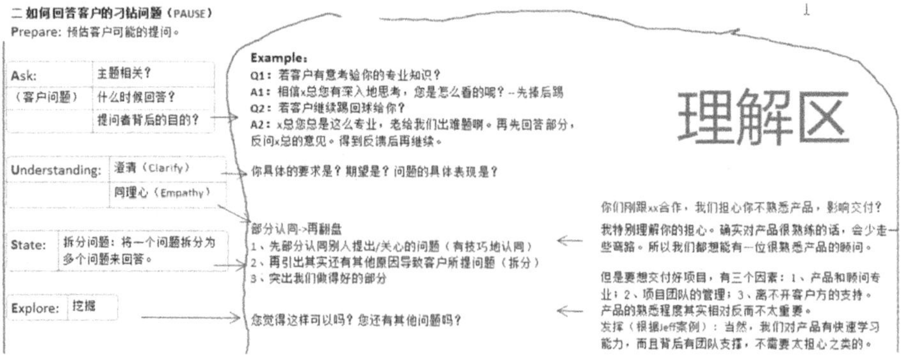

图 7-29　听课笔记示例（2）

其中，课堂区是对培训内容的记录。你会发现我没有照抄老师 PPT 的内容，而是用自己的语言和版面来组织的（刚开始应用时，你可能很难做到这一点，可以先照抄老师的内容，课后再整理成自己的语言和版面）。

理解区是我对左侧培训内容的理解。你可以看到我举了一些自己想到的例子，其中有零散的，也有一个完整的实际案例（参考右下方的记录）。

最后，就是右上方的心得区。我在这个地方记录了一些老师无意中讲的、却非常有启发的内容，以及听课过程中一些概括性的心得。

上面分享的这个听课笔记，对线下课程、网络直播课、视频课、音频课都是通用的。

2. 阅读笔记

我同样将阅读笔记页面分为三个区域：

（1）阅读区。相当于听课笔记的课堂区，用于记录阅读材料（图书、研究报告、报纸、杂志、电影等）的关键内容。这里同样建议用自己的语言和版面来组织，这样做，一是会逼着你停下来回忆和提炼，从而大大加深你对阅读材料的记忆程度与理解程度；二是事后复习和使用也更高效。

（2）理解区。这个区域的功能和用法与听课笔记的理解区完全一样，用于记录类比、应用举例和相关联的知识点。

（3）心得区。这个区域的功能和用法与听课笔记也是类似的，用于记录自己在阅读中的启发和心得，以及对阅读材料的概括性总结。

这个示例是我 2017 年 11 月阅读《追寻记忆的痕迹》这本书时，做的阅读笔记（截取了笔记页前 1/10 的内容），如图 7-30 所示。

你可以看到，我在阅读区中是用自己理解的图表化方式记录书中内容的。

在理解区中，针对“学习改变神经突触强度和数量的三种方式之一：敏感化”，我增加了自己的理解“无休止的重复并非最佳方式，因为会降低神经突触的敏感度”。这就好像你不停地寻求刺激一样，一开始一点点刺激都能让你兴奋，但这个兴奋的阈值会越来越高。要想得到同样的兴奋，你就必须寻找更大的刺激。

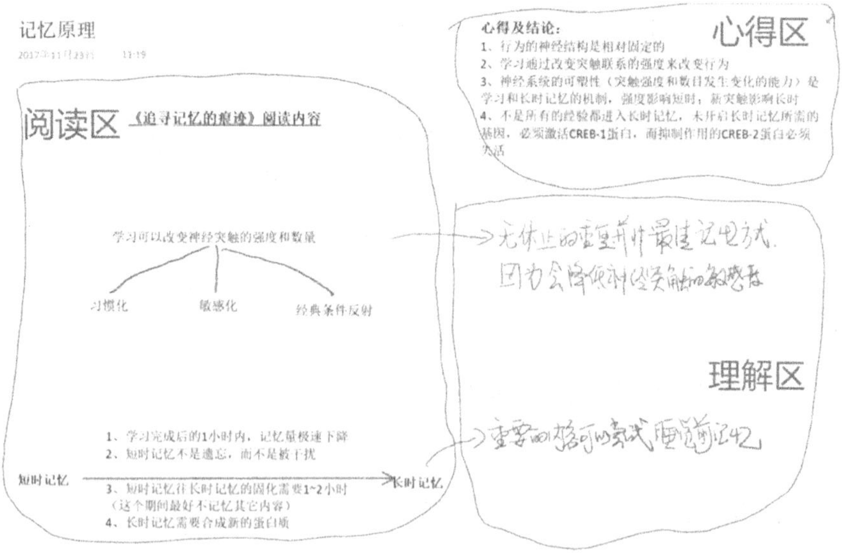

图 7-30　阅读笔记示例

针对短时记忆到长时记忆的转化机制，我在理解区记下了一个应用提示：重要的内容可以尝试睡觉前记忆。

在心得区中，我记录的是四点读完这本书后的概括性结论。

这个阅读笔记适合你在多重阅读的第二遍，以及主题阅读时采用。

场景 5　总结式笔记

总结式笔记与学习式笔记最大的区别是，学习式笔记是以输入为主的，而总结式笔记是以输出为主的。

因此，跟学习式笔记相对固定的三个区域划分不同，总结式笔记没有固定的版面形式，而是要根据具体的输出内容确定合适的版式。但二者有一个共性，一定要避免采用条目式的笔记样式（也就是 Word 文档 1、2、3 的形式），尽量采用图表化的展现形式。

这里与你分享两个不同版式的总结式笔记样式，如图 7-31 和图 7-32 所示。

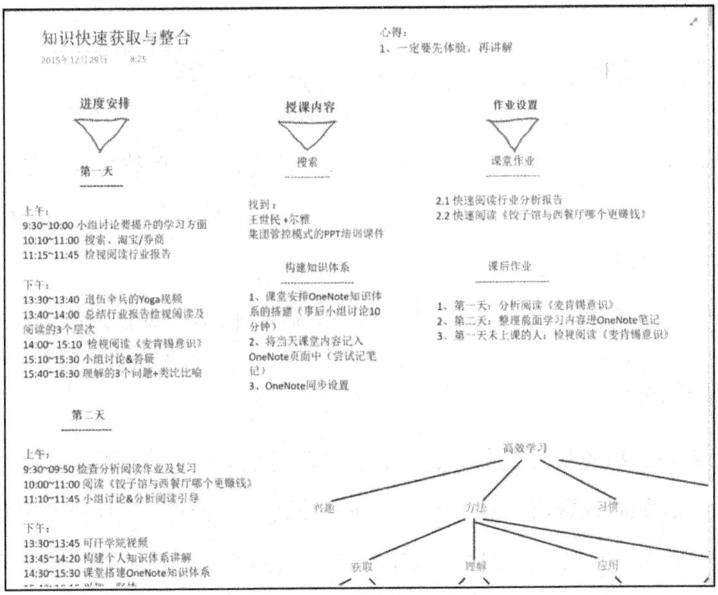

图 7-31　课堂设计笔记（示例 1）

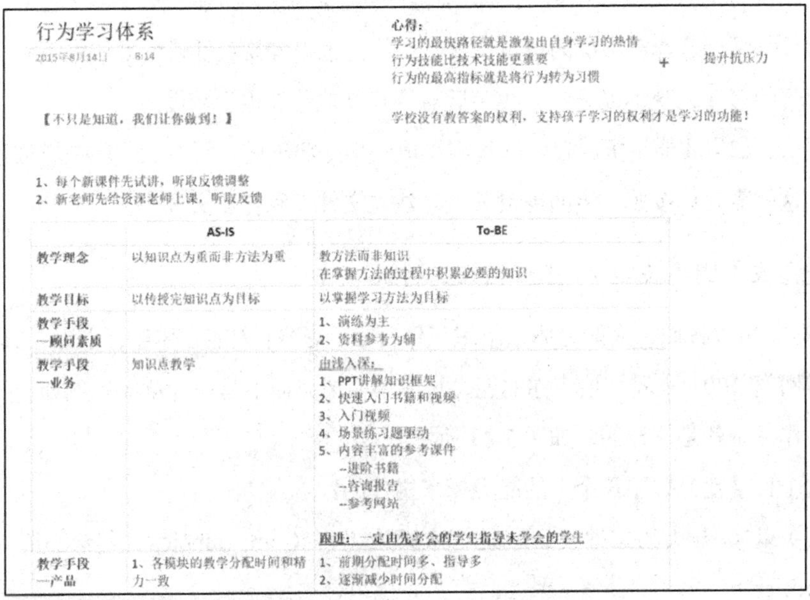
行为学习体系
2015年8月14日 8:14

心得：
学习的最快路径就是激发出自身学习的热情
行为技能比技术技能更重要
行为的最高指标就是将行为转为习惯

\+ 提升抗压力

【不只是知道，我们让你做到！】

学校没有教答案的权利，支持孩子学习的权利才是学习的功能！

1、每个新课件先试讲，听取反馈调整
2、新老师先给资深老师上课，听取反馈

	AS-IS	To-BE
教学理念	以知识点为重而非方法为重	教方法而非知识 在掌握方法的过程中积累必要的知识
教学目标	以传授完知识点为目标	以掌握学习方法为目标
教学手段—顾问素质		1、演练为主 2、资料参考为辅
教学手段—业务	知识点教学	由浅入深： 1、PPT讲解知识框架 2、快速入门书籍和视频 3、入门视频 4、场景练习题驱动 5、内容丰富的参考课件 --进阶书籍 --咨询报告 --参考网站 跟进：一定由先学会的学生指导未学会的学生
教学手段—产品	1、各模块的教学分配时间和精力一致	1、前期分配时间多、指导多 2、逐渐减少时间分配

图 7-32　教学方法改进笔记（示例 2）

第 3 节　组织技巧，打造个人知识体系

在前面两节中，我们学习了收藏技巧和笔记技巧，这两个技巧其实都是某个具体点的运用，要真正做好知识和经验的积累，还必须在收藏技巧和笔记技巧的基础上更进一步，组织好知识。

在这一节中，我会跟你分享应该如何组织电脑文件，以及如何组织 OneNote 笔记。

■ 电脑文件的组织

我们个人知识和经验的很大一部分不是以笔记形式存在的，而是以各种各样的资料形式存在的，如研究资料、PPT 方案、项目计划、调研纪要、录音、视频等。

这些资料如果组织得当，对个人知识和经验就是很好的补充和沉淀；但如果组织不当，基本上就是一团乱麻，资料虽然都在，但当你想用的时候几乎很难用上。

组织良好的资料就像串好的珍珠项链一样，随便摸到哪一颗珍珠提起来就是一串，而且每颗珍珠都在项链的特定位置，想找到也很容易；乱糟糟堆放的资料，就像到处散落的珍珠，既难以寻找，找到后对寻找其他珍珠也没帮助。

那么，如何才能将资料在电脑里组织成一串一串项链，而不是一堆一堆散落的珠子呢？这就需要你按照一定的逻辑关系来建立文件夹和存放文件。

电脑文件组织技巧 1　工作目录的组织

首先，可以按照个人能力体系组织工作目录（关于个人能力体系，可以在 YouCore 公众号回复 1003 查看“请将你的能力长成一棵树，而不是一片草”）。例如，我电脑中的工作目录就是这样的，如图 7-33 所示。

这个目录就是按照我个人的能力树来构建的：

（1）以 0 开头的文件夹，就是个人素质（01 Competencies）和核心能力（02 Capabilities）。

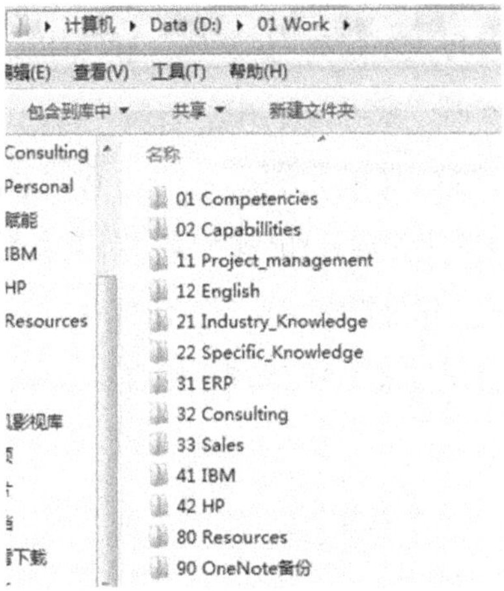

图 7-33　个人电脑中的工作目录

（2）以 1 开头的文件夹，就是通用技能。我的职业路径是从程序员转为 ERP 实施顾问，再转为管理咨询顾问的，这些职业无论哪个都很重视项目管理，因此项目管理就是我的通用技能之一（11 Project_management）。同时，因为我之前基本都是在外企工作，因此英语也成了我的通用技能之一（12 English，但自从开始做 EYA 和 YouCore 后，我就不再将英语放在通用技能上了）。

（3）以 2 开头的文件夹，就是专业知识，包括行业知识（21 Industry_Knowledge），如房地产行业知识、物流行业知识等，以及领域知识（22 Specific_Knowledge），如财务知识、供应链知识等。

（4）以 3 开头的文件夹，就是我做过的职业，包括 ERP 实施顾问（31 ERP）、企业管理咨询顾问（32 Consulting），以及售前顾问和销售（33 Sales）。在这些文件夹中，我专门存放仅跟这些职业相关的资料。例如，在 Consulting 目录下，我存放了各种咨询工具、咨询方案模板等。

（5）以 4 开头的文件夹，就是我待过的公司，如 41 IBM、42 HP。在这些文件夹中，我专门存放这些公司特有的资料。例如，在 IBM 的文件夹下面，我会存放入职指南、绩效记录、做过的项目等。

（6）以 8 和 9 开头的文件夹。一般在以 8 开头的文件夹中我会存放各种资源性的资料，如电子书；在以 9 开头的文件夹中我会存放各种备份文件。

也许，细心的你已经发现，我跳过了以 5、6、7 开头的文件夹。这是我在给文件夹或文件编号时的一个小技巧，会预留一些储备，这样可以保证文件命名体系的弹性，万一以后有新想法或新分类时，就可以使用这些预留的编号。

为了避免文件夹层次过多，使用不方便，对于一段时间内常用的资料，我会放在根目录下。例如，当我在 HP 工作时，HP 这个文件夹其实是跟工作目录（01 Work）并列的；当我从 HP 离职后，我再把它转移到工作目录。

因此，我现在工作的公司目录（07 赋能）就是跟工作目录并列的，在 D 盘根目录下。

电脑文件组织技巧 2

当前工作的目录，可以按照另一种方式来组织，即按照管理和业务运营领域来组织。

例如，赋能的目录就是按这种方式组织的，如图 7-34 所示。

主线是按照公司创办和业务开展的顺序，先做商业计划和战略（00 战略规划），开拓市场（10 市场及运营），规范内部管理（20 内部管理），再开展尔雅和 YouCore 的业务（30 YouCore、31 尔雅），有了一系列项目（40 Projects），开展了企业内训业务（50 企业内训，因为这个业务横跨尔雅和 YouCoere，因此把它独立列了出来），最后就是合作伙伴和资料备份（为了弹性和扩充，同样跳过了 6、7，从 8 开始命名）。

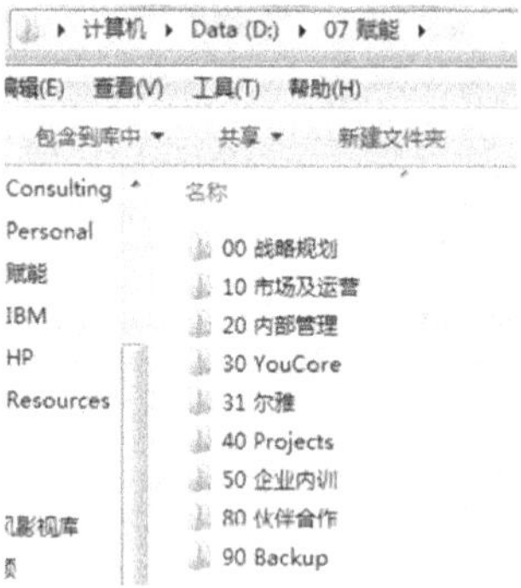

图 7-34 赋能的目录

主线搭建完成后，具体的业务就可以按价值链搭建下一层的文件目录。例如，我就是按照业务链条的先后环节搭建“31 尔雅”这个文件夹的子目录的，如图 7-35 所示。

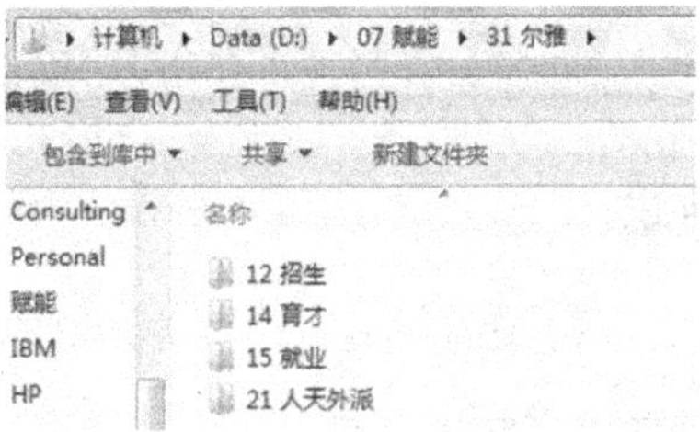

图 7-35　按照业务链条环节搭建的文件目录

以上就是电脑文件的组织和命名技巧。

关于电脑文件的组织，还要多提醒你一点：建立一个便捷的检索方式。

电脑文件组织技巧 3　检索

目前，我们建立的文件目录都是单一维度的，但其实这些文件资料在实际使用中都是多维的。一个文件既可以属于这个目录，又可以属于另外的目录，因此你还需要建立一个便捷的检索机制，以便快速地将这些文件资料找出来。

这里我向你推荐一款叫作 Everything 的软件，它可以根据文件名称的关键字，快速在电脑硬盘里搜索所有文件，检索速度很快。图 7-36 就是我用 Everything 检索“youcore”的结果，耗时不到 1 秒，检索出了我电脑里所有包含“youcore”这个关键字的文件夹和文件。

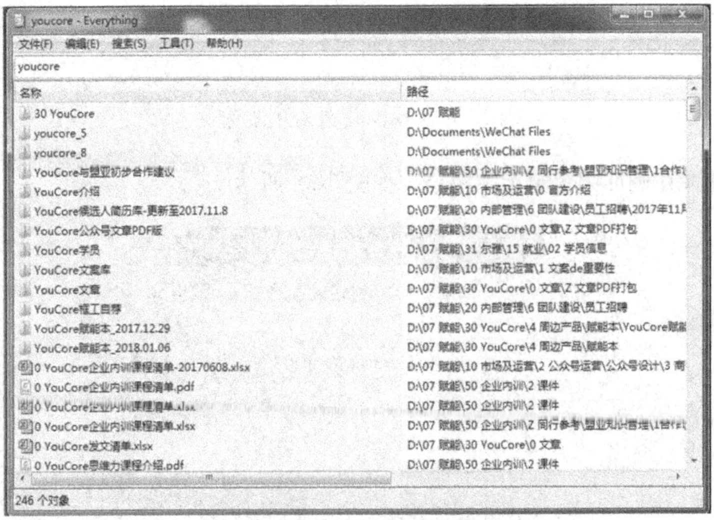

图 7-36　Everything 检索结果

当然，用 Everything 检索的时候还有很多小技巧，可以提升检索的速度和精确度。

■ OneNote 笔记的组织

结构良好地组织电脑文件后，还无法建立个人的知识体系。要完整地建立个人知识体系，还必须借助 OneNote 对笔记进行组织。

接下来，我会以 OneNote 2010 版本为基础，演示我是如何构建个人知识体系的。2010 以后版本的 OneNote 布局可能跟我的演示有所不同，如果你想采用我这个布局方式的话（个人认为，2010 版本的布局方式是最适合体现个人知识体系的），可以先做如下两步调整：

（1）选择“文件”→“选项”，在弹出的“OneNote 选项”对话框中，选择左侧的“显示”标签，并且按图 7-37 所示勾选显示项。

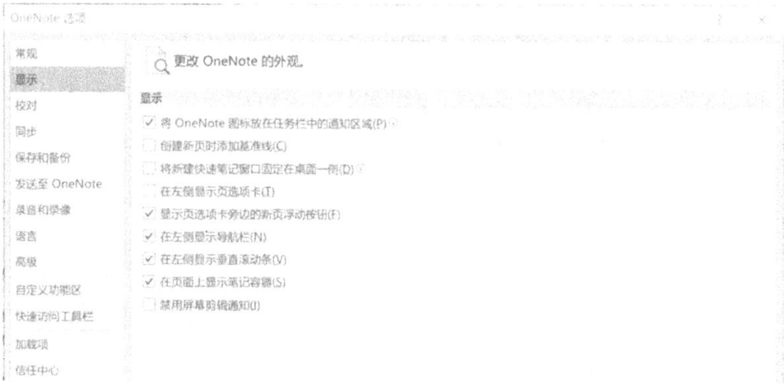

图 7-37　OneNote 外观更改选项

（2）选择在侧面固定笔记本窗格，如图 7-38 所示。

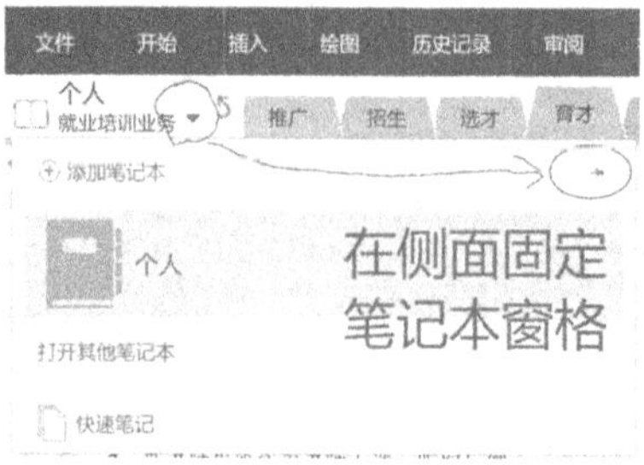

图 7-38　在侧面固定笔记本窗格

做好以上设置后，你的 OneNote 的布局界面和我演示的就一致了。

用 OneNote 构建个人知识体系，主要分为三个步骤。

步骤 1　画出个人知识体系

个人知识体系的构建可大可小（如人生的知识体系或某个项目的知识体系），也可从不同的维度来构建（如从能力提升角度或某个岗位角度）。

对于刚尝试构建个人知识体系的新手而言，我个人建议先从岗位要求出发，搭建本岗位的个人知识体系。这是因为，一是从自己相对熟悉的岗位开始，更容易搭建，而且有了第一次搭建的基础，以后再扩充个人知识体系会更简单；二是搭建后的个人知识体系可以在工作中立即得到检验，根据应用效果反馈及时调整。

例如，我在 2010 年从 ERP 实施顾问转型企业管理咨询顾问的时候，就针对管理咨询顾问的要求，搭建了个人知识体系，如图 7-39 所示。

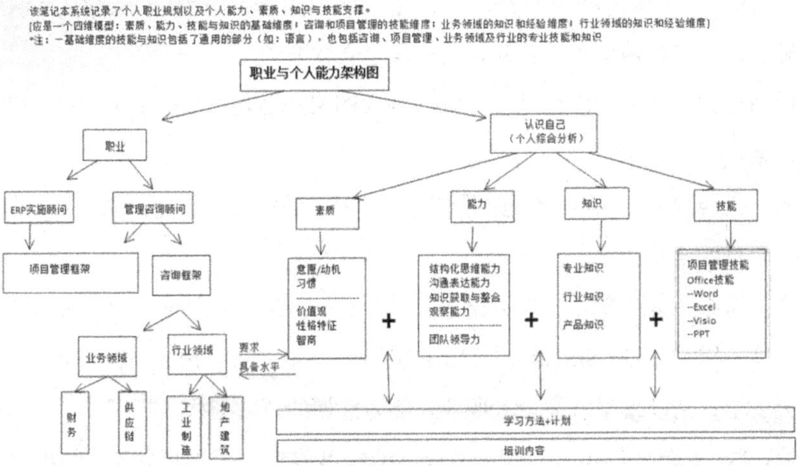

图 7-39　个人知识体系示例

如果细心的话，你就会发现我电脑的文件目录其实也是按这个框架来组织的。

步骤 2　创建 OneNote 多层次框架

个人知识体系搭建好之后，就要将它设计到 OneNote 笔记中。

OneNote 笔记包括笔记本、分区组、分区、页面和子页面，这是一个逐层包容的关系（见图 7-40）：

（1）一个笔记本里面可以有无数的分区组。

（2）分区组下面可以有无数的分区。

（3）分区下面可以有无数的页面。

（4）页面下面可以有无数的子页面。

（5）子页面下面还可以有更低层次的子页面。

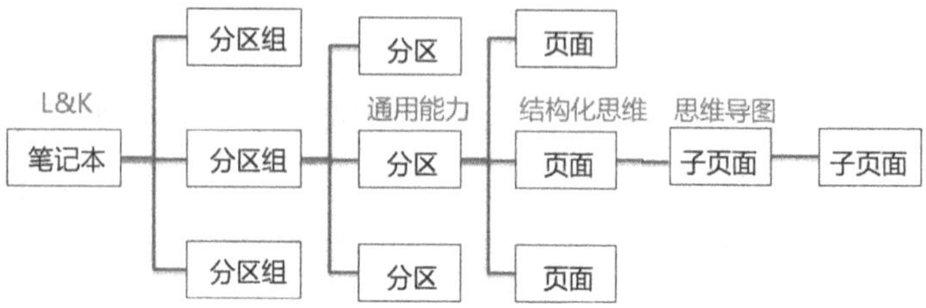

图 7-40　OneNote 笔记层次结构

更重要的是，OneNote 支持页面内容与页面之间的自由链接，从而在知识层次结构的基础上，又很好地支持了在知识间广泛建立联系。

下面请跟我一起来尝试运用 OneNote 强大的层次结构和关联关系，构建我们的知识体系框架。

首先，我构建了“L&K 笔记本”以承载完整的顾问知识体系。图 7-41 是“L&K 笔记本”架构的全貌。

其次，我在“L&K 笔记本”中建立了“Competencies”（素质）、“Capabilities”（能力）等分区，以及“PM Structure”（ERP 实施框架）、“Consulting Structure”（咨询框架）等分区组，清晰地呈现了个人职业及能力框架的总体架构（见图 7-41 左侧①）。

最后，以“Capabilities”（能力）分区为例，我在该分区下建立了“结构化思维能力”“沟通表达能力”“观察力”“领导力”等页面（见图 7-41 右侧②）。通过分区下的页面及子页面设计的形式，结构清晰地呈现了“能力”维度的具体组成。

通过以上设计，可以将新学到的知识快速地归集到知识体系中，而不再是零散的知识点。同时，能够让我们系统、快速地了解到能力的薄弱环节，从而有目的地主动学习。

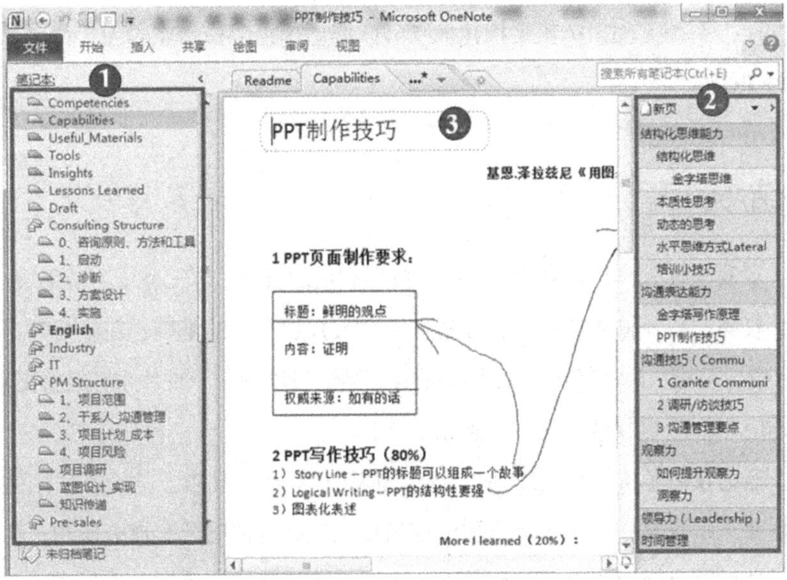

图 7-41 “L&K 笔记本”架构

步骤 3 填充页面内容

OneNote 还有一个独特之处，就是随时可以在页面的任意位置进行编辑，因此可以将相隔较长时间的同类知识点和心得归纳在同一个地方。

这样做有两个好处：

（1）每次编辑时都可以实现相关知识的反复参照，加强记忆。

（2）实现了知识的增量积累，彻底避免了知识点和心得经验随时间丢失的问题。

例如，我在“PPT 制作技巧”子页面中记录的内容（见图 7-41 中间③），就横跨了至少两年的时间。每次学到新的内容或有新的感悟时，我就进行修改、补充。

通过这种方式积累知识，可以随时分享相对工整的内容。这也是我创办尔雅和 YouCore 时，可以快速地开发出一套完整的顾问培养体系的原因。

建立完整的个人知识体系，还可以帮你更好地碎片化学习，做到碎片化输入、体系化积累（我写过一篇“关于碎片化学习，看这一篇就够了”，限于篇幅关系没有收录在本书中，你可以在 YouCore 公众号回复 1011 查看）。

通过上面对电脑文件的有序组织，加上 OneNote 笔记，你就能完整地构建出个人知识体系。其实，无论是电脑文件的组织，还是 OneNote 笔记的组织，你会发现它们都是根据同一个个人知识体系来构建的，因此要做到良好地组织知识，首先要能画出自己的知识体系。

总结

这一章我与你分享了收藏技巧、笔记技巧和组织技巧，这三个技巧是逐层递进的。

（1）收藏技巧是输入的基础，也是打造个人知识仓库的基础。在收藏时，有印象笔记、有道云笔记、为知笔记三款主流的电子笔记可以使用。如果你想追求更轻量级、更便捷的应用，微信收藏也是一个不错的选择。

（2）笔记技巧是从知识仓库到个人知识体系的桥梁。在电子笔记必然取代纸质笔记的大趋势下，我与你分享了纸质笔记在当今依然有价值的两个核心应用：速记与深度理解。之后重点介绍了电子笔记的五个主要应用：速记式笔记、流程式笔记、梳理式笔记、学习式笔记和总结式笔记。

（3）组织技巧是构建个人知识体系的关键。我分别给你演示了电脑文件的组织和OneNote 笔记的组织方式，其前提是要先画出个人知识体系。

学员感言

我一直用的是纸质的笔记本，携带不方便，查个东西又没有检索功能，找起来困难。有时想对笔记进行整理，基本都要把同样的内容再抄一遍，要不然就要把本子给剪掉。有了电子笔记，这些问题就都解决了。

——学员 1

我用过印象笔记，但主要是将它当仓库，比较散，不成体系。要想将内容消化了真正变成自己的，还要搭配 OneNote 将其整理进知识体系。

——学员 2

书外求助

看了这一章，积累知识方面还有其他的问题吗？

例如，有人问：我虽然知道光收藏不消化的知识仓库不好，但懒得将知识整理进知识体系，该怎么办？

或者，想不想知道其他人的积累小技巧？

扫码入群，抛出你的问题，你就会得到答案。记得备注“学习力”！

第8章 五类学习技巧之五：应用技巧，一学就会，越用越好

假设你是一名新入职的市场分析师，负责收集和分析指定行业的各类信息，撰写该行业的市场趋势分析报告，并且你入职的公司有一套自己研发的情报采集系统和市场分析方法。现在要求你一周内，写出一份关于珠三角市场的趋势分析报告。如果做不到，你就可能通不过试用期，需要另谋高就。

这是不是职场上很常见的场景？

在这种情况下，你需要第一时间学会使用这套情报采集系统，掌握新公司的市场分析方法，这样你才能在一周内撰写出一份合格的市场趋势分析报告。

而且，随着工作的时间越长，你对这套情报采集系统和市场分析方法就应该掌握得越熟练、越深入。否则，相较于新同事，你就毫无经验优势，难以在公司长期发展。

职场学习是一种应对上面这些挑战的功利性学习，这类学习有两个典型特征：① 为用而学，而且要求一学就能用；② 要能越用越好、越用越深。

那么，如何才能让职场学习做到一学就会且越用越好呢？有两个简单的应用技巧：① 最简应用；② 自然重复。

第1节 最简应用

职场上的学习，往往是马上就要用了，才赶紧来学习的。

例如，你从来没有剪辑过视频，但因为同事休假，公司将一个紧急的视频剪辑任务交给了你。任务涉及视频的剪切合并，忽大忽小的声音要处理得音量一致，还要消除噪音，以及融入一首背景音乐。上午10点布置的，下午4点前就要。如果这个任务是交给你的，而且以前负责视频剪辑的同事又联系不上，你会怎么办呢？

我可以帮你降低难度，你无须去找合适的剪辑软件，只需针对视频剪辑用格式工厂，针对声音处理用 GoldWave 即可。在这种情况下，你会怎么开始这项任务？

你会不会先去学习格式工厂与 GlodWave 的使用手册，然后再开始这项任务？

如果是的话，估计没等你学完这两个软件怎么用，任务的截止时间就到了。

在这种时间紧迫的情况下，更佳的做法是从任务目标出发，仅学习和应用任务所需的部分。

针对视频的剪切合并，直接打开格式工厂的帮助文件查询，或者在搜索引擎中搜索“如何用格式工厂剪切合并视频”，如图 8-1 所示。

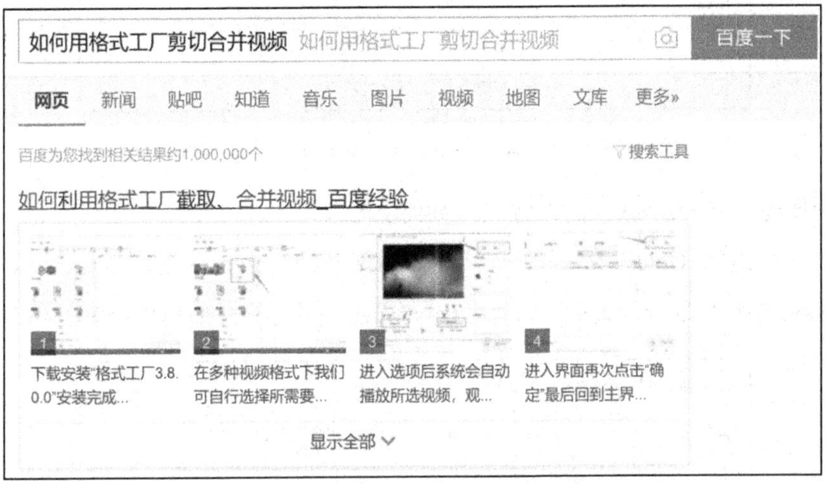

图 8-1　搜索“如何用格式工厂剪切合并视频”

针对音量和噪音的处理，首先在格式工厂的帮助文件中查询，或者继续用搜索引擎检索“如何用格式工厂分段调整视频音量”“如何用格式工厂去除噪音”，你会发现格式工厂没有这个功能，因此就可以转用 GoldWave 来处理。

GoldWave 是一款纯音频处理软件，因此你需要先用格式工厂从视频中分离出音频。这个操作方法，通过搜索“如何用格式工厂将视频和音频分开”就可以找到，如图 8-2 所示。

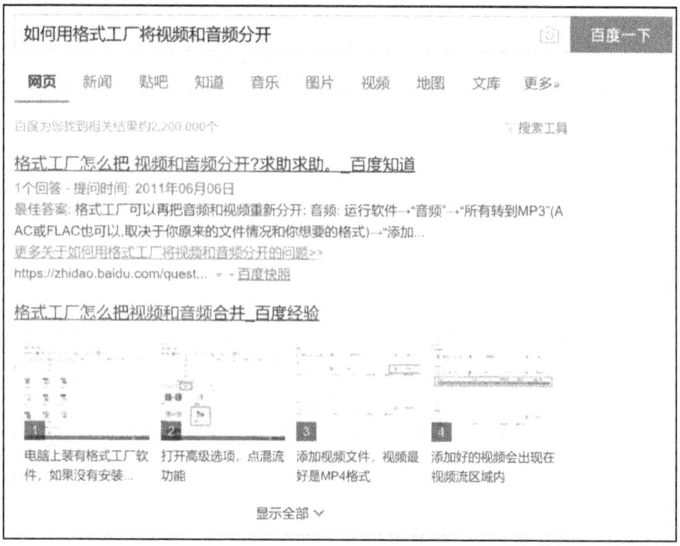

图 8-2 搜索“如何用格式工厂将视频和音频分开”

顺便还知道了分离后的视频和音频如何混流合并。

接下来是用 GoldWave 来处理声音。用同样的方法，首先直接搜索“如何用 GoldWave 调整局部音量大小”“如何用 GoldWave 消除噪音”，如图 8-3 和图 8-4 所示。

图 8-3 搜索“如何用 GoldWave 调整局部音量大小”

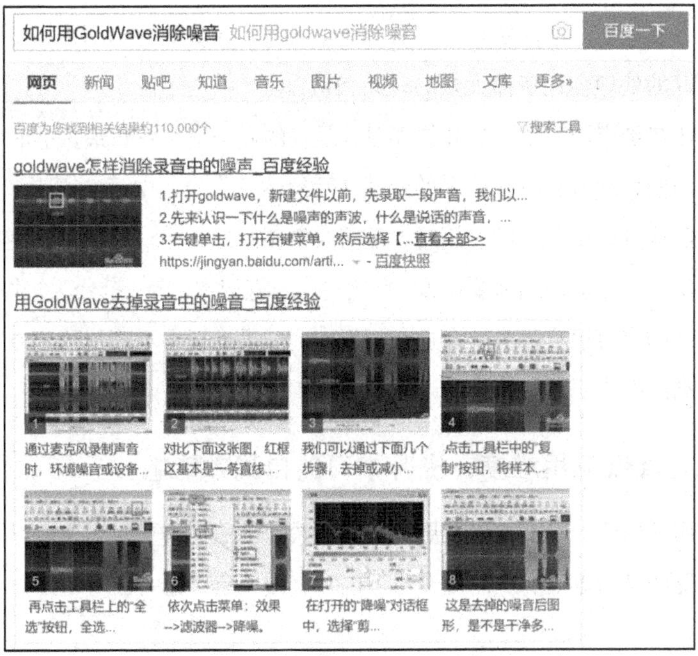

图 8-4　搜索“如何用 GoldWave 消除噪音”

处理完声音后，再用格式工厂将声音和分离出的视频混流。

最后，用同样的方法，再混流加入背景音乐，这个紧急的视频剪辑任务就大功告成了。

这种方法，完全从任务的目标出发，不浪费任何精力和时间在不必要的内容上，这样哪怕是一个毫无经验的新手，也能在最短的时间内完成之前从未做过的事。

其实，这种最简应用的方法，除了应对完成时间紧迫的任务，在我们学习任何一个相对复杂的方法或技能时都可以运用。这么做的好处有两点。

■ 好处 1　花费更少的时间，快速满足工作要求

例如，GoldWave 这款声音处理软件，功能和参数非常多，如果你不采用最简应用的方法，而是一点一点去学习，估计几天都学不完。

关键是，即使花时间学了那么多内容，因为没有应用实践：① 理解起来不深入；② 一段时间不用就都忘了。

我们学习的大多数方法和技能，在日常工作中需要使用到的部分，往往只是最基

本的核心内容和功能。这些核心内容和功能学习起来耗费的时间不多，反而是各种细节和特殊情况的处理会耗费你大量的时间和精力。

因此，在初步应用一个方法和技能时，最好的做法就是花费最少的时间，掌握最核心的基本功能，细节和特殊情况的处理在后续的工作应用中逐步积累。

例如，在学习 OneNote 的使用时，不需要先花费好几小时去看什么使用视频，更佳的做法是从你自己的使用需要出发，直接建一个笔记本，建一个分区，建一个页面，将自己想记录的内容填充进去。在这个过程中，如果发现有不清楚的地方，直接查阅帮助文档或利用搜索引擎检索即可。

■ 好处 2　降低应用难度，提升学习的自我效能感

最简应用的做法，除了可以在更短时间内快速满足工作要求，还可以大大降低复杂方法和技能的学习难度，从而提升学习的自我效能感，让自己对掌握这个方法和技能更为自信。

学习最大的敌人之一就是复杂性，会学习的人总是能将很复杂的方法和技能简化，入门后再从简单到复杂，一点一点地深化，因此在他们眼里，没有学不会的内容，久而久之就形成了非常强烈的自信。

反之，很多人之所以对自己的学习能力没有自信，关键就在于不懂得如何简化。他们在学习一个新方法或新技能时，往往会陷入复杂的细节中，学习的内容就会很多，而且相较于从简单处入手而言，理解的难度也大大增加，结果导致学了记不住、学了不理解、学了不会用的情况发生，久而久之就对学习形成了畏难心理，对学会复杂的方法和技能就更没有自信了。

举个学习 MRP 的例子（如果你不懂什么是 MRP，就更好了。你可以先尝试用自己习惯的方法学习，再用我分享的方法比对，这样会更有收获）。[①]

MRP（物料需求计划）运算包括五步：

- 确认外部需求。
- 计算毛需求。

---

① 以下 MRP 的学习内容修改自百度文库（https://wenku.baidu.com/view/da2da65115791711cc7931b765ce0508763275d7.html）。

- 计算净需求。
- 计算计划订单量。
- 投放产生三大任务单。

第 1 步　确认外部需求

外部需求有两个来源：一是销售订单，一是产品预测单。

外部需求是以销售订单为准，还是以产品预测单为准？

丰田发动机早就思考过这个问题。他们是这样处理的：根据自己的产品预测单初步确认需求，然后将客户的销售订单与产品预测单进行冲销，即结合销售订单和产品预测单确认外部需求。

例如，1 月 20 日有销售订单，数量是 200；而对 2 月至 4 月的产品预测，数量是 120。那么，年初就根据 120 先进行生产，然后将订单与预测单数量进行冲销（200–120=80），外部需求就是 120+80=200。如图 8-5 所示。

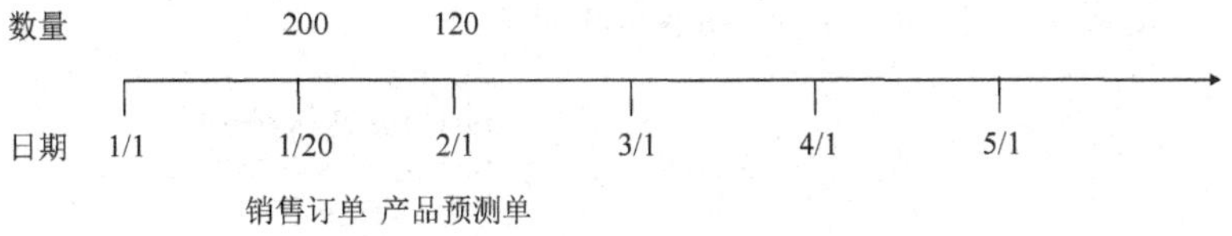

图 8-5　销售订单冲销产品预测单

在进行冲销时，有一个问题：销售订单是一个时点的概念，而产品预测单是一个期间概念。这时，就需要将产品预测单的期间转化为时点，通常以期初作为其时点。

在进行冲销时，还有一个问题，就是销售订单冲销产品预测单的范围。这个由用户指定。例如，向前冲销 N 天；向后冲销 N 天；或者先向前冲 N 天，再向后冲 N 天；或者先向后冲 N 天，再向前冲 N 天。意思就是在什么范围的产品预测单，需要用销售订单冲销掉。

选择向后冲销 15 天，则外部需求=120+（200–120）=200。

这样，产品预测单一下子全被销售订单冲销光了，包括 3 月和 4 月的。难道 3 月和 4 月就没有需求吗？当然不是。这就产生了一个均化的概念。

我们将产品预测单进行均化（均化可选择月均化、周均化、日均化）。我们选择月均化，则2月1日的数量120就平均分摊在2/1、3/1、4/1，数量分别为40、40、40，如图8-6所示。

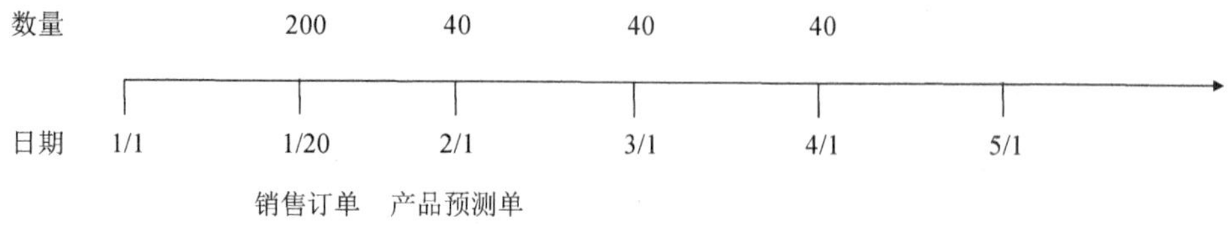

图8-6　产品预测单均化

这样，如果再冲销，仍然选择向后冲销15天，则外部需求=40+（200−40）+40+40=280。

第2步　计算毛需求

这是一个跑物料清单（BOM）的过程。

假如外部需求仅考虑销售订单。1月1日接到订单，配置的宝马数量分别为80、50、10辆，要求于1月31日交货，如图8-7所示。

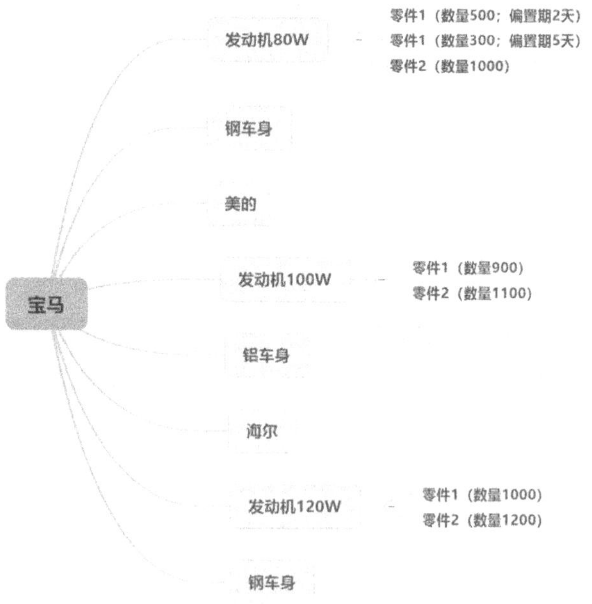

图8-7　配置的宝马订单计划

计划开始日期为1月1日，计划展望期为6个时区，每个时区为5天。

物料档案如表8-1所示。

表8-1 物料档案

名 称	物料属性	计划策略	订货策略	固定提前期	变动提前期	订货间隔期	再订货点	固定/经济批量	变动提前期批量
宝马	配置	MRP	批对批	5	0	0	0	0	1
发动机	特征	MRP	批对批	0	0	0	0	0	1
发动机80W	自制	MRP	批对批	7	13.75	0	0	0	1 000
发动机100W	自制	MRP	批对批	7	16.083	0	0	0	1 000
发动机120W	委外加工	MRP	批对批	5	0	0	0	0	1
零件1	外购	MRP	批对批	5	0	0	0	0	1
零件2	外购	MRP	批对批	5	0	0	0	0	1
车身	特征	MRP	批对批	0	0	0	0	0	1
钢车身	外购	MRP	固定批量	5	0	0	0	100	1
铝车身	外购	MRP	固定批量	5	0	0	0	100	1
空调	特征	MRP	批对批	0	0	0	0	0	1
美的	外购	MRP	期间订货	5	0	10	0	0	1
海尔	外购	MRP	再订货点	5	0	0	100	100	1

物料属性主要有以下几种：

（1）自制。自己能够生产。

（2）外购。自己不能或不愿生产。

（3）委外加工。介于自制和外购之间，既可以自制，又需要外购。

以上三种是最基本的属性。

（4）规划。例如，戴尔做计划，估计电脑销量为100万台，由70%的笔记本和30%的台式机组成。这里的电脑，就是规划类物料。

（5）配置。例如，宝马的装配需要发动机、车身、空调。而发动机、车身、空调有不同的型号，相应地，宝马可以有各种不同的配置。这时的宝马，就是配置类物料。

（6）特征。例如，发动机有各种型号，车身有各种材质，空调有各种品牌。这时的发动机、车身、空调，就是特征类物料。

（7）虚拟。例如，戴尔给你发货，随身附有发票、保修单等。为了防止发货时忘了附带发票，他们可以做一个 BOM，这个 BOM 由电脑、发票构成。这个 BOM 的母件，就是虚拟的。

（8）组装。组装是在仓库而不是车间完成的。例如，组装家具等，它的实质就是几个沙发加茶几。组装家具就是组装类物料。

计划策略包括 MPS、MRP、无。

（1）特别重要的物料就用 MPS，即主生产计划。目的就是别花几小时运算 MRP，到头来发现最重要的物料却因生产能力制约无法完成。所以先对最重要的物料进行 MPS 运算。

（2）一般重要的物料就用 MRP，即物料需求计划。

MPS 和 MRP 的关系如图 8-8 所示。

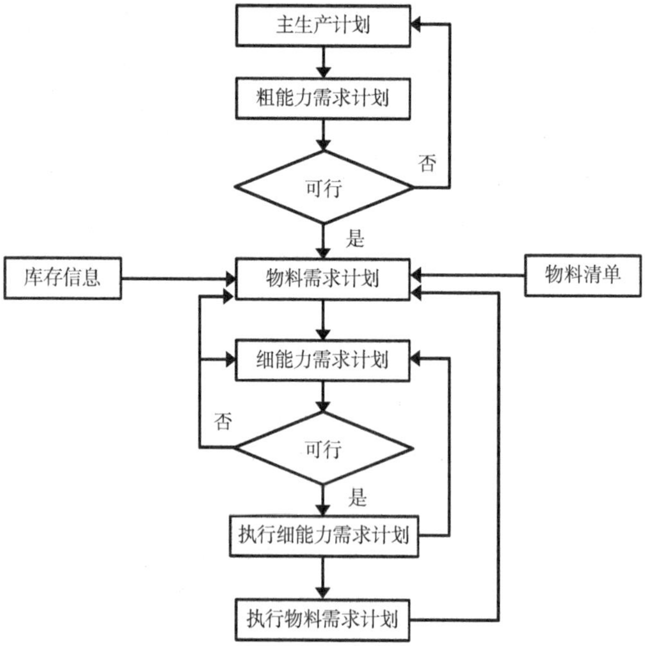

图 8-8　MPS 和 MRP 的关系

MPS和MRP仅仅运算对象不同，运算逻辑完全相同。

（3）不重要物料就用无，即不做计划。

订货策略包括：

（1）批对批。随时需要随时提供，需要多少提供多少。

（2）固定批量。例如，你去买一个螺丝，别人不卖。他说，要买就买100个。这个100就是固定批量。

（3）期间订货。例如，采购部门很有规律，对某一物料，总是间隔10天去采购。或者供应商很强势，你平时上门找他订货，他懒得理你，要你每隔10天才能去采购一次，这就是期间订货。10天，就是订货间隔期。

（4）再订货点。例如，库存到了50个，就去订货。50个，就是再订货点。

固定提前期、变动提前期、变动提前期批量、累计提前期，这四个概念需要放在一起解释。

生产10 000个零件和生产1个零件，其提前期肯定不一样。不随数量变动而变动的提前期，就是固定提前期；随数量变动而变动的提前期，就是变动提前期；随多少数量的变动而变动，这个数量就是变动提前期批量。

累计提前期=固定提前期+（生产或采购数量÷变动提前期批量）×变动提前期

订货间隔期：在订货策略为期间订货时需要指定。

固定/经济批量：

跑那么远，就需要1个螺丝，成本上不划算，干脆一买就是10个。这个考虑成本的10个，就是经济批量。

固定批量定义同本页“订货策略”中的“（2）固定批量”。

再订货点：订货策略为再订货点时需要指定。

物料档案完成后，可以录入BOM了。

这里又产生了一个概念：提前期偏置。

什么是提前期偏置呢？

现在是1月1日，要造航母，1年完成，12月31日交货。航母需要1 000吨钢，那么，是不是1月1日就要把1 000吨钢准备好呢？

不见得。1 000 吨钢是需要的，但并不是 1 月 1 日一次投入，而是 1 月 1 日需要 300 吨，3 月 1 日需要 200 吨，5 月 1 日需要 500 吨。

那么，在航母的 BOM 中，子项“钢”有 300 吨，偏置期是 0；有 200 吨，偏置期是 2 个月；有 500 吨，偏置期是 4 个月。

物料的属性有很多，所以实施 ERP 首先遇到的最大困难就是物料档案的整理，之后才是 BOM、工艺路线。

第 3 步 计算净需求

净需求=毛需求÷（1–损耗率）–现有库存+安全库存–预计入库量+已分配量

预计入库单据包括以下类型：

（1）生产任务单、重复生产任务单和委外加工生产任务单（总计划生产数–已完工入库数）。

（2）采购申请单（数量–审核的采购订单数）。

（3）采购订单（总的订单数–已入库数量）。

（4）重复生产计划单（总的计划数–已执行数）。

（5）计划订单（建议订单量）。

（6）物料替代清单（被替代料的实际需求量）。

已分配单据包括以下类型：

（1）拖期的销售订单（订单剩余数量）。

（2）与生产任务单、委外加工生产任务单、重复生产计划单、重复生产任务单相关联的投料单中没有领用物料的数量。

（3）物料替代清单中替代料的实际替代量。

这样，MRP 的第 3 步就介绍完了。

第 4 步 计算计划订单量

不同的订货策略，计划订单量有不同的算法。

- 批对批

计划订单量 = 最小订货量+取大整数［（净需求–最小订货量）÷批量增量］×批量增量

• 固定批量

计划订单量 = 固定/经济批量+取大整数［（净需求–固定/经济批量）÷固定/经济批量］×固定/经济批量

• 再订货点

计划订单量 = 固定/经济批量

• 期间订货

计划订单量 = 最小订货量+取大整数［（净需求–最小订货量）÷批量增量］×批量增量

确定了计划订单的数量，就要考虑计划订单的时间了。

我们在前面计算毛需求、净需求时都不用考虑时间，到计划订单的计算时，就应该同时计算计划订单的时间。

不同的订货策略，计划订单的时间有不同的算法。

• 批对批

提前期 = 向上取整[固定提前期+变动提前期×(建议订单量÷变动提前期批量)]

• 固定批量

提前期 = 向上取整[固定提前期+变动提前期×(建议订单量÷变动提前期批量)]

• 再订货点

提前期 = 固定提前期

• 期间订货

提前期 = 订货间隔期

零件 1 计算明细如表 8-2 所示。

零件 2 计算明细如表 8-3 所示。

发动机 80W 的计算明细如表 8-4 所示。

表 8-2　零件 1 计算明细

物料代码	物料名称	计量单位	安全库存	MRP可用库存	订货策略	变动提前期	固定提前期	变动提前期批量	最小订货量	最大订货量	固定/经济批量	批量增量	BOM编号
114	零件1	个	0	0	批对批(LFL)	0	5	1	1	1000000000	0	1	

日期	期初库存		毛需求			已分配量					预计入库				锁单冲销量	净需求	计划订单量	剩余库存
	可用库存	预留库存	预测	销售	相关	拖期销售	计划	任务	替代他料	锁库	计划	在途/在制	在检	被替代				
2010-01-01	0	0	0	0	0	0	0	0	0	0	0	0	0	0	0	0	0	0
2010-01-01	0	0	0	0	0	0	0	0	0	0	0	0	0	0	0	0	0	0
2010-01-02	0	0	0	0	0	0	0	0	0	0	0	0	0	0	0	0	0	0
2010-01-03	0	0	0	0	0	0	0	0	0	0	0	0	0	0	0	0	0	0
2010-01-04	0	0	0	0	0	0	0	0	0	0	0	0	0	0	0	0	0	0
2010-01-05	0	0	0	0	0	0	0	0	0	0	0	0	0	0	0	0	0	0
2010-01-06	0	0	0	0	0	0	0	0	0	0	0	0	0	0	0	0	0	0
2010-01-07	0	0	0	0	0	0	0	0	0	0	0	0	0	0	0	0	0	0
2010-01-08	0	0	0	0	0	0	0	0	0	0	0	0	0	0	0	0	0	0
2010-01-09	0	0	0	0	0	0	0	0	0	0	0	0	0	0	0	0	0	0
2010-01-10	0	0	0	0	0	0	0	0	0	0	0	0	0	0	0	0	0	0
2010-01-11	0	0	0	0	0	0	0	0	0	0	0	0	0	0	0	0	0	0
2010-01-12	0	0	0	0	45000	0	0	0	0	0	0	0	0	0	0	45000	45000	0
2010-01-13	0	0	0	0	40000	0	0	0	0	0	0	0	0	0	0	40000	40000	0
2010-01-14	0	0	0	0	0	0	0	0	0	0	0	0	0	0	0	0	0	0
2010-01-15	0	0	0	0	10000	0	0	0	0	0	0	0	0	0	0	10000	10000	0
2010-01-16	0	0	0	0	0	0	0	0	0	0	0	0	0	0	0	0	0	0
2010-01-17	0	0	0	0	0	0	0	0	0	0	0	0	0	0	0	0	0	0
2010-01-18	0	0	0	0	24000	0	0	0	0	0	0	0	0	0	0	24000	24000	0

表 8-3　零件 2 计算明细

物料代码	物料名称	计量单位	安全库存	MRP可用库存	订货策略	变动提前期	固定提前期	变动提前期批量	最小订货量	最大订货量	固定/经济批量	批量增量	BOM编号
115	零件2	个	0	0	批对批(LFL)	0	5	1	1	1000000000	0	1	

日期	期初库存		毛需求			已分配量					预计入库				锁单冲销量	净需求	计划订单量	剩余库存
	可用库存	预留库存	预测	销售	相关	拖期销售	计划	任务	替代他料	锁库	计划	在途/在制	在检	被替代				
2010-01-01	0	0	0	0	0	0	0	0	0	0	0	0	0	0	0	0	0	0
2010-01-01	0	0	0	0	0	0	0	0	0	0	0	0	0	0	0	0	0	0
2010-01-02	0	0	0	0	0	0	0	0	0	0	0	0	0	0	0	0	0	0
2010-01-03	0	0	0	0	0	0	0	0	0	0	0	0	0	0	0	0	0	0
2010-01-04	0	0	0	0	0	0	0	0	0	0	0	0	0	0	0	0	0	0
2010-01-05	0	0	0	0	0	0	0	0	0	0	0	0	0	0	0	0	0	0
2010-01-06	0	0	0	0	0	0	0	0	0	0	0	0	0	0	0	0	0	0
2010-01-07	0	0	0	0	0	0	0	0	0	0	0	0	0	0	0	0	0	0
2010-01-08	0	0	0	0	0	0	0	0	0	0	0	0	0	0	0	0	0	0
2010-01-09	0	0	0	0	0	0	0	0	0	0	0	0	0	0	0	0	0	0
2010-01-10	0	0	0	0	0	0	0	0	0	0	0	0	0	0	0	0	0	0
2010-01-11	0	0	0	0	80000	0	0	0	0	0	0	0	0	0	0	80000	80000	0
2010-01-12	0	0	0	0	55000	0	0	0	0	0	0	0	0	0	0	55000	55000	0
2010-01-13	0	0	0	0	0	0	0	0	0	0	0	0	0	0	0	0	0	0
2010-01-14	0	0	0	0	0	0	0	0	0	0	0	0	0	0	0	0	0	0
2010-01-15	0	0	0	0	12000	0	0	0	0	0	0	0	0	0	0	12000	12000	0

表 8-4　发动机 80W 的计算明细

物料代码	物料名称	计量单位	安全库存	MRP可用库存	订货策略	变动提前期	固定提前期	变动提前期批量	最小订货量	最大订货量	固定/经济批量	批量增量	BOM编号
111	发动机80W	个	0	0	批对批(LFL)	13.75	7	1000	1	10000	0	1	BOM000005

日期	期初库存		毛需求			已分配量					预计入库				锁单冲销量	净需求	计划订单量	剩余库存
	可用库存	预留库存	预测	销售	相关	拖期销售	计划	任务	替代他料	锁库	计划	在途/在制	在检	被替代				
2010-01-01	0	0	0	0	0	0	0	0	0	0	0	0	0	0	0	0	0	0
2010-01-01	0	0	0	0	0	0	0	0	0	0	0	0	0	0	0	0	0	0
2010-01-02	0	0	0	0	0	0	0	0	0	0	0	0	0	0	0	0	0	0
2010-01-03	0	0	0	0	0	0	0	0	0	0	0	0	0	0	0	0	0	0
2010-01-04	0	0	0	0	0	0	0	0	0	0	0	0	0	0	0	0	0	0
2010-01-05	0	0	0	0	0	0	0	0	0	0	0	0	0	0	0	0	0	0
2010-01-06	0	0	0	0	0	0	0	0	0	0	0	0	0	0	0	0	0	0
2010-01-07	0	0	0	0	0	0	0	0	0	0	0	0	0	0	0	0	0	0
2010-01-08	0	0	0	0	0	0	0	0	0	0	0	0	0	0	0	0	0	0
2010-01-09	0	0	0	0	0	0	0	0	0	0	0	0	0	0	0	0	0	0
2010-01-10	0	0	0	0	0	0	0	0	0	0	0	0	0	0	0	0	0	0
2010-01-11	0	0	0	0	0	0	0	0	0	0	0	0	0	0	0	0	0	0
2010-01-12	0	0	0	0	0	0	0	0	0	0	0	0	0	0	0	0	0	0
2010-01-13	0	0	0	0	0	0	0	0	0	0	0	0	0	0	0	0	0	0
2010-01-14	0	0	0	0	0	0	0	0	0	0	0	0	0	0	0	0	0	0
2010-01-15	0	0	0	0	0	0	0	0	0	0	0	0	0	0	0	0	0	0
2010-01-16	0	0	0	0	0	0	0	0	0	0	0	0	0	0	0	0	0	0
2010-01-17	0	0	0	0	0	0	0	0	0	0	0	0	0	0	0	0	0	0
2010-01-18	0	0	0	0	0	0	0	0	0	0	0	0	0	0	0	0	0	0
2010-01-19	0	0	0	0	0	0	0	0	0	0	0	0	0	0	0	0	0	0
2010-01-20	0	0	0	0	0	0	0	0	0	0	0	0	0	0	0	0	0	0
2010-01-21	0	0	0	0	0	0	0	0	0	0	0	0	0	0	0	0	0	0
2010-01-22	0	0	0	0	80	0	0	0	0	0	0	0	0	0	0	80	80	0

发动机 100W 的计算明细如表 8-5 所示。

表 8-5　发动机 100W 的计算明细

物料代码	物料名称	计量单位	安全库存	MRP可用库存	订货策略	变动提前期	固定提前期	变动提前期批量	最小订货量	最大订货量	固定/经济批量	批量增量	BOM编号
112	发动机100W	个	0	0	批对批（LFL）	16.083	7	1000	1	10000	0	1	BOM000006

日期	期初库存		毛需求			已分配量					预计入库				锁单冲销量	净需求	计划订单量	剩余库存
	可用库存	预留库存	预测	销售	相关	拖期销售	计划	任务	替代他料	锁库	计划	在途/在制	在检	被替代				
2010-01-01	0	0	0	0	0	0	0	0	0	0	0	0	0	0	0	0	0	0
2010-01-01	0	0	0	0	0	0	0	0	0	0	0	0	0	0	0	0	0	0
2010-01-02	0	0	0	0	0	0	0	0	0	0	0	0	0	0	0	0	0	0
2010-01-03	0	0	0	0	0	0	0	0	0	0	0	0	0	0	0	0	0	0
2010-01-04	0	0	0	0	0	0	0	0	0	0	0	0	0	0	0	0	0	0
2010-01-05	0	0	0	0	0	0	0	0	0	0	0	0	0	0	0	0	0	0
2010-01-06	0	0	0	0	0	0	0	0	0	0	0	0	0	0	0	0	0	0
2010-01-07	0	0	0	0	0	0	0	0	0	0	0	0	0	0	0	0	0	0
2010-01-08	0	0	0	0	0	0	0	0	0	0	0	0	0	0	0	0	0	0
2010-01-09	0	0	0	0	0	0	0	0	0	0	0	0	0	0	0	0	0	0
2010-01-10	0	0	0	0	0	0	0	0	0	0	0	0	0	0	0	0	0	0
2010-01-11	0	0	0	0	0	0	0	0	0	0	0	0	0	0	0	0	0	0
2010-01-12	0	0	0	0	0	0	0	0	0	0	0	0	0	0	0	0	0	0
2010-01-13	0	0	0	0	0	0	0	0	0	0	0	0	0	0	0	0	0	0
2010-01-14	0	0	0	0	0	0	0	0	0	0	0	0	0	0	0	0	0	0
2010-01-15	0	0	0	0	0	0	0	0	0	0	0	0	0	0	0	0	0	0
2010-01-16	0	0	0	0	0	0	0	0	0	0	0	0	0	0	0	0	0	0
2010-01-17	0	0	0	0	0	0	0	0	0	0	0	0	0	0	0	0	0	0
2010-01-18	0	0	0	0	0	0	0	0	0	0	0	0	0	0	0	0	0	0
2010-01-19	0	0	0	0	0	0	0	0	0	0	0	0	0	0	0	0	0	0
2010-01-20	0	0	0	0	0	0	0	0	0	0	0	0	0	0	0	0	0	0
2010-01-21	0	0	0	0	0	0	0	0	0	0	0	0	0	0	0	0	0	0
2010-01-22	0	0	0	0	50	0	0	0	0	0	0	0	0	0	0	50	50	0

发动机 120W 的计算明细如表 8-6 所示。

表 8-6　发动机 120W 的计算明细

物料代码	物料名称	计量单位	安全库存	MRP可用库存	订货策略	变动提前期	固定提前期	变动提前期批量	最小订货量	最大订货量	固定/经济批量	批量增量	BOM编号
113	发动机120W	个	0	0	批对批（LFL）	0	5	1	1	10000	0	1	BOM000007

日期	期初库存		毛需求			已分配量					预计入库				锁单冲销量	净需求	计划订单量	剩余库存
	可用库存	预留库存	预测	销售	相关	拖期销售	计划	任务	替代他料	锁库	计划	在途/在制	在检	被替代				
2010-01-01	0	0	0	0	0	0	0	0	0	0	0	0	0	0	0	0	0	0
2010-01-01	0	0	0	0	0	0	0	0	0	0	0	0	0	0	0	0	0	0
2010-01-02	0	0	0	0	0	0	0	0	0	0	0	0	0	0	0	0	0	0
2010-01-03	0	0	0	0	0	0	0	0	0	0	0	0	0	0	0	0	0	0
2010-01-04	0	0	0	0	0	0	0	0	0	0	0	0	0	0	0	0	0	0
2010-01-05	0	0	0	0	0	0	0	0	0	0	0	0	0	0	0	0	0	0
2010-01-06	0	0	0	0	0	0	0	0	0	0	0	0	0	0	0	0	0	0
2010-01-07	0	0	0	0	0	0	0	0	0	0	0	0	0	0	0	0	0	0
2010-01-08	0	0	0	0	0	0	0	0	0	0	0	0	0	0	0	0	0	0
2010-01-09	0	0	0	0	0	0	0	0	0	0	0	0	0	0	0	0	0	0
2010-01-10	0	0	0	0	0	0	0	0	0	0	0	0	0	0	0	0	0	0
2010-01-11	0	0	0	0	0	0	0	0	0	0	0	0	0	0	0	0	0	0
2010-01-12	0	0	0	0	0	0	0	0	0	0	0	0	0	0	0	0	0	0
2010-01-13	0	0	0	0	0	0	0	0	0	0	0	0	0	0	0	0	0	0
2010-01-14	0	0	0	0	0	0	0	0	0	0	0	0	0	0	0	0	0	0
2010-01-15	0	0	0	0	0	0	0	0	0	0	0	0	0	0	0	0	0	0
2010-01-16	0	0	0	0	0	0	0	0	0	0	0	0	0	0	0	0	0	0
2010-01-17	0	0	0	0	0	0	0	0	0	0	0	0	0	0	0	0	0	0
2010-01-18	0	0	0	0	0	0	0	0	0	0	0	0	0	0	0	0	0	0
2010-01-19	0	0	0	0	0	0	0	0	0	0	0	0	0	0	0	0	0	0
2010-01-20	0	0	0	0	0	0	0	0	0	0	0	0	0	0	0	0	0	0
2010-01-21	0	0	0	0	0	0	0	0	0	0	0	0	0	0	0	0	0	0
2010-01-22	0	0	0	0	10	0	0	0	0	0	0	0	0	0	0	10	10	0

钢车身的计算明细如表 8-7 所示。

表 8-7 钢车身的计算明细

物料代码	物料名称	计量单位	安全库存	MRP可用库存	订货策略	变动提前期	固定提前期	变动提前期批量	最小订货量	最大订货量	固定/经济批量	批量增量	BOM编号
121	钢车身	个	0	0	固定批量(FOQ)	0	5	1	0	10000	100	0	

日期	期初库存		毛需求			已分配量					预计入库				锁单冲销量	净需求	计划订单量	剩余库存
	可用库存	预留库存	预测	销售	相关	拖期销售	计划	任务	替代他料	锁库	计划	在途/在制	在检	被替代				
2010-01-01	0	0	0	0	0	0	0	0	0	0	0	0	0	0	0	0	0	0
2010-01-01	0	0	0	0	0	0	0	0	0	0	0	0	0	0	0	0	0	0
2010-01-02	0	0	0	0	0	0	0	0	0	0	0	0	0	0	0	0	0	0
2010-01-03	0	0	0	0	0	0	0	0	0	0	0	0	0	0	0	0	0	0
2010-01-04	0	0	0	0	0	0	0	0	0	0	0	0	0	0	0	0	0	0
2010-01-05	0	0	0	0	0	0	0	0	0	0	0	0	0	0	0	0	0	0
2010-01-06	0	0	0	0	0	0	0	0	0	0	0	0	0	0	0	0	0	0
2010-01-07	0	0	0	0	0	0	0	0	0	0	0	0	0	0	0	0	0	0
2010-01-08	0	0	0	0	0	0	0	0	0	0	0	0	0	0	0	0	0	0
2010-01-09	0	0	0	0	0	0	0	0	0	0	0	0	0	0	0	0	0	0
2010-01-10	0	0	0	0	0	0	0	0	0	0	0	0	0	0	0	0	0	0
2010-01-11	0	0	0	0	0	0	0	0	0	0	0	0	0	0	0	0	0	0
2010-01-12	0	0	0	0	0	0	0	0	0	0	0	0	0	0	0	0	0	0
2010-01-13	0	0	0	0	0	0	0	0	0	0	0	0	0	0	0	0	0	0
2010-01-14	0	0	0	0	0	0	0	0	0	0	0	0	0	0	0	0	0	0
2010-01-15	0	0	0	0	0	0	0	0	0	0	0	0	0	0	0	0	0	0
2010-01-16	0	0	0	0	0	0	0	0	0	0	0	0	0	0	0	0	0	0
2010-01-17	0	0	0	0	0	0	0	0	0	0	0	0	0	0	0	0	0	0
2010-01-18	0	0	0	0	0	0	0	0	0	0	0	0	0	0	0	0	0	0
2010-01-19	0	0	0	0	0	0	0	0	0	0	0	0	0	0	0	0	0	0
2010-01-20	0	0	0	0	0	0	0	0	0	0	0	0	0	0	0	0	0	0
2010-01-21	0	0	0	0	0	0	0	0	0	0	0	0	0	0	0	0	0	0
2010-01-22	0	0	0	0	90	0	0	0	0	0	0	0	0	0	0	90	100	10

铝车身的计算明细如表 8-8 所示。

表 8-8 铝车身的计算明细

物料代码	物料名称	计量单位	安全库存	MRP可用库存	订货策略	变动提前期	固定提前期	变动提前期批量	最小订货量	最大订货量	固定/经济批量	批量增量	BOM编号
122	铝车身	个	0	0	固定批量(FOQ)	0	5	1	0	10000	100	0	

日期	期初库存		毛需求			已分配量					预计入库				锁单冲销量	净需求	计划订单量	剩余库存
	可用库存	预留库存	预测	销售	相关	拖期销售	计划	任务	替代他料	锁库	计划	在途/在制	在检	被替代				
2010-01-01	0	0	0	0	0	0	0	0	0	0	0	0	0	0	0	0	0	0
2010-01-01	0	0	0	0	0	0	0	0	0	0	0	0	0	0	0	0	0	0
2010-01-02	0	0	0	0	0	0	0	0	0	0	0	0	0	0	0	0	0	0
2010-01-03	0	0	0	0	0	0	0	0	0	0	0	0	0	0	0	0	0	0
2010-01-04	0	0	0	0	0	0	0	0	0	0	0	0	0	0	0	0	0	0
2010-01-05	0	0	0	0	0	0	0	0	0	0	0	0	0	0	0	0	0	0
2010-01-06	0	0	0	0	0	0	0	0	0	0	0	0	0	0	0	0	0	0
2010-01-07	0	0	0	0	0	0	0	0	0	0	0	0	0	0	0	0	0	0
2010-01-08	0	0	0	0	0	0	0	0	0	0	0	0	0	0	0	0	0	0
2010-01-09	0	0	0	0	0	0	0	0	0	0	0	0	0	0	0	0	0	0
2010-01-10	0	0	0	0	0	0	0	0	0	0	0	0	0	0	0	0	0	0
2010-01-11	0	0	0	0	0	0	0	0	0	0	0	0	0	0	0	0	0	0
2010-01-12	0	0	0	0	0	0	0	0	0	0	0	0	0	0	0	0	0	0
2010-01-13	0	0	0	0	0	0	0	0	0	0	0	0	0	0	0	0	0	0
2010-01-14	0	0	0	0	0	0	0	0	0	0	0	0	0	0	0	0	0	0
2010-01-15	0	0	0	0	0	0	0	0	0	0	0	0	0	0	0	0	0	0
2010-01-16	0	0	0	0	0	0	0	0	0	0	0	0	0	0	0	0	0	0
2010-01-17	0	0	0	0	0	0	0	0	0	0	0	0	0	0	0	0	0	0
2010-01-18	0	0	0	0	0	0	0	0	0	0	0	0	0	0	0	0	0	0
2010-01-19	0	0	0	0	0	0	0	0	0	0	0	0	0	0	0	0	0	0
2010-01-20	0	0	0	0	0	0	0	0	0	0	0	0	0	0	0	0	0	0
2010-01-21	0	0	0	0	0	0	0	0	0	0	0	0	0	0	0	0	0	0
2010-01-22	0	0	0	0	50	0	0	0	0	0	0	0	0	0	0	50	100	50

美的的计算明细如表 8-9 所示。

海尔的计算明细如表 8-10 所示。

MRP 横式报表如表 8-11 所示。

表 8-9 美的的计算明细

物料代码	物料名称	计量单位	安全库存	MRP可用库存	订货策略	变动提前期	固定提前期	变动提前期批量	最小订货量	最大订货量	固定/经济批量	批量增量	BOM编号
131	美的	个	0	0	期间订货量 (P(	0	5	1	1	10000	0	1	

日期	期初库存		毛需求			已分配量					预计入库				锁单冲销量	净需求	计划订单量	剩余库存
	可用库存	预留库存	预测	销售	相关	拖期销售	计划	任务	替代他料	锁库	计划	在途/在制	在检	被替代				
2010-01-01	0	0	0	0	0	0	0	0	0	0	0	0	0	0	0	0	0	0
2010-01-01	0	0	0	0	0	0	0	0	0	0	0	0	0	0	0	0	0	0
2010-01-02	0	0	0	0	0	0	0	0	0	0	0	0	0	0	0	0	0	0
2010-01-03	0	0	0	0	0	0	0	0	0	0	0	0	0	0	0	0	0	0
2010-01-04	0	0	0	0	0	0	0	0	0	0	0	0	0	0	0	0	0	0
2010-01-05	0	0	0	0	0	0	0	0	0	0	0	0	0	0	0	0	0	0
2010-01-06	0	0	0	0	0	0	0	0	0	0	0	0	0	0	0	0	0	0
2010-01-07	0	0	0	0	0	0	0	0	0	0	0	0	0	0	0	0	0	0
2010-01-08	0	0	0	0	0	0	0	0	0	0	0	0	0	0	0	0	0	0
2010-01-09	0	0	0	0	0	0	0	0	0	0	0	0	0	0	0	0	0	0
2010-01-10	0	0	0	0	0	0	0	0	0	0	0	0	0	0	0	0	0	0
2010-01-11	0	0	0	0	0	0	0	0	0	0	0	0	0	0	0	0	0	0
2010-01-12	0	0	0	0	0	0	0	0	0	0	0	0	0	0	0	0	0	0
2010-01-13	0	0	0	0	0	0	0	0	0	0	0	0	0	0	0	0	0	0
2010-01-14	0	0	0	0	0	0	0	0	0	0	0	0	0	0	0	0	0	0
2010-01-15	0	0	0	0	0	0	0	0	0	0	0	0	0	0	0	0	80	80
2010-01-16	80	0	0	0	0	0	0	0	0	0	0	0	0	0	0	0	0	80
2010-01-17	80	0	0	0	0	0	0	0	0	0	0	0	0	0	0	0	0	80
2010-01-18	80	0	0	0	0	0	0	0	0	0	0	0	0	0	0	0	0	80
2010-01-19	80	0	0	0	0	0	0	0	0	0	0	0	0	0	0	0	0	80
2010-01-20	80	0	0	0	0	0	0	0	0	0	0	0	0	0	0	0	0	80
2010-01-21	80	0	0	0	0	0	0	0	0	0	0	0	0	0	0	0	0	80
2010-01-22	80	0	0	0	80	0	0	0	0	0	0	0	0	0	0	0	0	0

表 8-10 海尔的计算明细

物料代码	物料名称	计量单位	安全库存	MRP可用库存	订货策略	变动提前期	固定提前期	变动提前期批量	最小订货量	最大订货量	固定/经济批量	批量增量	BOM编号
132	海尔	个	0	0	再订货点 (ROP	0	5	1	0	10000	100	0	

日期	期初库存		毛需求			已分配量					预计入库				锁单冲销量	净需求	计划订单量	剩余库存
	可用库存	预留库存	预测	销售	相关	拖期销售	计划	任务	替代他料	锁库	计划	在途/在制	在检	被替代				
2010-01-08	0	0	0	0	0	0	0	0	0	0	0	0	0	0	0	0	100	100

表 8-11 MRP 模式报表　　单位：个

物料名称	合计	第 1 时区 20100101— 20100107	第 2 时区 20100108— 20100114	第 3 时区 20100115— 20100121	第 4 时区 20100122— 20100128	第 5 时区 20100129— 20100204	第 6 时区 20100205— 20100211
宝马	140	0	0	0	0	140	0
发动机 80W	80	0	0	0	80	0	0
发动机 100W	50	0	0	0	50	0	0
发动机 120W	10	0	0	0	10	0	0
零件 1	119000	0	85000	34000	0	0	0
零件 2	147000	0	135000	12000	0	0	0
钢车身	100	0	0	0	100	0	0
铝车身	100	0	0	0	100	0	0
美的	80	0	0	80	0	0	0
海尔	100	0	100	0	0	0	0

第 5 步　投放产生三大任务单

根据第 4 步的运算，产生 MRP 计划订单，确定哪些要生成采购申请类，哪些要生成生产任务类，哪些要生成委外加工类，如表 8-12 所示。

表 8-12　MRP 计划订单

计划订单号	物料名称	物料类型	净需求	计划订单量	需求日期	建议订单量	建议采购或开工日期	建议到货或完工日期	单据类型	生产类型	采购申请/生产部门	运算编号
PL000100	海尔	外购	0	100	2010-01-08	100	2010-01-01	2010-01-08	采购申请类		采购部	MRP0008
PL000101	宝马	配置类	80	80	2010-01-29	80	2010-01-22	2010-01-29	生产任务类	普通订单	制造车间	MRP0008
PL000102	宝马	配置类	50	50	2010-01-29	50	2010-01-22	2010-01-29	生产任务类	普通订单	制造车间	MRP0008
PL000103	宝马	配置类	10	10	2010-01-29	10	2010-01-22	2010-01-29	生产任务类	普通订单	制造车间	MRP0008
PL000104	发动机80W	自制	80	80	2010-01-22	80	2010-01-11	2010-01-22	生产任务类	工序跟踪普通订单	制造车间	MRP0008
PL000105	发动机100W	自制	50	50	2010-01-22	50	2010-01-12	2010-01-22	生产任务类	工序跟踪普通订单	制造车间	MRP0008
PL000106	发动机120W	委外加工	10	10	2010-01-22	10	2010-01-15	2010-01-22	委外加工类	委外加工	高功率发动机加工公司	MRP0008
PL000107	钢车身	外购	80	100	2010-01-22	100	2010-01-15	2010-01-22	采购申请类		采购部	MRP0008
PL000108	铝车身	外购	50	100	2010-01-22	100	2010-01-15	2010-01-22	采购申请类		采购部	MRP0008
PL000109	美的	外购	0	80	2010-01-15	80	2010-01-08	2010-01-15	采购申请类		采购部	MRP0008
PL000110	零件1	外购	45,000	45,000	2010-01-12	45,000	2010-01-05	2010-01-12	采购申请类		采购部	MRP0008
PL000111	零件1	外购	40,000	40,000	2010-01-13	40,000	2010-01-06	2010-01-13	采购申请类		采购部	MRP0008
PL000112	零件1	外购	10,000	10,000	2010-01-15	10,000	2010-01-08	2010-01-15	采购申请类		采购部	MRP0008
PL000113	零件1	外购	24,000	24,000	2010-01-18	24,000	2010-01-11	2010-01-18	采购申请类		采购部	MRP0008
PL000114	零件2	外购	80,000	80,000	2010-01-11	80,000	2010-01-04	2010-01-11	采购申请类		采购部	MRP0008
PL000115	零件2	外购	55,000	55,000	2010-01-12	55,000	2010-01-05	2010-01-12	采购申请类		采购部	MRP0008
PL000116	零件2	外购	12,000	12,000	2010-01-15	12,000	2010-01-08	2010-01-15	采购申请类		采购部	MRP0008
合计:			266,410	266,660		266,660						

看了表 8-12 的内容是不是很晕？直观上就觉得 MRP 很难，从而在心里上不太想学了？

这种想法就是因为不会简单化导致的。

善于学习的人，在刚开始学习一个新方法时，会抛开一切复杂的细节，先抓主干，并且在最简单的条件下应用最基础的核心功能。

我在学习 MRP 内容时，一开始根本就不会管冲销、均化、时区、变动提前期、提前期偏置等这些专业术语，而是用最简单的数据将 MRP 的主流程先跑一遍。

例如，我会用只有一个零件的发动机 BOM（物料清单），而且在没有任何库存的简单情况下，计算要求 1 月 20 日交货 200 台发动机的销售订单的 MRP。

第 1 步确认外部需求：200 台发动机，1 月 20 日交货。

第 2 步计算毛需求：200 个零件（生产 200 台发动机，需要 200 个零件）。

第 3 步计算净需求：200 个零件（因为没有任何库存）。

第 4 步计算计划订单量：要求 1 月 15 日有 200 个零件入库（生产周期要 5 天）。

第 5 步投放产生三大任务单：200 个零件的采购申请单，下单采购日期是 1 月 5 日（采购周期要 10 天）。

这个最基础的核心流程跑完一遍后，我会根据工作的实际情况，再逐步增加更多的条件参与计算。例如，我会将零件 1 的库存设置为 80 个，再计算一遍 MRP。

（1）第 1 步和第 2 步不变。

（2）第 3 步计算净需求：120 个零件（因为有 80 个库存）。

（3）第 4 步计算计划订单量：要求 1 月 15 日有 120 个零件入库（生产周期要 5 天）。

（4）第 5 步投放产生三大任务单：120 个零件的采购申请单，下单采购日期是 1 月 5 日（采购周期要 10 天）。

接下来，将发动机的 BOM（物料清单）改为两个零件，用量比例还是 1 : 1，其中零件 2 需要委外加工，根据这个情况再跑一遍 MRP。

（1）第 1 步不变。

（2）第 2 步计算毛需求：200 个零件 1，200 个零件 2。

（3）第 3 步计算净需求：120 个零件 1，200 个零件 2。

（4）第 4 步计算计划订单量：要求 1 月 15 日有 120 个零件 1 入库、200 个零件 2 入库（生产周期要 5 天）。

（5）第 5 步投放产生三大任务单：120 个零件 1 的采购申请单，下单采购日期是 1 月 5 日（采购周期要 10 天）；200 个零件 2 的委托加工单，下单采购日期是 1 月 8 日（委外生产周期要 7 天）。

用同样的方法，结合实际工作中的可能情况，将产品预测单、时区、冲销、变动提前期等一点一点加入进来，一轮轮地迭代计算 MRP。

你看，这样一点一点地增加更多条件，多轮迭代，是不是就能更轻松地掌握复杂的 MRP 运算了？而且你一点畏难情绪都不会有，对学好和应用 MRP 会很有信心。学习高手的自我效能感就是这样建立起来的。

其实，就这么点内容，已经是 MRP 最核心内容的 80%了。剩下更多的内容，就是每人根据自己公司具体的生产环境再采用不同的策略和参数。其中有些内容，你可能一辈子都不会用到。因为 MRP 作为一个理论是需要考虑一切可能的情况的，而你所工作的公司仅仅是情况之一而已。

因此，采用最简应用的方法，你不仅可以花费更少的学习时间，就能快速满足工作要求，而且可以降低学习和应用的难度，提升学习的自我效能感。

第 2 节　自然重复

针对职场中的学习，除了要采用最简应用快速满足工作需要，还需要你不断地重复一些核心的技能和方法，并且随着时间的推移，要求你掌握得越来越熟练、越深刻。

但这时问题就来了：工作不同于在校学习，很难再抽出时间来专门复习，并且随着工作岗位越来越重要，职位越来越高，越是如此。

这就要求你能将学习和工作合二为一，在工作中自然重复和深化学习内容。要做到这一点，你可以采用下面两个方法：

（1）提炼模板或 Checklist。

（2）整体应用。

■ 方法 1　提炼模板或 Checklist

你有没有发现，在工作中接触了大量的方法和技能，但往往是看着好像都懂，一用起来才发现因为不熟练而无法使用。

绝大多数人在掌握一个新方法或新技能时，第一个障碍是不能将其简单化以降低理解难度，第二个障碍是没有足够的时间或意志练习，未能形成习惯。

以下面的故事性汇报的方法为例，你可能一看就觉得很简单，没有理解难度。

如果看多了好莱坞大片，你就会发现那些经典电影的套路都一样，是典型的四段结构，如图 8-9 所示。

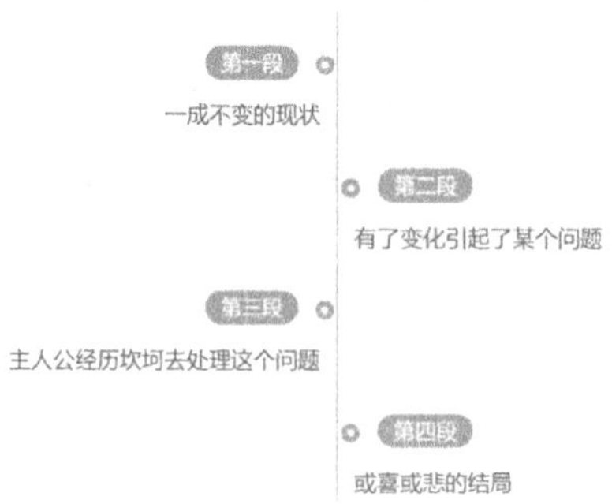

图 8-9　好莱坞大片的套路

例如，《功夫熊猫》就是这种典型的好莱坞故事结构。

第一段：大熊猫阿宝和领养他的鹅爸爸在“和平谷”里经营着一家拉面店（一成不变的现状）。

第二段：在一场特殊的比武大会上，阿宝阴差阳错地被选中为“神龙大侠”，要去消灭邪恶的大龙（有了变化引起了某个问题）。

第三段：阿宝先是克服了“和平谷”五位功夫大师对他的冷漠，再赢得了“师傅”的信心被调教为一名功夫高手，最后战胜了脱狱出来复仇的邪恶雪豹大龙（主人公历经坎坷成为真正的神龙大侠）。

第四段：最后阿宝给“和平谷”带来了和平，成了真正的神龙大侠（欢喜结局）。

好莱坞结构就是一个我们可以套用的优秀故事模板。

例如，当给领导汇报你是如何将原先销量不好的产品给卖好这件事时，就可以这么讲故事。

1. 确定第一段和第四段

第一段：公司的1匹空调一直卖得不好（一成不变的现状）。

第四段：比上季度销量提升了350%（结局）。

确定好这两段，故事主旨就有了：一直卖得不好的1匹空调，比上季度销量提升了350%。

2. 设计第二段的“变化”，引出“问题”

变化：这个季度，我策划了一个“送孝心”的活动来提升销量。

问题：这个活动的效果会怎么样呢？（引起听众的好奇）

3. 第三段设计障碍，并突破它们

一般情况下，可以讲三个主要的障碍。例如：

- **障碍1：吸引力**（如同阿宝的障碍1——五位功夫大师的冷漠）

如何让这个活动对有父母的消费者产生吸引力呢？我制作了一个短片，讲述的是，在昏暗的画面中一位孤独的老人在冷冰冰的家里被冻得瑟瑟发抖，这时我们的空调产品开启了，画面明亮温暖起来，老人脑海中冒出了远方子女的画面。

- **障碍 2：覆盖面**（如同阿宝的障碍 2——师傅对他没信心）

如何让更多的人接触到这个短片呢？除了将短片上传到所有主流视频平台，我还写了一篇煽情的软文在 326 个公众号做了投放，覆盖了至少 1 300 万人以上的目标人群。

- **障碍 3：及时性**（如同阿宝的障碍 3——凶残的阿龙）

有了订单，如何承诺及时送货、安装的问题呢？因为过了时间，效果就不好了。我又协调相关部门，临时增加了送货、安装的人手。

4. 将故事整合成一句清晰的打动人心的信息

用一句话总结： 通过这个“送孝心”的活动，我克服了吸引力、覆盖面、及时性这些重重阻碍，终于使一直卖得不好的 1 匹空调产品，销量比上季度提升了 350%。

如果采用这种“讲故事”的方式做汇报的话，是不是更容易打动人，汇报效果会更好？

问题来了：这个方法理解起来很简单，但如果现在就让你去用，你会吗？

我相信，你要么可能因为没有时间练习而放弃；要么等到要用的时候，因为不熟练而无法使用。

但如果将这个故事性汇报的技能设计为一个模板（见图 8-10），等到下次要用的时候，直接照着模板填写内容，是不是就不会出现因为不熟练而无法使用的问题了？

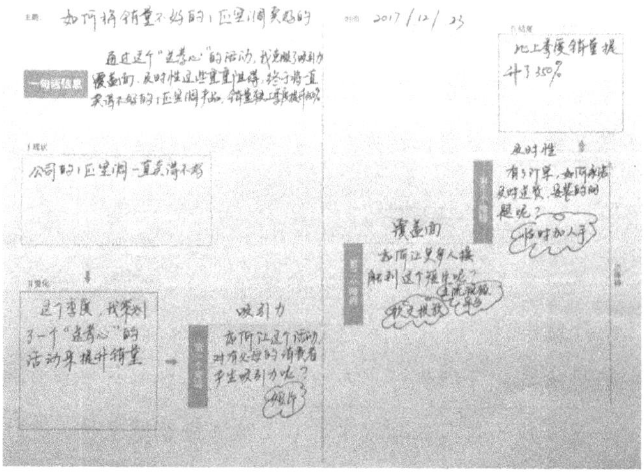

图 8-10　故事性汇报技能模板

采用这种设计模板的方法，不但上手容易，而且随着你对这个模板使用次数的增加，熟练度会越来越高，理解得会越来越深。

同样，你可以将一些方法提炼为 Checklist（清单），这样一学完，就可以随时在工作中启用。

■ 方法 2　整体应用

有一些方法包含的内容很多，也更为复杂，这时仅仅提炼为模板或 Checklist 还不够，它们需要被结构化为一个更为体系化的框架。例如，项目管理方法论、互联网运营方法论等。

我以自己如何在工作中应用 ERP 项目管理方法论的经验，演示一下如何结构化完整的框架，并且在工作中整体应用。

我将 ERP 项目管理方法论的内容梳理成二维矩阵框架，如表 8-13 所示。

表 8-13　ERP 项目管理方法论的二维矩阵框架

管理领域 \ 实施阶段	项目调研	蓝图设计	蓝图实现	知识传递
范围管理				
干系人管理				
沟通管理				
计划管理				
成本管理				
风险管理				

然后，在 OneNote 的“L&K 笔记本”中建立了一个“ERP 项目管理”分区组，如图 8-11 所示。

因为分区组无法体现二维结构，因此我将纵轴的内容放在了上方，横轴的内容放在了下方。

这个 ERP 项目管理方法论的分区组建好后，如何在工作中整体应用呢？

我新建了一个“Projects 笔记本”，用于记录项目实践，如图 8-12 所示。

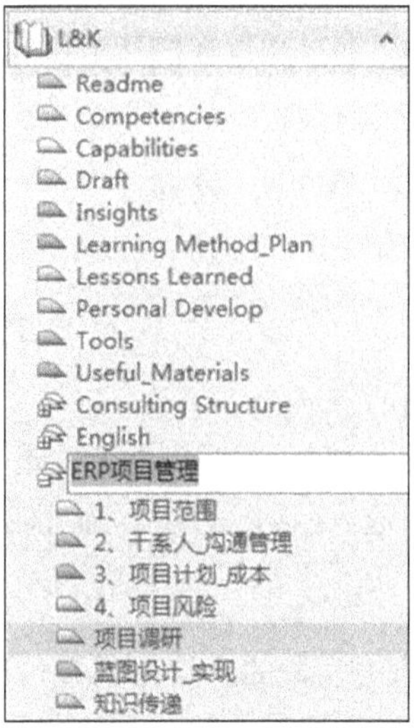

图 8-11 “L&K 笔记本”中的“ERP 项目管理”分区组

图 8-12 Projects 笔记本

我 10 年前从事 ERP 项目实施的时候，每做一个新的项目，我就将“ERP 项目管理”分区组（见图 8-11）复制一份，作为“Projects 笔记本”中的新分区组（见图 8-12），用作新项目的项目笔记。

比较图 8-11 和图 8-12，你会发现，这两个分区组的结构是一模一样的。

这样一方面可以确保我学习到的 ERP 项目管理知识系统地在实际中应用。另一方面，每做一个新的 ERP 项目，我都会在对应的项目笔记中更新内容。每当项目结束后，我就会将最新的项目笔记（见图 8-12 中的 Fantasia 项目），作为最新的 ERP 项目管理知识体系框架，更新回图 8-11 的“ERP 项目管理”分区组中。这样每个项目的实施经验就可以被系统、即时地沉淀下来，避免了不总结或事后总结体会不深的问题。

通过这个方法，我每做一个 ERP 项目至少能积累一般顾问五个项目的经验，因此成长得非常快。当年，我从事 ERP 实施不到两年，就成长为深圳分公司的首席实施顾问。

我后来转型管理咨询顾问、售前顾问时，同样采用以上的方法：先在“L&K 笔记本”中构建管理咨询和售前项目的项目管理知识体系框架，有新项目时就将该框架复制一份用作项目的笔记框架；每次完成项目后再提炼经验到“L&K 笔记本”的项目管理知识体系框架中。我在两家知名的咨询公司工作时，之所以能取得相当不错的工作业绩，与此密不可分。

总结

职场中的学习是一种典型的功利性学习，它有两个要求：① 为用而学，而且要求一学就能用；② 要能越用越好、越用越深。

掌握下面两个应用技巧就能帮你很好地满足职场学习的要求。

技巧 1 最简应用

采用最简应用的方法，你需要：① 紧贴工作需要，只学需要用的内容；② 学习相对复杂的方法或技能时，先抓住主干，在最简单的情况下应用最核心的基础功能，再一点一点地增加更多条件，多轮迭代。

这样，你就可以：① 花费更少的学习时间，快速满足工作要求；② 降低应用难度，提升学习的自我效能感。

技巧 2 自然重复

要做到在工作中自然重复，你需要：① 提炼模板或 Checklist；② 整体应用。

运用这两个技巧，你就无须专门抽出时间复习，而是可以将工作和学习合二为一，在工作中就能不断地重复学习，将方法和技能越用越熟练、越用越深入。

学员感言

我学东西很容易求多求全，想一步到位，结果陷在无关紧要的难点里面，基础的内容却掌握不好；如果从最简应用出发，逐步增加难度，自己会更有信心，速度也会快很多。

——学员 1

我工作的时候想着如何学习提升自己，学习的时候又想着工作还没做完，天天很焦虑；早点将学习中的方法变成模板框架并应用到工作中，两者统一起来，心就不用那么累了。

——学员 2

书外求助

看完了这一章，应用中的问题都迎刃而解了吗？

例如，有人问：知道了最简应用，但抓不住主干、核心，也就是不知道怎么把复杂问题简单化，该怎么办？

或者，知道了自然重复，但怎么样可以做到不仅重复，还可以不断改进呢？

扫码入群，即可获得书外求助的机会。记得备注“学习力”！

第 3 部分 各类技能学习的应用演示

本部分以不同类型技能的学习步骤为例，演示了如何综合运用第 1~3 章的学习策略，以及第 4~8 章的学习技巧。

要了解什么是技能，首先要了解知识、技能和能力的区别。

知识是客观存在的东西。如果知识没有被使用的话，对人的帮助就很小，甚至毫无价值。例如，你看完了《学习力》这本书，很受启发，也记住了一些内容，但如果不去使用的话，工作和生活就不会产生任何改变，学习只是停留在“知识”的层次上。

技能是某种工具的使用方法，或者某个具体工作的完成技巧。例如，iOS 开发编程的技能，财务做一套资产负债表的技能，HR 面试的技能，写一份股权融资计划书的技能，等等。每个技能都是由相应的知识，经过人们“使用”并“掌握”之后才变成自己的。所以，技能比知识深一层。

能力是比技能更加深层和通用的存在。能力在每一项具体工作中不断被调用、强化和提升。例如，HR 面试一个人，就会调用思维能力、表达能力和观察能力，可能还有少部分学习能力。

但是，能力的调用是无意识的。人在工作中经常陷入对“技能”的迷恋，而忽略了“能力”的提升。例如，HR 面试新员工时，连续三年都使用同一套面试题目，而从来不思考如何继续改进，思维能力的提升就会停止；如果不跟踪面试绩效并做针对性的学习，学习能力的提升就会停止；如果没有去研究不同面试谈话之间产生的差异效果，表达能力的提升就会停止。

满足于“技能”而不注重提升通用“能力”，最终就会导致“用一年的工作经验工作了十年”。

因此，现在你可以理解了：《学习力》讲的都是知识，是关于学习策略、学习步骤、学习方法和工具的知识；如果你运用了某些方法和工具，如运用搜索技巧去检索某个信息，就代表你学会了检索技能；如果阅读完《学习力》后，你能够形成自己的理解，甚至裁剪出适合你自己的学习步骤，就代表你的学习能力提升了。

了解什么是技能后，还要了解技能的分类。

到了今天，人类积累的技能已经纷繁复杂，但迄今都没有一个达成共识的分类标准。不过，大致可以分为三种。

（1）行为技能。强调身体熟练度的技能，核心在于熟能生巧（最适用刻意练习）。

例如，弹奏乐器、唱歌、做外科手术、打字等。

（2）理解性认知技能。强调理解的深度，要求能够抽象出更一般的规律（几乎无法刻意练习）。例如，战略规划、市场策略、物理理论的研究等。

（3）程序性认知技能。要求先理解，但理解的难度和深度低于理解性认知技能，而且理解后强调操作或记忆熟练度（理解后，适用刻意练习）。例如，下棋、商务 PPT 的制作、财务软件的操作等。

第9章 程序性认知技能的学习方法

本章你会了解程序性认知技能的特点和学习步骤。

第1节 程序性认知技能的特点和误区

■ 程序性认知技能的特点

程序性认知技能的知识组成以程序性知识为主体，但包括一定量的概念性知识。它有两个主要特点。

1. 要先理解

程序性认知技能是偏智力型的，需要对构成这个技能的概念性知识有一定的理解后，才能够按程序操作。

例如，会计做账的技能，首先要能理解借贷记账法，需要掌握的知识至少包括借贷记账符号的含义、会计账户的结构、会计等式、记账规则、会计分录等。（概念性知识的学习方法，请参见第6章的概念性知识部分。）

只有先理解了这些必备的概念性知识，才能按照做账的程序开始记账，否则即使知道记账程序是审核原始凭证→填制记账凭证→登记明细分类账→填制月末计提、摊销、结转记账凭证→编制记账凭证汇总表→结账、对账，你也做不了账，因为你不知道应该怎样填制记账凭证。没接触过会计的人，可能连这个程序中的术语都看不懂。

针对财务报税、HR绩效考核、项目进度管理、销售上门推销等程序性认知技能，同样必须先理解必备的概念性知识后，才能按程序执行。

2. 强调熟练度

任何程序性认知技能都要按照一定的程序不断重复，直至熟练。评价一个人对某个程序性认知技能的掌握程度，主要看他的熟练度，熟练的最高境界就是形成习惯。

例如，一个有 20 年经验的老会计，其做账技能就比新手娴熟很多。她能清楚地记得每个科目代码，能花更少的时间填制出更多、准确率更高的记账凭证。她之所以能做到这一点，是因为：① 她对做账所需的概念性知识已经理解得非常深刻；② 她在不断地做账中对这套程序已经相当熟练。

■ 程序性认知技能学习上的误区

一般人在学习程序性认知技能的时候，容易陷入两个误区：① 理解万全后再上手；② 完全不经理论指导直接上手。

在学习程序性认知技能时陷入这个误区后，会造成学习效率的低下。

1. 理解万全后再上手

陷入这个误区后的典型表现是，在实际动手前，会投入很多的时间和精力学习程序性认知技能中包含的概念性知识，想全部弄懂后再运用该技能。

例如，在学习 Excel 操作技能时，如果陷入该误区，就会看大量的操作指引，观看长达几小时的教学视频。

陷入这个误区后，虽然可以对程序性认知技能的概念性知识做全面了解，但弊端还是很明显的：① 缺少实操演练，会导致对概念性知识的一知半解；② 大量学习的内容一时半会不会被用上，甚至有些内容好几年都不会被用上，从而浪费大量的时间和精力。

2. 完全不经理论指导直接上手

陷入这个误区后的表现是，几乎在不看任何理论的情况下就直接上手运用。

同样以学习 Excel 操作技能为例。如果陷入该误区，就是直接打开 Excel 程序，自己到处点点、随便录录来摸索怎么用。

陷入这个误区后，虽然上手简单，而且形象直观，但弊端也是很明显的：① 直接凭先前经验尝试，导致浪费很多时间和精力在不必要的试错上；② 以① 的方式摸索出一套操作程序后，可能一直以这种效率更低的方式工作。例如，每次都选择“文件”→“保存”命令保存文件，而不用 Ctrl+S 快捷键。

第 2 节　程序性认知技能的四个学习步骤

那么，如何学习程序性认知技能，才能效率更高、效果更好呢？

如果掌握了基本了解、简单入门、迭代深化、自然重复这四个学习步骤，你学习程序性认知技能时就会事半功倍。

■ 步骤 1　基本了解

在“基本了解”这一步中，关键要：① 从功利性应用出发，明确学习目的；② 运用搜索技巧检索基本的学习资料；③ 运用笔记技巧搭建出该技能的最粗颗粒度框架。

1. 从功利性应用出发，明确学习目的

要将任何一个程序性认知技能达到熟练甚至精通的程度，需要大量练习，但职场上 90%以上的情况，都不会给你预留出这个练习的时间，而要你立马就用。

例如，你从来没用 Excel 做过数据的统计汇总，但领导下午 2 点给你布置了完成当月销售业绩统计表的任务，要求你下午 6 点下班前交给他。

在这种情况下，“需要大量时间练习才能熟练”与“工作中立马就要用”的矛盾就凸显出来。你会怎么解决呢？

这时你绝对不可能从头到尾学习 Excel 的统计分析功能，而要从完成这个销售业绩统计表出发，只学习跟这个任务相关的内容，这样才有可能在下午 6 点下班前交给领导。

2. 运用搜索技巧检索基本的学习资料

程序性认知技能虽然以程序性知识为主，但或多或少包含了一定量的概念性知识。

针对某些技能，在理解了概念性知识后再做，上手的速度会更快，效果会更好。例如，学习下围棋，自己摸索着下跟照着棋谱摆棋盘，肯定是后者学得更快，也学得更好。

而针对另外一些技能，如果不先理解概念性知识，可能压根就不会做。例如，财务出具财务报表的技能。

因此，在动手运用程序性认知技能之前，先检索一下基本的学习资料，做个大致了解，还是会起到事半功倍的效果的。

就像用 Excel 做当月销售业绩统计表，在搜索引擎里检索一下 Excel 的基本汇总示例后再动手，比自己在 Excel 里摸索效率还是要高很多的。

这里特别提醒你，对基本学习资料的搜索不要贪大求全，找到能完成任务的资料即可；同时，对搜索出的资料做大致阅读，知道这份资料的主要内容，实际使用时能找出它即可，这个阶段无须做深入的学习。

3. 运用笔记技巧搭建出该技能的最粗颗粒度框架

如果要学习的程序性认知技能不是一两个点的操作，而是相对完整的一整套技能，如商务 PPT 的制作技能、Photoshop 的操作技能、会计记账技能等，就要搭建一个关于该技能的最粗颗粒度框架。

搭建这个框架是为了构建一个大局观，这样：① 更容易理解组成这个技能的各部分知识；② 更不容易陷入细节中。

例如，在学习商务 PPT 的制作技能前，如果先构建一个整体框架，那么你会更容易知道商务 PPT 的制作技能包括哪些知识，也就更容易结合学习目标明确当前的学习重点，确定今后学习的方向，如图 9-1 所示。

■ 步骤 2　简单入门

完成步骤 1 的内容后，你就已经有了怎么做的参考资料。如果是更完整的一套技能，你还有了一份最粗颗粒度的框架。

接下来就要动手实操了。

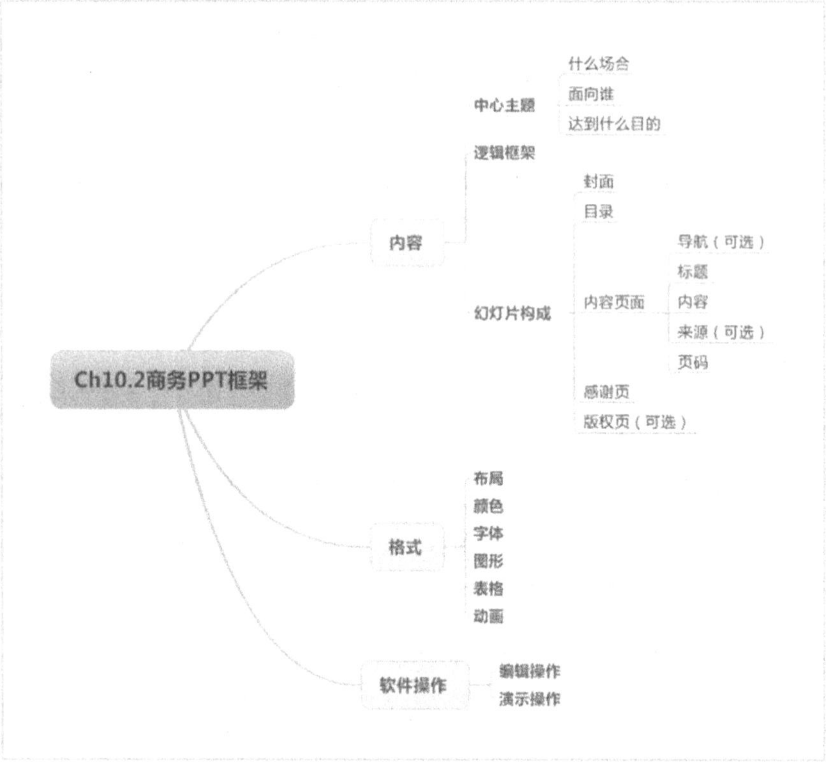

图 9-1　商务 PPT 的最粗颗粒度框架

学习最大的敌人之一就是复杂性。

任何一个稍微复杂的程序性认知技能包含的各类概念性知识、程序性知识都是相当惊人的，你一年甚至三年都不一定能全部学完。

例如，SAP（德国的一款企业管理软件）操作技能，该软件系统里有几千个配置参数，你一年都不一定能全部组合完。

再如，会计做账技能，其中也有大量的知识和技巧，如成本核算和递延所得税计算等。

这时你不能贪大求全，企图一下子全都搞懂再上手，因为那样做一是学习效率低，二是会打击你学习的自信心。

因此，在入门一个新的程序性认知技能时，最好能以最简单的规则入门：先从最简单、最常用的内容入手，再在工作中一点点地增加和深化。

例如，在做当月销售业绩统计表时，可以先用两个销售人员的销售数据做汇总统计练习，而且不做任何复杂的多维度统计，只做简单的汇总。

等这个操作上手后，你对用 Excel 做汇总统计就有基本的经验了，这时再做所有销售人员的数据汇总，之后再加上更复杂的多维度统计，理解难度和操作难度就会大大降低。

■ 步骤 3　迭代深化

经过步骤 1 和步骤 2 之后，你基本能应付最紧急的任务了。

这种功利性学习方法，有助于你快速上手，输出工作急需的成果。但如果这个程序性认知技能是你工作的核心技能，就不能停留在这个程度上，还要继续学习框架中剩余的部分，以及将学过的部分运用得越来越熟练。

要做到这一点，就要求你在每一次应用中，都能有意识地去练习所欠缺或尚不熟练的部分，然后逐步迭代深化。

■ 步骤 4　自然重复

一个技能熟练的人跟新手最大的差别是，新手要经过准备后才能开始做，而且做的效率偏低、效果偏差；而技能熟练的人，几乎不需要任何准备就可以动手，而且效率更高、效果更好。

要做到这一点，就要形成习惯。

我们都知道，习惯的形成依赖于大量的练习，但不幸的是，在职场上你根本没有工作以外的学习时间，而且工作表现越好、职位越高，越是如此。

那么，怎样才能做到在工作很忙的情况下，熟练掌握核心的程序性认知技能呢？

方法只有一个，即将工作和学习合二为一，在工作中练习和重复技能，直至达到熟练和精通的程度。

要做到这一点，你可以采用第 8 章的两个方法：

（1）提炼模板或 Checklist。

（2）整体应用。

总结

人类的技能大致可分为行为技能、程序性认知技能和理解性认知技能。这一章介绍的是程序性认知技能。

程序性认知技能的知识组成以程序性知识为主体，但包括一定量的概念性知识，它有两个主要特点：一是要先理解；二是强调熟练度。

一般人在学习程序性认知技能的时候，容易陷入两个误区，导致学习效率的下降，第一个误区是理解万全后再上手，第二个误区是完全不经理论指导直接上手。

但如果掌握了下面的四个学习步骤，你学习程序性认知技能时就会事半功倍了。

- 步骤 1　基本了解
- 步骤 2　简单入门
- 步骤 3　迭代深化
- 步骤 4　自然重复

下一章，我们以商务 PPT 制作技能为例，演示这四个学习步骤是如何帮助一个毫无经验的人，在一天内真正上手商务 PPT 制作的。

学员感言

深有体会！我以前学习一个新的开发平台的时候，一下子看到那么多内容就会很焦虑，特别是工作上又等着用的时候。看完这一章，我终于知道了要从功利性目的出发，先学习急需的，而且可以先从简单的入门，再在工作中逐步迭代深化。我现在真的对学习充满了信心！

——学员 1

我是做会计的，以前一直以为会计是一种很有技术含量的工作，没想到竟然需要的都是程序性认知技能。想了想这四年的工作，还真是，就是在重复记账、记账、再记账。如果早点读到这一章，我就能早点跳出来，多做一些管理会计的工作了，至少在理解性认知技能的掌握上会比现在好得多。

——学员 2

书外求助

看完了这一章，对程序性认知技能的学习步骤掌握了吗？

例如，哪些技能是程序性认知技能？

步骤 1 中的最粗颗粒度框架，到底应该粗到什么程度？

简单入门，应该简单到什么程度？

扫码入群，即可获得书外求助的机会。记得备注“学习力”！

第10章 程序性认知技能学习示例：一天上手商务 PPT 制作

商务 PPT 是各种汇报、研究报告、管理咨询类 PPT 的统称。商务 PPT 的制作几乎是每个职场人必备的一个技能。

遗憾的是，虽然绝大多数人都学过或做过 PPT，而且网络上各种 PPT 达人、经验分享、视频课程多如牛毛，但能将商务 PPT 做得合格的人依然不多。

有些人在 PPT 制作上花的时间不少，但更多是在某几个细节上的处理很棒，如背景虚化的 PPT 封面、炫酷的目录设计、堪比游戏的动画设计等，整体 PPT 制作的水平却长进不多。

出现这种情况的根本原因，就是没有掌握程序性认知技能的学习方法，导致学习发生偏差，白白浪费了大量的时间和精力。

那么，到底怎样才是正确的学习方法呢？

下面我们一起用在上一章了解的程序性认知技能的四个学习步骤，看看能否在短短的一天内，真正上手商务 PPT 的制作。

第 1 节　步骤 1　基本了解

一般人在学习商务 PPT 制作技能时，最喜欢采取的学习策略是直接在别人的 PPT 文件上进行模仿、修改。

这种方法很直接，能够很快地应付毕业答辩、工作汇报的需要，但弊端很明显。

（1）制作出的 PPT 水平，直接由被模仿的 PPT 文件水平决定。

（2）只模仿到形，模仿不到神，一旦要新增幻灯片或重新做一份 PPT，立马就不会了。

因此，为了真正地入门商务 PPT 的制作，最好能在模仿他人 PPT 之前，花几小时对为什么要做商务 PPT，以及商务 PPT 的基本知识做一个基本了解。

■ 为什么要掌握商务 PPT 的制作

不问为什么要学习这个技能，就动手去学，是很多人在学习程序性认知技能时常犯的错误。

可以回想一下，你在学习或动手做工作汇报 PPT 之前，有没有问过自己这个问题：为什么要掌握这类 PPT 的制作？

我估计有 99%的人没有问过自己这个问题。我之所以这么肯定，是因为我至少咨询过 100 多个人，能回答上来的只有 1 个人。

那么，我们到底为什么要掌握商务 PPT 的制作呢？一般情况下，不外乎三个原因：

（1）可以逻辑更清晰地展现汇报、研究的内容。

（2）通过图表化的展示，可以更突出每张幻灯片强调的重点。

（3）配合口头讲解时，逐张幻灯片演示可以更好地抓住受众的注意力。

你可以将这三个原因代入你的工作场景中，将掌握商务 PPT 制作的原因更为具体化。这样你在后续的学习中，就会更聚焦，所学也更适合应用场景。

例如，假设做 PPT 是为了年底更好地汇报自己的工作业绩，你就可以将做商务 PPT 的理由改为：

（1）可以更有逻辑、更清晰地展现自己的工作业绩。

（2）通过图表化的展示，突出自己的努力和成果。

一旦弄清楚制作 PPT 的理由后，是不是学习目标和重点就明确了——逻辑清晰、突出重点，因此就不会将宝贵的时间浪费在没必要的 PPT 美化和动画技巧中了。

■ 收集基本了解所需的商务 PPT 资料

明确学习目标和学习重点后，就奠定好功利性学习的基础了。接下来从工作应用的功利性目标出发，去搜索商务 PPT 的学习资料。

搜索学习资料最大的难点有两个：一是资料太少；二是资料太多。

PPT 的资料是第二种情况，网络上的各种资料、文章、课程多得都泛滥了，因此你可以做更精确的搜索，以获取内容更匹配、组织更良好的信息。

现在我们的目标是逻辑更清晰、重点更突出，因此你有三种方式快速找到你要的信息。

方式 1　在百度或谷歌搜索类似“如何让 PPT 逻辑清晰”“如何让 PPT 重点突出”这样的关键句，如图 10-1 和图 10-2 所示。

图 10-1　搜索“如何让 PPT 逻辑清晰”

图 10-2　搜索“如何让 PPT 重点突出”

针对搜索出来的结果，再从目标出发做甄别，过滤掉“挂羊头卖狗肉”的内容。

方式 2　在当当或亚马逊上搜索“商务 PPT”图书，如图 10-3 所示。

图 10-3　在亚马逊上搜索“商务 PPT”图书

在当当上的搜索结果如图 10-4 所示。

图 10-4　在当当上搜索“商务 PPT”图书

在搜索图书的时候要注意两点：

（1）如果有可能，同一主题最好买三本由不同作者写的书。因为每个作者都有自己认知和经验的局限，针对同一主题同时看三个人的书，一是有助于我们了解得更全面；二是可以透过他们观点的冲突引导我们做批判性的思考，从而理解得更深刻。

（2）不要只选搜索结果的前几名。各大卖书平台本质上都是商家，一些相关度不高的图书，因为市场推销的需要，也会被搜索出来，而且在搜索结果中还会很靠前。因此，你要多看看收集结果靠后的图书，通过目录和内容简介判断是否是你想要的图书。

方式 3　在一些口碑不错的学习平台上搜索部分在线课程。

例如，在网易云课堂上搜索，你会发现有 14 门与商务 PPT 有关的课程，如图 10-5 所示。

图 10-5　在网易云课堂上搜索“商务 PPT”课程

当然，这些课程中有不少是打着商务 PPT 旗号转卖 Office 帮助手册的，需要你从目标出发，根据课程目录和课程试听，筛选出内容匹配度高的课程。

商务 PPT 因为内容实在太多，因此通过上面这三个渠道的大致搜索，选取其中组织良好的信息作为基本了解的资料来源就可以了。

如果是信息比较少的学习内容，如“社交营销”，就要从更广泛的渠道查找资料。具体做法请参考第 4 章。

■ 快速理解所收集到的内容

收集好商务 PPT 的基本资料后，就要对其快速阅读和理解了。

在基本了解阶段，对于收集到的资料，千万不要逐字逐句地阅读（这是绝大多数人学习程序性认知技能时容易犯的错误），而要采用第 5 章介绍的超速阅读方法。

例如，你通过百度搜索“如何让 PPT 逻辑清晰”，第一页有 10 篇检索结果，其中有文章、有 PPT 讲解、有经验问答。你都要打开并快速浏览，了解每篇的核心意思即可。

通过快速浏览，你大致可以发现，大多数内容都强调首先得让听众明白你的中心思想，再逻辑清晰地展开，如图 10-6 所示。

图 10-6　从百度上搜索“如何让 PPT 逻辑清晰”

连凭借制作炫酷 PPT 起家的秋叶老师，都在强调其实逻辑才是 PPT 制作的核心，如图 10-7 所示。

图 10-7　PPT 制作过程中逻辑的力量

在知乎上，不少人也在提问“如何利用 PPT 把一件事讲得逻辑清楚条理清晰”，如图 10-8 所示。

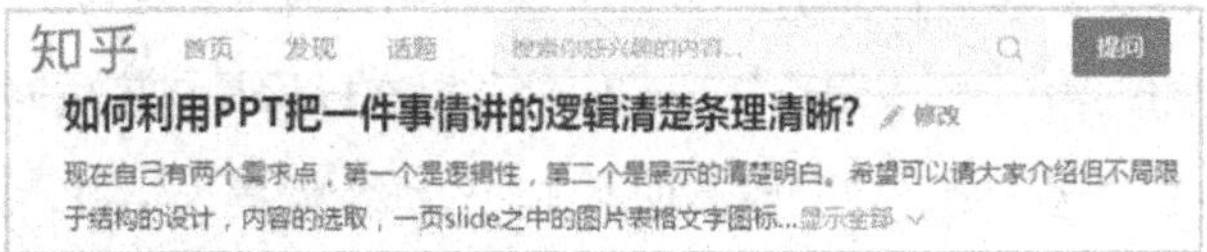

图 10-8　知乎提问示例

第一阶段的快速阅读，进行到这个层次就可以了，因为接下来将学习商务 PPT 的重点，即如何利用 PPT 将工作汇报制作得重点更明确、逻辑更清晰。

如果你觉得网络上的消息鱼目混珠，搜索和辨别起来都很麻烦，那么选择通过图书来快速了解商务 PPT 也是可以的。

不过，在阅读这类软件操作图书时，第一遍千万不要从头到尾、逐字逐句地阅读，否则你会将大量的时间浪费在细枝末节的软件操作和图表加工技巧上。要记得采用第 5 章中的多重阅读法，先看一遍目录，再快速将书翻一遍。有了基本了解后，第二遍再重点阅读与逻辑清晰、重点突出等有关的内容。至于软件操作、图表加工的技巧，知道在哪个章节，等到后面实际应用阶段需要用的时候再回来翻阅即可。

具体如何快速阅读，我以某本书的目录为例，如图 10-9 和图 10-10 所示。

第2章分析情境化——确定演示目标 2 1目标分析 2 2受众分析 2 3资源分析 2 4场景分析 第3章思维结构化——理顺演示逻辑 3 1结构化示例 3 2结构化思维的原则 3 3商务PPT常见逻辑结构 3 4结构化的工具 3 4 1思维导图软件 3 4 2PowerPoint的节 第4章重点突出化——强调演示重点 4 1颜色突出法 4 2标注突出法 4 3文字突出法 4 4归纳突出法 4 5标题突出法	左边这些章节是第二遍可以重点阅读的（用时大约 30 分钟）

图 10-9　某 PPT 一书的阅读方法示例（1）

如果你觉得看书累，而选择了线上课程，那么学习策略基本是一样的。也是第一遍大致拖放课程内容（最多不超过 30 分钟），然后第二遍重点看与逻辑清晰、重点突出有关的内容。软件操作、图表制作技巧的内容可以在以后具体应用时查看帮助获得。

在“基本了解”这一步，我一般不推荐你通过线上课程来学习，原因有两个：

（1）线上课程不利于快速查阅，只能根据老师的节奏一步一步学习。

（2）绝大多数课程不系统，而系统课程的内容很多，时间又很长。

第7章风格统一化——定制我的风格 7 1母版:统一修改相同组件 7 1 1母版的3种类型 7 1 2使用占位符 7 2布局:这样的版式看着舒服 7 2 1布局的原则 7 2 2常见8种版式布局 7 2 3参考线的使用 7 2 4自定义布局 7 3配色:PPT商业色彩的秘密 7 3 1理解颜色 7 3 2PPT配色两大原则 7 3 3咨询公司PPT配色 7 3 4配色工具推荐 7 4主题:设置自己的模板 7 4 1保存主题文件 7 4 2调用自定义主题 第8章演示动态化——使用动画特效 8 1动画效果设置 8 1 1动画计时 8 1 2动画窗格 8 1 3复制动画 8 2SmartArt动画，依次显示流程图 8 3图表动画，实现分颜色上涨 8 4平滑切换，圆形渐变成三角形	左边这些章节基本都是 Office 操作手册的翻译，第一遍阅读的时候快速翻一遍（最多 15 分钟），有个印象即可。 第二遍不用再阅读，等以后实际操作时当字典来用。

图 10-10　某 PPT 一书的阅读方法示例（2）

■ 构建最粗颗粒度框架

学习一个新技能，或者学习一个新概念，首先要构建一个整体框架，这样有了一个大局观后，一是更容易理解，二是更不容易陷入细节中。

经过上一步的基本了解，你就可以较为轻松地构建出商务 PPT 的整体框架，如图 10-11 所示。

你构建的框架没必要跟我示意的完全一样，根据你的理解构建即可。而且，第一遍不要求完美，随着后面三个步骤的不断运用，你自然就能将这个框架逐步完善，完全紧贴你个人的实际需要。

构建完最粗颗粒度框架后，你对商务 PPT 就有整体了解了。这时，你再看那些“PPT 达人”，就能分清楚谁才是真正的“商务 PPT 高手”，谁其实只是“PPT 美工达人”“PPT 动画达人”“PPT 操作达人”，也就知道应该从谁那里取经了。

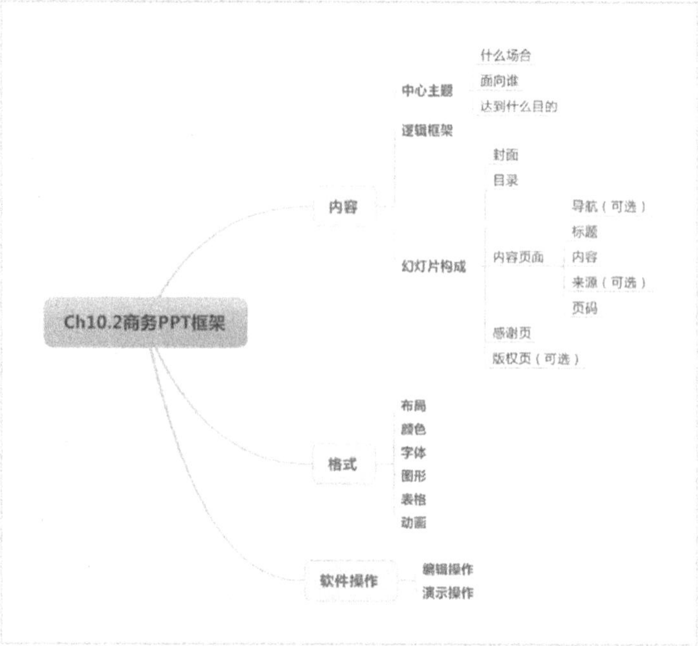

图 10-11　商务 PPT 的整体框架

否则，去找“PPT 图片达人”学习如何做一份逻辑清晰的商务 PPT，就像唐僧去跟大鹏金翅鸟取佛经一样，取回的就是“歪经”了。

经过上面的四个过程，“基本了解”这个步骤的工作就算完成了。

接下来要真正动手制作 PPT 了。

第 2 节　步骤 2　简单入门

复杂性是认知技能学习的最大障碍之一，因此我们一定要学会简化。

经过“基本了解”这一步，你已经知道商务 PPT 制作的重点、主要内容构成、大致的制作步骤了。其中每个部分的内容都相当多，如图表美化的技巧（学一辈子都没有止境），而且有些技巧可能两三年内，甚至一辈子都用不到一次。

因此，一定不能跟着书本、视频课程亦步亦趋地学，因为这种学习方式既费时，又低效。

更有效的学习方式是，掌握最粗颗粒度框架，从最简单规则入门，再在以后的实际应用中反复迭代，也就是逐渐细化和深化。

在入门一个新的程序性认知技能时，最好从最简单的规则入门。例如，学下象棋，掌握最基本的旗子走法即可，至于排兵布阵等知识先不要关注；学习会计软件操作，掌握怎么新建、输入、保存、修改凭证即可，至于凭证的自动生成规则、各凭证间的钩稽关系等先不要关注。

那么，对于商务 PPT 的制作，如何从最简单的规则入门呢?

很简单，从你搭建的最粗颗粒度框架出发，掌握完成一个最简单商务 PPT 所需的规则即可。

参考商务 PPT 的最粗颗粒度框架，我们大致知道要先掌握如下内容：

（1）软件操作上

- 会新建、修改、保存 PPT 文件。
- 会新增、修改、删除幻灯片。
- 会开始和停止幻灯片的演示。

（2）PPT 内容上

- 会画出 PPT 内容的逻辑框架。
- 会制作 PPT 的封面和目录。
- 会填充幻灯片的标题和内容。

（3）幻灯片格式上

- 会做简单的页面布局（三大速成图表化技巧）。
- 会搭配基本的颜色和字体。

有关这三类八点内容，你在“步骤 1 基本了解”中，其实都已收集了多份资料。在动手做的过程中，如果有不清楚的地方，直接查阅即可。

下面我以“如何快速入门商务 PPT”为主题，制作一个简单的 PPT 文件，对上面八点分别做个演示。

1. 软件操作的入门演示

新建一个名为“如何快速上手商务 PPT”的文件，如图 10-12 所示。

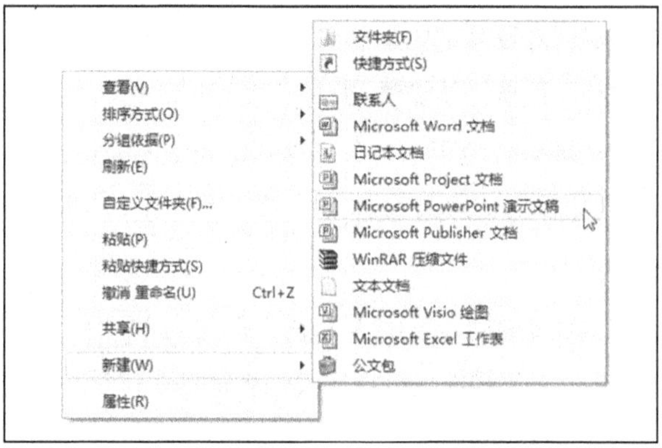

图 10-12　新建 PPT 文件

添加一个幻灯片，修改标题，点击“保存”按钮，如图 10-13 所示。

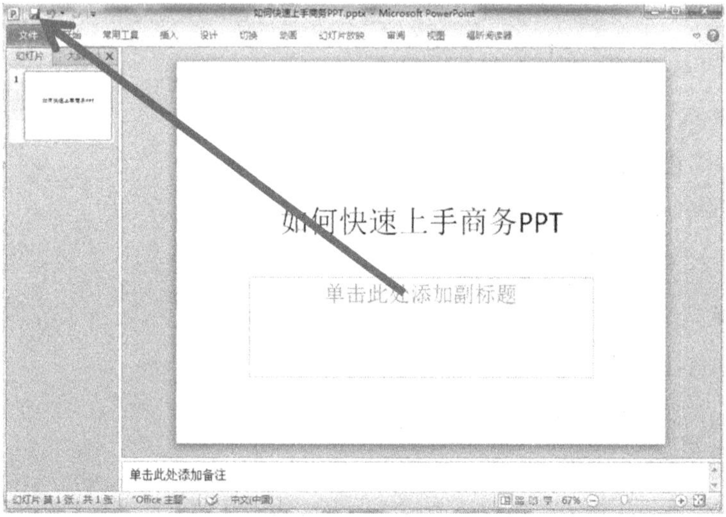

图 10-13　修改标题并保存

按 F5 键，或者点击“幻灯片放映”按钮演示幻灯片，如图 10-14 所示。

按 Esc 键，或者右击鼠标，选择“结束放映”即可退出演示模式。

对于 PowerPoint 软件，在入门阶段掌握以上基本操作就可以了。你看，是不是很简单？最多 5 分钟就能轻松掌握。

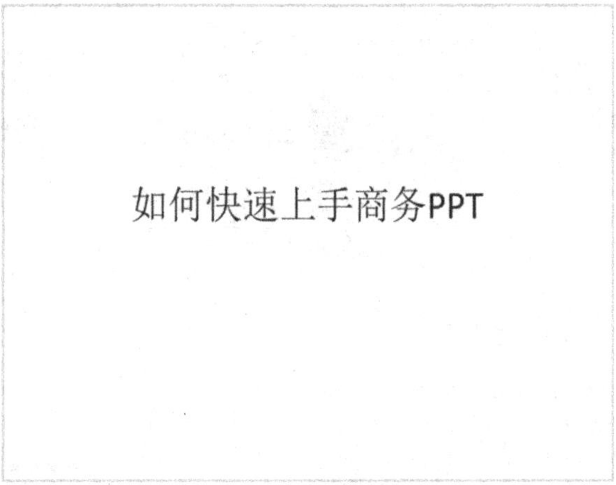

图 10-14　演示幻灯片

2．PPT 内容的入门演示

画出逻辑框架（逻辑清晰的关键）

在动手制作商务 PPT 前，首先要画出 PPT 内容的逻辑框架，就跟在写文章前，先列大纲一样，如图 10-15 所示。

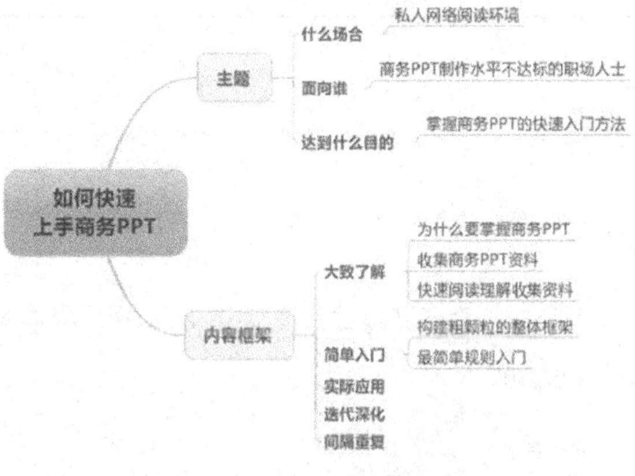

图 10-15　PPT 内容的逻辑框架

这个部分基本就确定了主题、目录，以及每张幻灯片的标题。

制作 PPT 的封面和目录

封面内容就是上一步确定的主题，可以通过副标题来凸显，如图 10-16 所示。

图 10-16　PPT 封面

目录就是逻辑框架的第一层。如果内容很多，需要子目录的话，就扩展到逻辑框架的第二层，如图 10-17 所示。

图 10-17　PPT 目录

填充幻灯片的标题和内容（重点突出的关键）

（1）填写标题。请特别留意，每张幻灯片的标题是商务 PPT 的核心，要重点突出，要用一句话概括出本张幻灯片的内容，如图 10-18 所示。

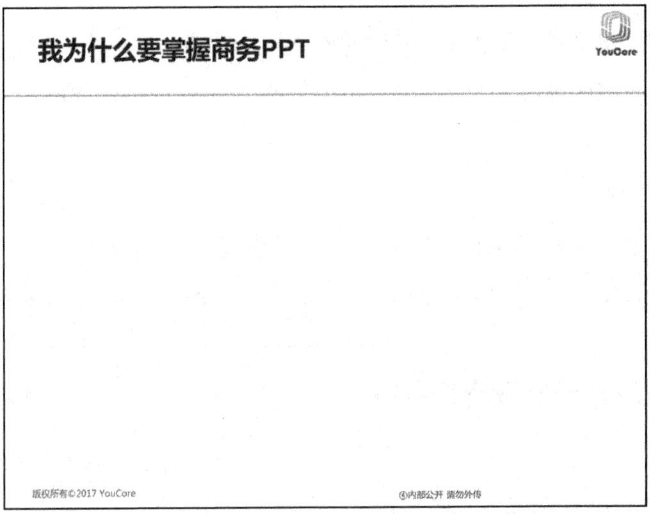

图 10-18　幻灯片的标题示例

（2）填充内容。围绕标题，填充详细的解释内容、推导过程或数据图表等，如图 10-19 所示。

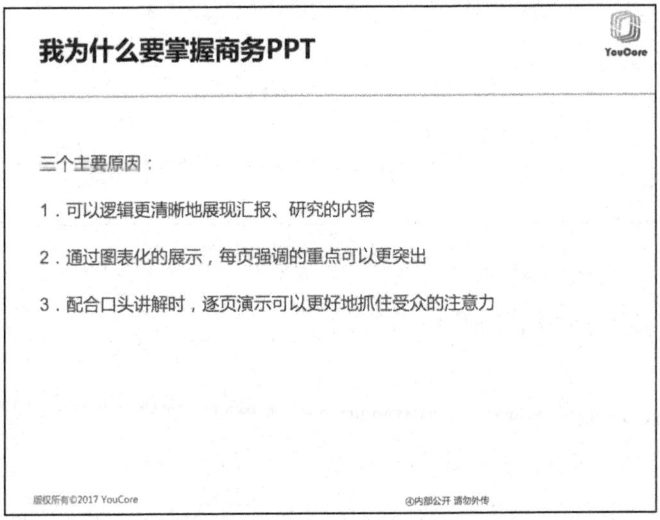

图 10-19　幻灯片的内容示例

这里请特别留意，填充内容时，先关注展示逻辑，再美化格式。这是商务 PPT 与其他类型 PPT 要求不一样的地方。

3. 幻灯片格式的入门演示

幻灯片格式可谓是学无止境，其中的各种技巧足够你学一辈子，这也是绝大多数 PPT 教程浓墨重彩的地方。不过，商务 PPT 强调内容大于形式，因此掌握基本的图表化技巧即可。

简单的页面布局

这个部分的入门水平要求，掌握三个基本的图表化技巧就够了。

技巧 1　加背景。这是最简单上手的一种图表化方法，如图 10-20 所示。

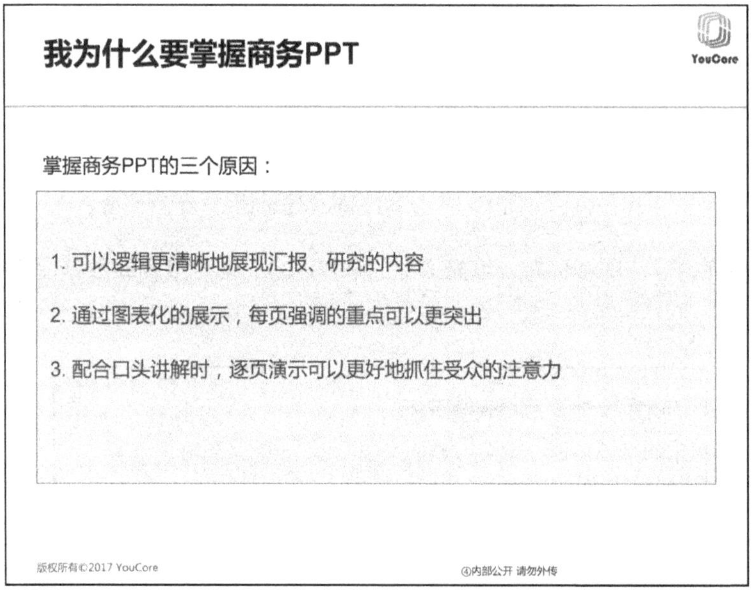

图 10-20　加背景

技巧 2　文字分框块，如图 10-21 所示。

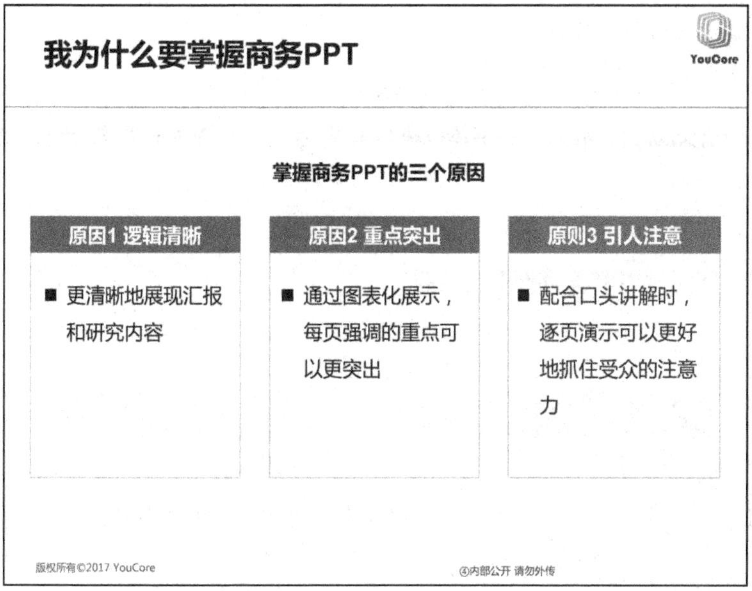

图 10-21　文字分框块

技巧 3　图文结合。左图右文、左文右图、上图下文都可以，如图 10-22 所示。

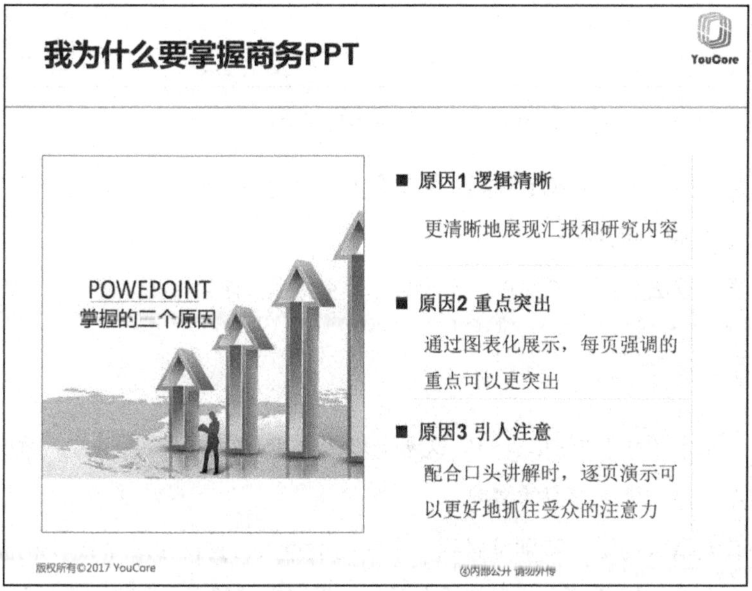

图 10-22　图文结合

搭配基本的颜色和字体

商务 PPT 要求稳重、简洁，颜色和字体不能花哨。

颜色的搭配以少、素为主；字体以微软雅黑为主，保持 1.5~2 倍行距，如图 10-23 所示。

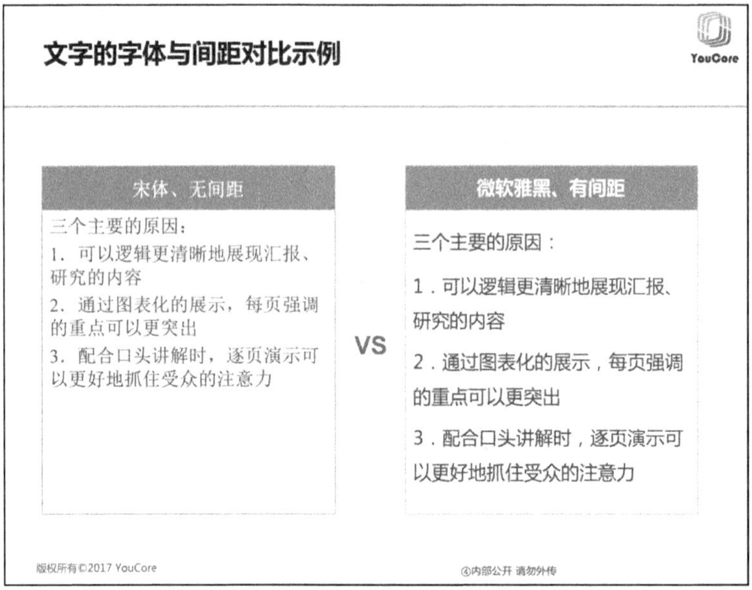

图 10-23　文字的字体与间距对比示例

掌握好上面八个最简单的规则，你就算正式入门商务 PPT 的制作了，稍微熟练点后，就能做到 80 分的水平。

这种学习方法是不是既简单，又全面、高效、深刻？

总结

针对“基本了解”“简单入门”这两个步骤，我介绍的是最复杂的一种情况：完全没人指点、自己摸索学习的情况。

如果有人指点的话，特别是碰到一个好的引路人，这两步完全没必要这么复杂，直接请这个人指点就可以了。如果这个引路人足够高明的话（如我），你花 1~2 小时就可以入门商务 PPT 的制作了。

不过，名师毕竟是可遇不可求的。为了让你的学习能力真正提升，掌握无人指点情况下的快速学习方法还是有必要的。

经过“基本了解”“简单入门”两个步骤，你就算入门商务 PPT 的制作了。接下来的两个步骤——迭代深化、自然重复，就不是一两天能学会的了，而是需要你在工作中持续改善、重复迭代。

学员感言

这个方法不仅可以用于制作 PPT，而且可以用来学习 Word、Excel、OneNote 等。我是在吃饭的时候看这一章的，结果看完饭都凉了。这是我第一次这么投入地看这么一大段操作步骤式的内容。

——学员 1

非常实用，也很有启发性。王老师写的东西就是实用，做 PPT 不是一天两天了，做报告也不是一天两天了。说实话，知道要按某个思路制作 PPT，但从来没有深入思考过这么多。

——学员 2

书外求助

看完了这一章，对程序性认知技能的学习步骤是不是理解得更深了？

除了对商务 PPT 制作技能的学习步骤了然于胸外，你还有没有其他特别想学习的程序性认知技能？

或者，你想不想知道别人是怎么学习其他程序性认知技能的？

扫码入群，即可获得书外求助的机会。记得备注“学习力”！

第11章 理解性认知技能学习方法

前两章我们介绍了程序性认知技能的学习方法，并且以如何在一天内上手商业PPT制作为例，演示了程序性认知技能的四个学习步骤。

从本章开始，你将学习理解性认知技能的学习方法和步骤。

第1节 理解性认知技能的特点和误区

■ 理解性认知技能的特点

1．概念性知识占主体

跟程序性认知技能不同，理解性认知技能是以概念性知识占主体的技能，它更多依靠的是大脑对信息的加工、理解、应用和创造，按程序步骤执行的内容大大减少。

我们平时在工作中经常用到的理解性认知技能有企业战略制定的技能、商业模式设计的技能、解读客户需求的技能、分析消费者行为动机的技能、撰写广告文案的技能、拟定文案标题的技能、基础理论研究的技能等。

2．强调对规律认知的广度和深度

程序性认知技能虽然也以认知为主要基础，但评估一个程序性认知技能是否精湛，熟练度是一个主要指标，如对会计记账技能的评估、制作Excel报表技能的评估等。

但我们对理解性认知技能是否精湛的评估就大为不同了，熟练度不再是主要指标，对其背后规律认知的深度和广度才是主要指标。

例如，你评估一个人消费行为动机分析技能的精湛程度，一定不是以熟练度为标准的，而是以他对各种动力心理学理论掌握的广度，对期望—价值理论、需要层次理

论、归因理论、成就目标理论等这些动力心理学理论理解的深度，以及是否知道它们的适用场合和理论局限为标准的。

■ 理解性认知技能学习上的误区

1. 靠直觉而非相对成熟的框架入门

理解性认知技能涉及大量的概念性知识，而且依赖于个人对这些概念性知识的实践感悟，因此我们在学习一个新的理解性认知技能时，一开始会有很多认知偏差，甚至有认知盲区。

但奇怪的是，在普遍存在认知偏差和认知盲区的情况下，普通人在入门一个理解性认知技能时，往往选择靠自己的直觉来行事，而不是找一个相对成熟的框架做指导。

例如，在制定战略的时候，不是根据一个战略设计框架来推演，而是一拍脑袋，战略目标就出来了；在分析客户需求的时候，不是用一个客户需求分析模型来全面解读客户需求，而是想当然地认为客户要这个、要那个。最后的结果可想而知，往往以失败甚至造成重大损失而收场。

2. 死搬理论，不知变通和改进

理解性认知技能学习上的第二个误区，与第一个误区恰恰相反。他们认识到了理论框架对掌握一个理解性认知技能的价值，却误将这些理论框架当作客观规律，不做任何变通与改进，甚至在错误结果摆在眼前时，会认为是现实错了，而不是理论错了。

例如，一提做市场分析就套 PEST 模型、用 SWOT 分析，哪怕分析出来的结果被一次又一次地证明空、大、泛，但依然不想着做改进，下次还是这样用。

第 2 节 理解性认知技能的学习步骤

现在你已经知道理解性认知技能的特点，以及学习上的主要误区。那么，怎样学习才能快速、高效地掌握这类技能呢?

给你分享一个简单、可行的三步学习法：

- 步骤 1 挑选框架

- 步骤 2　生搬硬套
- 步骤 3　质疑改进

下面我们以消费动机分析技能为例，简单演示这个三步学习法的内容。下一章，我们再以如何快速掌握商业模式设计的技能做一遍完整演示。

■ 步骤 1　挑选框架

消费动机分析技能无论对品牌营销人员、互联网运营商，还是产品经理都是非常重要的一个技能。如果分析不出消费者的内在动机，那么产品设计、品牌定位、市场宣传、运营推广都会无法聚焦。

假如你是一名刚入行的产品经理，第一步你会做什么来快速掌握消费动机分析技能呢？

第一，从前面的学习误区中你应该已经得知，绝对不能靠自己的直觉，用“我觉得”来分析消费者的内在动机。张小龙、周鸿祎对消费动机的直觉判断可能还靠谱，而作为一名刚入行的产品经理，你的直觉基本只能归类为“瞎猜”。

第二，也不能一上来就阅读大量的理论内容，因为从前面对学习误区的分析中你也已经得知，这不现实。职场工作不同于学校的脱产学习，你不可能有很多时间慢慢研究各个流派的理论，而且即使有时间，也容易迷失在各大理论流派的争论中。

在这种情况下，作为一名新手产品经理，相对有效的方法就是挑一个消费动机分析模型，作为入门学习的框架。

那么，怎样才能找到一个相对成熟的消费动机分析模型呢？方法有三种：① 请教有经验的产品经理；② 上网搜索；③ 从经典图书介绍的方法中选取。

例如，我采用的是第二种方法，用百度搜索到了一个模型——Censydiam 消费动机分析模型，如图 11-1 所示。

Censydiam 消费动机分析模型是思玮公司设计的一个模型，用以分析人们做出消费决定时候的行为动机，如图 11-2 所示。

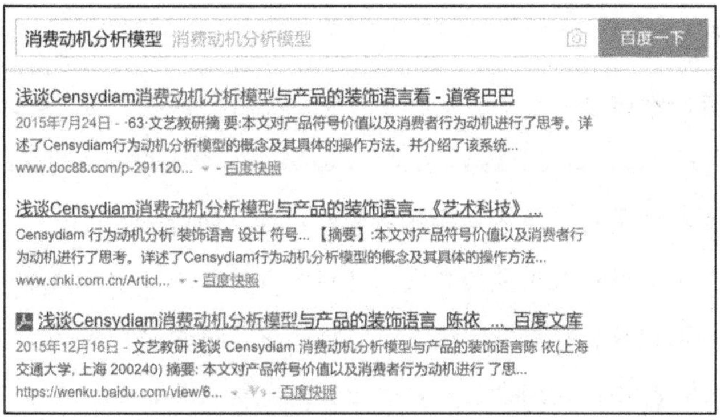

图 11-1 用百度搜索“消费动机分析模型”

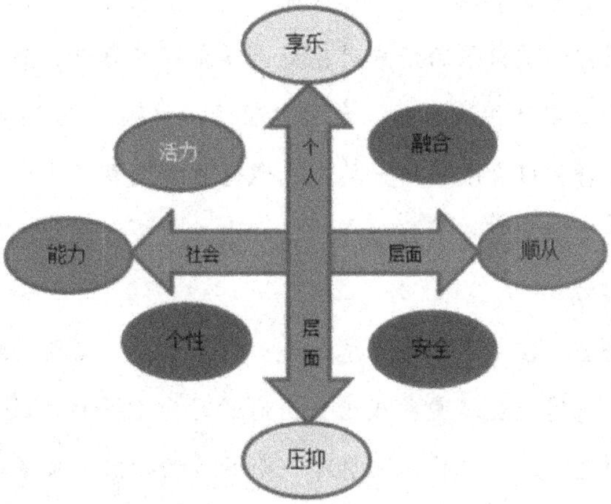

图 11-2 Censydiam 消费动机分析模型

这个模型从两个维度上衍生出八个描述人类消费动机的象限。

1. 两维度

水平维度上描述的是人们在社会层面上解决需求的策略。一个失落的人或许会无意识地选择中庸的产品以求隐藏在群体中，而一个经过奋斗获得成功的人则希望用与众不同的产品向众人确认自己的成功，炫耀所处的地位。

垂直维度上描述的是人们在个体层面上解决需求的策略。一个人产生需求欲望时，可以压制自己的欲望，也可以将其释放出来。压制往往是由对需求的必要性或对满足需求的能力质疑或不确定而导致的。释放则是来源于自信开放的心态。

2. 八动机

通过对上面两个维度的分析，我们可以得到人们在满足需求欲望时的四种基本动机：

动机 1：顺从/归属：在集体中寻找到快乐，从众和谐。

动机 2：能力/地位：表达成功自我，得到他人的赞许。

动机 3：享乐/释放：释放内心欲望，积极享受，探索更广阔的世界。

动机 4：压抑/控制：回到自己的内心世界，克制欲望。

当然，每个人的行为动机不会像以上四个这样单纯，为了减小对人们行为动机分析上的误差，该模型还分析和总结了四个象限之间人们表现出来的行为动机。

动机 5：活力/探索，该象限的用户对花花世界充满了好奇，他们拥抱一切新奇的东西，渴望新的情感，以及挑战自我，自由、激情、冒险、速度总是他们的代名词。

动机 6：个性/独特，该象限的用户总是表现得非常理智，他们也希望自己被他人注意到，众人的关注使他们有一种优越感，但相比于希望体现能力的人，他们还缺少强势和对他人的控制力。

动机 7：舒适/安全，该象限的用户总是关心内心世界，需要得到放松和宁静，希望被保护、被关心，有时候会从童年或过去美好的时光中寻找依赖。

动机 8：融合/沟通，该象限的用户总有一个开放的心态，希望与他人分享自己的快乐，分享友好，易于相处是他们经常得到的称赞。

在这里要特别提醒你，不要太担心选取的框架如果不是最好的怎么办。这个步骤中选用的框架仅仅是用作入门理解的，在后面的阶段中会进一步完善和迭代。

■ 步骤 2　生搬硬套

选好一个框架后，接下来就要尝试应用它。

在首次应用的时候，一定要严格按照这个框架的内容和使用要求生搬硬套。

为什么？

这是因为：① 理解性认知技能中会包含大量的概念性知识，而你此时对这些概念的理解都相当有限，甚至不知道某些概念性知识的存在，难以做出更好的应用；② 只有严格套用，你才能对这个框架有全面的了解；③ 假如结果不如预期（百分之八九十的情况都会如此），你才能根据应用结果分析该框架的哪些部分需要调整和改进，否则你很难判断是框架出了问题，还是你的应用出了问题。

因此，我们在首次应用 Censydiam 消费动机分析模型时，先不要质疑它的准确性和适用性，而是拿一个工作或学习中的实际案例来严格套用一下。

例如，现在我想在深圳某高端购物中心附近开一家奶茶店，主打天然健康概念。

要开这家奶茶店，首先就要划分目标用户群体，分析他们的消费动机，以确定奶茶店的装修风格，奶茶的品类、风味、包装等。

如果把用户群体划分的工作交给你，你会怎么划分呢？

如果靠直觉，一般人很可能做如下划分：

（1）根据用户的目的来分。例如，分为来看电影的、来买衣服的、来聚餐的、来唱卡拉 OK 的等。

（2）根据用户的年龄或职业特征来分。例如，在校学生、22~25 岁的公司白领、25~30 岁的女性白领等。

由于缺乏品牌营销和产品设计的经验，这种靠直觉划分出来的用户群体就很肤浅，很难分析出各群体的共性消费动机。例如，22~25 岁的公司白领，购买天然健康奶茶的动机就有很多，很难统一。

这时，我们就可以尝试套用 Censydiam 消费动机分析模型，看看效果怎么样。

通过用户访谈、问卷调研或数据分析等，我们可以分析出用户的消费动机到底是 Censydiam 八大消费动机中的哪一类。例如，经过聚类分析，我们发现用户的消费动机主要集中在：

- 活力/探索类：对新鲜的事物充满了好奇，这种奶茶之前没喝过，特别想品尝。
- 压抑/控制类：最近想保持身材从而克制住自己的欲望，奶茶口感差点也行。
- 舒适/安全类：听说一般奶茶里的添加剂对人体不好，就想喝天然、无添加的。
- 融合/沟通类：自己觉得这种天然健康奶茶挺好的，就想请朋友一起喝。

你看，即使作为刚入行的产品经理，如果能用 Censydiam 消费动机分析模型替代主观直觉的话，做出来的消费人群动机分析也能深入不少。

这里再特别提醒一下，在这一步使用框架时，一定要生搬硬套，严格地按照框架的要求来填充，因为只有这样，你才能根据应用后的效果来分析这个框架需要改进的地方。

■ 步骤 3 质疑改进

在上一步中，我们反复强调了对框架的应用一定要生搬硬套，到了这一步就需要你全面质疑了。

质疑可以从两个层面开始：

- 应用层面上。根据应用效果的差异（在绝大多数情况下，实践结果与理论之间都有差异）来质疑框架的实用性。
- 理论层面上。探索框架背后理论的来龙去脉，了解和分析这些理论的不足。

1. 应用层面上的质疑

以用户对奶茶的消费动机为例。

假如一个用户的内在消费动机明明是舒适/安全类的，那么她会担心奶茶里的添加剂，但如果一帮朋友都买珍珠椰果奶茶，她购买珍珠椰果奶茶的概率就会很高，因为根据 Censydiam 消费动机分析模型，她会尽量跟集体行为保持一致，在一定程度上压抑自己的真实诉求。

在这种情况下，Censydiam 消费动机分析模型在解释一个用户消费行为背后的动机时就会出现矛盾。

跳出奶茶店的这个案例，我们从更广泛的应用案例中，也能找到 Censydiam 消费动机分析模型难以解释的消费行为。

例如，同样在中国，改革开放前的女性与现在的女性，因为相隔仅仅四十年，人们的心理人格比例应该是相同的，但为何之前绝大多数女性以节俭为第一价值观，而现在绝大多数女性以美丽时尚为第一价值观。

由此可以看出，Censydiam 消费动机分析模型对环境影响的考虑不足，过分强调了个人自我动机。

2. 理论层面上的质疑

除了应用层面上的质疑，还可以从理论层面上质疑。

在第 6 章中，我们学习过概念性知识的理解方法：

- 这个知识的来龙去脉是什么
- 这个知识与其他知识之间有什么联系
- 这个知识有哪三个能用和不能用的场景

因此，关于 Censydiam 消费动机分析模型，我们也可以来“扒一扒”它的前世今生。

Censydiam 消费动机分析模型是原思纬（Synovate）旗下的 Censydiam Institute 于 1997 年提出的，2011 年思纬被益普索集团（Ipsos）收购，现在是 Ipsos Censydiam 品牌增长解决方案的一部分。

Censydiam 消费动机分析模型是以奥地利心理学家阿尔弗雷德·阿德勒（Alfred Adler）的个体心理学为理论基础的，融合了弗洛伊德、荣格的部分理论。

阿德勒从 1900 年开始捍卫弗洛伊德的思想，但后来他与弗洛伊德的理论分歧越来越大，在 1911 年连续发表三篇文章，阐述他对弗洛伊德精神分析性倾向的反对，并于 1912 年提出了“个体心理学”。

阿德勒认为自卑感使人产生对优越感的追求，是行为的原始决定力量。一旦有了自卑感，人就会产生补偿的需要。补偿分为两种：一种是奋起反抗，个体通过脚踏实地的努力以改变自己所处的环境，成为生活的强者，在个人获得成功的同时，也对团体和社会做出贡献，这种积极性心理倾向为权利意识；另一种是顺应，个体放弃了改变环境，在困难面前彷徨、退缩，这表现为安全和归属的需求。

而在个体与社会的关系上，阿德勒认为正常人所追求的不是个人的成功和优越，而是他所生活于其中的那个社会的幸福。他指出，由于社会的分工，人只有参与社会生活才能感到自己的价值，从而引起乐观和自信。人因为对生产做出贡献，才开始理解到他所要克服的个人自卑感来源于社会生活的自卑感。

阿德勒把补偿自卑感的理论与社会兴趣的理论相结合，从而形成了 Censydiam 消费动机分析模型的框架。

抓住了 Censydiam 消费动机分析模型的理论根源后，我们就知道其中的局限了。

阿德勒的“个体心理学”一直未能成为一个被公认的正规的心理学理论体系，但他将人格发展的重点由弗洛伊德生物学定向的本我转向了社会学的自我发展，并且开创了人本主义的人性理论，这有很大的积极意义。

但它也有两个主要缺陷：① 强调的补偿作用，较多重视生理组织方面，而忽视社会文化各方面的影响；② 阿德勒的补偿作用乃为反抗自卑感而来，解释太过消极，忽略了人尚有积极的支配欲。

因此，为了更好地理解消费者的动机，我们最好在 Censydiam 消费动机分析模型应用的基础上，扩充了解一下心理学的动机理论。

通过阅读《普通心理学》《人类动机》《动机心理学》等图书，你就能很快地了解到动机的分析包括生理分析、个体分析、社会分析、哲学分析四个层面，阿德勒的心理学理论处在生理分析和个体分析层面上。

同时，你能了解到目前还**没有任何一个理论能够单独说明我们对行为动机所知道的一切，即便诸如口渴这样看似简单的动机，也可能受到生理、习得、认知以及社会文化因素的影响。**

针对各大影响因素，目前的一些主流心理理论包括：

- 侧重生理因素的心理学理论，有习性学（弗洛伊德的本能理论归属于古典习性学）、进化理论、唤醒机制、生理调节等，阿德勒的学说包含了一部分生理因素的内容。
- 侧重习得因素的心理学理论，包括刺激、模仿、诱因、学习等。
- 侧重认知因素的心理学理论，包括期望—价值理论、人本主义理论（以马斯洛需求层次理论为代表）、从众理论、归因理论等，阿德勒的学说也包含了一部分人本主义的内容。
- 情绪、社会文化因素对动机也有很大影响，这点阿德勒的学说是没有涉及的。

通过以上应用层面和理论层面的质疑，你是不是就很清楚 Censydiam 消费动机分析模型的适用范围，以及可以在它的基础上做哪些改进了？

例如，你至少已经知道：

- Censydiam 消费动机分析模型更适用于消费类行为的动机分析，而不适用于非消费类行为的动机分析。例如，个人的学习动机、企业购买软件的动机都不适合用这个模型。
- Cendydiam 消费动机分析模型更适用于发掘与定位品牌与消费者之间的情感联系，因为阿德勒分析的需求层次更多属于马斯洛需求层次理论中的第三层和第四层——爱与归属的需求、尊重的需求。

- Cendydiam 消费动机分析模型在应用时，如果再加上情绪、环境、社会文化等因素的考量，对消费动机的分析就更完整和准确了。

总结

这一章我们学习了理解性认知技能的特点、学习误区，并且以消费动机分析技能为例，初步了解了理解性认知技能学习的三个步骤：选用框架、生搬硬套、质疑改进。

你可以对照程序性认知技能和理解性认知技能的学习步骤（见表 11-1），看看这两者有何不同，以及为何会有这些不同。

表 11-1　程序性技能的学习步骤和理解性认知技能的学习步骤

程序性认知技能	理解性认知技能
步骤 1　基本了解	步骤 1　选用框架
步骤 2　简单入门	步骤 2　生搬硬套
步骤 3　迭代深化	步骤 3　质疑改进
步骤 4　自然重复	

下一章，我们一起来学习一个更高级、更完整的理解性认知技能——商业模式设计的技能，进一步深化对这三个学习步骤的理解。

学员感言

看完这一章，我发现很多东西其实是相通的。例如，在对理解性认知技能做初步理解时，框架的学习策略就用上了；在学习理解性认知技能时，概念性知识的三个自问就用上了。

——学员 1

我以前最怕学习包含很多概念的技能了，如业务模式设计、市场规划等。但看完这一章后，我发现心里的这种恐惧淡了很多。“可恶”的行业分析师岗位，我重整旗鼓回来啦……

——学员 2

书外求助

看完了这一章，对程序性认知技能的学习步骤掌握了吗？

现在你知道哪些技能是理解性认知技能，哪些技能是程序性认知技能了吗？

为什么程序性认知技能的第一步要明确功利性学习目的、阅读基本资料，而理解性认知技能的第一步就是直接套用框架呢？

你是不是还有其他更多的疑问要提出来探讨？

扫码入群，获得书外求助的机会。记得备注“学习力”！

第12章 理解性认知技能学习示例：快速掌握商业模式设计

李克强总理提出“大众创业、万众创新”后，一股巨大的创业潮就席卷了整个中国。提到创业，就不得不提到商业模式。

所谓的商业模式，通俗的解释就是你到底是如何赚钱的。这对创业而言是很重要的一件事。无论你是想拿投资人的钱，还是想拉人一起干，都需要一个清晰的商业模式。如果商业模式不清晰，创业成功的可能性就要大打折扣。

那么，如何才能设计出一个可行的商业模式呢？

只在理论层面上讲这个问题，显得有点大，也有点空，不如拿一个具体的创业项目来说明，这样更聚焦，也更有参考价值。

例如，现在要你创办一个ERP顾问培训机构，你会如何设计这个商业模式呢？

下面我们就用上一章了解的理解性认知技能三步学习法，看看怎样从零开始，快速掌握商业模式设计的技能。

- 步骤1 挑选框架
- 步骤2 生搬硬套
- 步骤3 质疑改进

第1节 步骤1 挑选框架

要设计商业模式，不能“一拍脑袋”就动手。在上一章关于理解性认知技能的学习误区中已经强调过，对一名新手来说直觉就是“瞎猜”。

不能靠直觉动手，那么该怎么办呢？

磨刀不误砍柴工。这就要运用第2章介绍的框架策略，先找出一个商业模式的框架，依葫芦画瓢做上一遍。

既然要挑选一个商业模式的框架，要不要将有关商业模式设计的理论框架都好好研究一遍，再从中精挑细选一个？

如果这么做，就又陷入了另一个误区：陷入无穷无尽的理论汪洋中，这样既浪费时间，又容易迷失在各个理论流派的争议中。在这个步骤中，你无须将所有理论都比对一遍，而是要挑选出一个相对成熟的理论框架。

那么，怎样才能挑选出一个相对成熟的理论框架呢？方法有三种：① 请教有经验的创业者；② 上网搜索；③ 从经典图书介绍的方法中选取。

例如，我采用的是第二种方法，用百度搜索到了一本书——《商业模式新生代》，如图 12-1 所示。

图 12-1　用百度搜索“商业模式设计模型”

在该书中就有一个商业模式设计模型，叫作商业模式画布，如图 12-2 和图 12-3 所示。

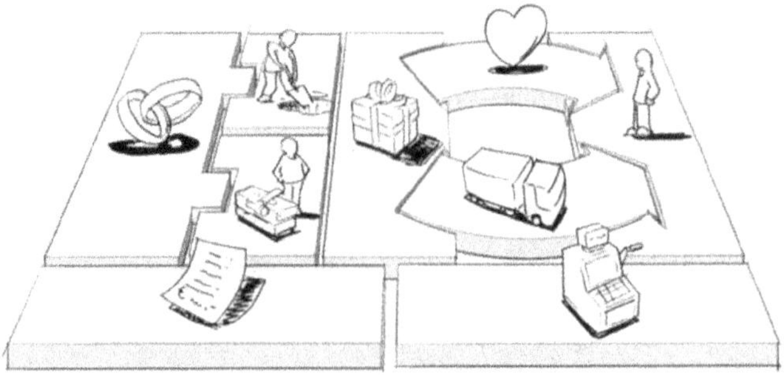

图 12-2　商业模式画布（1）

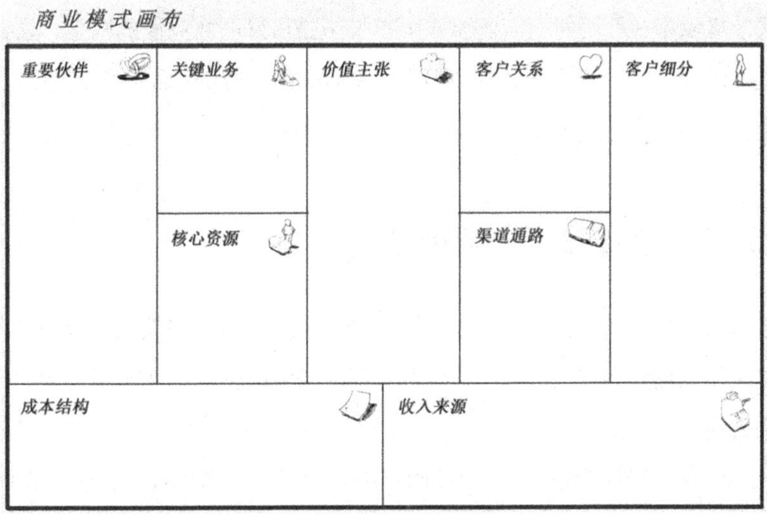

图 12-3　商业模式画布（2）

商业模式画布是本书作者亚历山大·奥斯特瓦德提出的，他是著名商业模式创新作家、商业顾问。

商业模式画布将商业模式分为九个基本构造块，具体包括：

（1）客户细分（Customer Segments,CS）：企业或机构所服务的一个或多个客户分类群体。

（2）价值主张（Value Propositions, VP）：通过价值主张来解决客户难题和满足客户需求。

（3）渠道通路（Channels, CH）：通过沟通、分销和销售渠道向客户传递价值主张。

（4）客户关系（Customer Relationships, CR）：在每一个客户细分市场建立和维系客户关系。

（5）收入来源（Revenue Streams, RS）：收入来源产生于成功提供给客户的价值主张。

（6）核心资源（Key Resources, KR）：核心资源是提供和交付先前描述要素所必备的重要资产。

（7）关键业务（Key Activities, KA）：通过执行一些关键业务活动，运转商业模式。

（8）重要伙伴（Key Partnerships, KP）：有些业务要外包，而另外一些资源需要从企业外部获得。

（9）成本结构（Cost Structure,CS）：商业模式的上述要素所引发的成本构成。

在这个步骤中，不用纠结商业模式画布是不是最好的商业模式模型，只要将其作为商业模式设计入门的初步理解材料即可，在后面的步骤中你还会对其做进一步的完善和迭代。

第 2 节　步骤 2　生搬硬套

挑选出商业模式画布作为商业模式设计的框架后，接下来就进入应用阶段。

在首次使用商业画布时，一定要严格按照商业画布的内容和使用要求生搬硬套。

为什么呢？

在上一节就已经强调过：① 商业画布中包含了不少概念性知识，而你此时对这些概念的理解都相当有限，甚至不知道某些概念性知识的存在，难以做出更好的应用；② 只有严格套用，你才能对商业画布有全面的了解；③ 假如结果不如预期（百分之八九十的情况都会如此），你才能根据应用结果分析商业画布的哪些部分需要调整和改进，否则你很难判断是商业画布出了问题，还是你的应用出了问题。

下面就严格按照商业画布的内容，从创办 ERP 顾问培训机构出发，填充九个基本构造块。

1．客户细分

根据《商业模式新生代》这本书的介绍，客户细分构造块用来描绘一个企业想要接触和服务的不同人群或组织。

那么，这个 ERP 顾问培训机构面向的客户群体有哪些？即培训机构向谁提供产品和服务，谁向培训机构付钱？

初步思考后，客户大致分为两类三种，如表 12-1 所示。

表 12-1　客户细分

客户类型	客户简要说明
学员	有志于从事 ERP 顾问行业的本科或硕士应届毕业生
	5 年以下工作经验的转行者
顾问公司	需要不断补充新人的 ERP 顾问公司

2. 价值主张

根据《商业模式新生代》这本书的介绍，价值主张构造块解决了特定细分客户的困扰或满足了客户需求。每个价值主张都包含可选系列产品或服务。

那么，这个 ERP 顾问培训机构解决了客户的什么困扰或满足了客户的什么需求？又是分别通过什么产品或服务实现的呢？

针对三个细分客户群体，分别整理出的价值主张如表 12-2 所示。

表 12-2　价值主张

客户类型	价值主张	
	客户困扰/客户需求	产品或服务
应届毕业生	起薪高且未来有更多选择的工作	3 个月脱产培训、就业承诺
5 年以下工作经验的转行者	年龄越大职场竞争力越强（可持续发展）的工作	
顾问公司	性价比高的、稳定的实施顾问团队	被培训过的顾问、持续的人才供应

3. 渠道通路

根据《商业模式新生代》这本书的介绍，渠道通路构造块用来描绘公司是如何沟通、接触客户而传递价值主张的。

那么，这个 ERP 顾问培训机构可以通过哪些渠道接触客户，传递价值主张呢？

不同的客户群体可以有不同的渠道通路，如表 12-3 所示。

表 12-3　渠道通路

客户类型	渠道通路
应届毕业生	校园宣讲会、面向大学生的线上自媒体
5 年以下工作经验的转行者	人才中介机构、招聘网站、职场类的自媒体
顾问公司	ERP 产品公司的渠道管理部（有大量顾问公司资源）

4．客户关系

根据《商业模式新生代》这本书的介绍，客户关系构造块用来描绘公司与特定客户细分群体建立的关系类型。

那么，这个 ERP 顾问培训机构，跟不同客户细分群体的关系分别是什么样的？

从实现价值主张的目的出发，应该建立的客户关系如表 12-4 所示。

表 12-4　客户关系

客户类型	客户关系
学员	长期的职业导师（培训前的职业规划、培训中的个性化指导、就业后的职业发展跟进）
顾问公司	稳定的合作伙伴（顾问需求的共同确认、面试招聘的协同、入职顾问的工作跟踪指导）

5．收入来源

根据《商业模式新生代》这本书的介绍，收入来源构造块用来描绘公司从每个客户细分群体中获取的现金收入（需要从创收中扣除成本）。

那么，这个 ERP 顾问培训机构分别可以从不同的客户群体中获得什么收入？

主要收入来源有两种，如表 12-5 所示。

表 12-5　收入来源

客户类型	收入来源
学员	培训费净收入（扣除招生、培训、就业的成本）
顾问公司	人才中介费（收取 1~1.5 个基本月薪的费用）

6．核心资源

根据《商业模式新生代》这本书的介绍，核心资源构造块用来描绘让商业模式有效运转所必需的最重要因素。

那么，为了实现价值主张，获得收入，ERP 培训机构必须具备哪些核心资源？如表 12-6 所示。

表 12-6 核心资源

商业模式运转核心资源	核心资源说明
招生资源	高校资源、有关注量的自媒体资源（累计不少于 100 万个）
培训资源	先进的顾问课程体系、优秀的培训老师
就业资源	有一定量顾问需求的顾问公司（年需求量不少于 1 000 人）

7. 关键业务

根据《商业模式新生代》这本书的介绍，关键业务构造块用来描绘为了确保商业模式可行，企业必须做的最重要的事情。

那么，这个 ERP 顾问培训机构有哪些关键业务是必须开展的？

参考核心资源的分析，至少需要做三类关键业务，如表 12-7 所示。

表 12-7 关键业务

商业模式运转关键业务	关键业务说明
招生业务	开拓高校关系，建立自媒体渠道
培训业务	开发课程，培训老师
就业业务	建立就业渠道

8. 重要伙伴

根据《商业模式新生代》这本书的介绍，关键合作构造块用来描述让商业模式有效运作所需的供应商与合作伙伴的网络。

那么，这个 ERP 顾问培训机构都需要哪些供应商，以及哪些合作伙伴？

从实现价值主张的目的出发，综合考虑核心资源和关键业务，不难发现需要相应的供应商和合作伙伴，如表 12-8 所示。

表 12-8 重要伙伴

核心资源/关键业务	供应商/合作伙伴
招生	高校辅导员、自媒体渠道商
培训	可担任兼职老师的资深顾问、版权课程供应商

续表

核心资源/关键业务	供应商/合作伙伴
就业	ERP 产品公司渠道管理部、顾问公司 HR、顾问公司实施管理部

9. 成本结构

根据《商业模式新生代》这本书的介绍，成本结构构造块用来描绘运营一个商业模式所引发的所有成本。

那么，这个 ERP 顾问培训机构包含的成本结构有哪些?

根据价值主张实现的要求、必备的核心资源、关键业务，以及重要伙伴设计，成本结构如表 12-9 所示。

表 12-9 成本结构

主要成本分类	成本类型	主要成本说明
招生成本	固定成本	自媒体广告投放费
	可变成本	招生中介费、招生提成
培训成本	固定成本	教室租金、课程研发成本
	可变成本	教学人员工资
就业成本	固定成本	—
	可变成本	学员就业补贴（交通、简历、补助）
管理成本	固定成本	办公室租金、IT 系统投入
	可变成本	管理人员工资

至此，商业画布的九个构造块就都填写好了。你可以按照商业画布的构件布局一一填充，如图 12-4 所示。

选用了商业模式画布这个框架后，即使之前从来没有设计过商业模式的新手，也可以比“靠猜”考虑得更全面、更系统。

在这一步使用框架时，一定要生搬硬套，严格按照框架要求填充（就像我严格按照《商业模式新生代》这本书的要求填写一样）。只有在这一步生搬硬套，才能真正找出这个框架需要改进的地方（若有的话），为将来更好的应用做好准备。

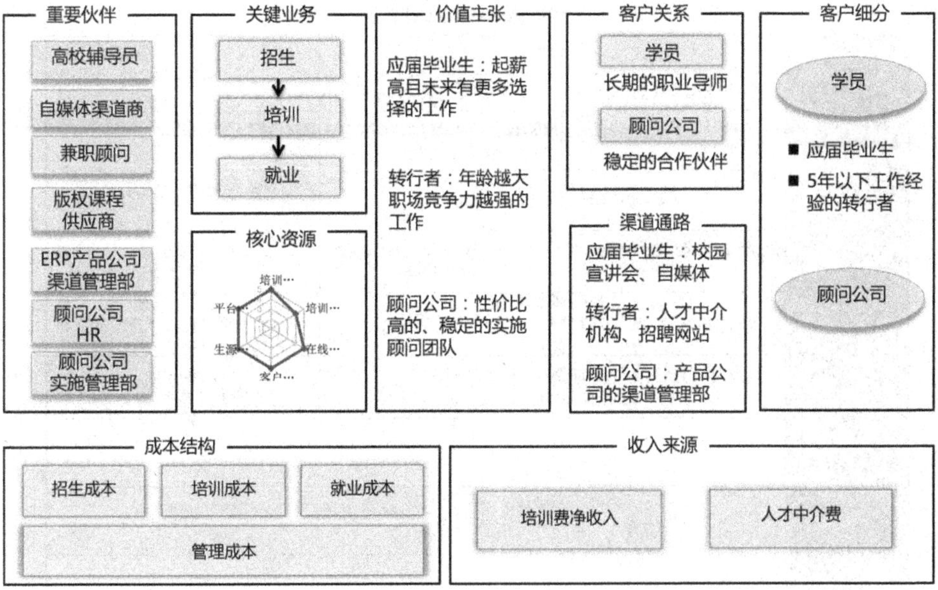

图 12-4　填充完整的商业模式画布

第 3 节　步骤 3　质疑改进

经过上一步的生搬硬套之后，就要对商业模式画布做全面质疑。

根据第 11 章的指导，可以从两个层面提出质疑。

1. 应用层面上的质疑

在使用商业模式画布的时候，你会发现无论是价值主张、渠道通路、客户关系，还是收入来源，都是针对客户细分群体的。但是，在按照商业模式画布填充的时候，这个对应关系就被割裂了，很难被可视化地体现出来。

在《商业模式新生代》这本书中给出的所有商业画布示例中，对价值主张、渠道通路、客户关系都没有按客户细分群体进行展示。

虽然在填充价值主张、渠道通路、客户关系的时候，已经尽可能地按客户细分群体做了区分，但这种体现是非结构化的文字说明，而不是结构化的图形或表格设计。

因此，从更好地体现九个构件的逻辑关系角度出发，可以对商业模式画布的布局做优化调整，如图 12-5 所示。

优化后的商业模式画布			
1．客户细分	学员		顾问公司
	应届毕业生	5年以下工作经验的转行者	
2．价值主张	**困扰/需求**：起薪高且未来有更多选择的工作	**困扰/需求**：年龄越大职场竞争力越强（可持续发展）的工作	**困扰/需求**：性价比高的、稳定的实施顾问团队
	产品/服务：3个月脱产培训+就业承诺		**产品/服务**：被培训过的顾问+持续的人才供应
3．渠道通路	校园宣讲会、面向大学生的线上自媒体	人才中介机构、招聘网站、职场类的自媒体	ERP产品公司的渠道管理部（有大量顾问公司资源）
4．客户关系	**长期的职业导师**（培训前的职业规划、培训中的个性化指导、就业后的职业发展跟进）		**稳定的合作伙伴**（顾问需求的共同确认、面试招聘的协同、入职顾问的工作跟踪指导）
5．收入来源	**培训费净收入**（扣除招生、培训、就业成本）		**人才中介费**（收取1~1.5个基本月薪的费用）
6．核心资源	……		
7．关键业务	……		
8．重要伙伴	……		
9．成本结构	……		

图 12-5　商业模式画布优化

换成这个布局后，是不是逻辑关系更强呢？

其实，只要你在第二步中坚持生搬硬套，严格按照《商业模式新生代》这本书的说明去应用商业模式画布，你还会发现更多可优化的地方。例如，客户关系与价值主张的部分重叠，核心资源只从内部需要出发而未考虑与外部的比较性优势等。限于篇幅关系，我就不一一展开了。

2. 理论层面上的质疑

除了应用层面上的质疑，还可以从理论层面上提出质疑。

在第 6 章中，我们学习过概念性知识的理解方法：

- 这个知识的来龙去脉是什么
- 这个知识与其他知识之间有什么联系
- 这个知识有哪三个能用和不能用的场景

因此，通过分析商业模式画布的前世今生，就能发现它的一些应用局限。

商业模式画布是亚历山大·奥斯特瓦德于 2008 年提出来的，最初起源于他于

2004 年完成的博士论文，如图 12-6 所示。

UNIVERSITE DE LAUSANNE
ECOLE DES HAUTES ETUDES COMMERCIALES

THE BUSINESS MODEL ONTOLOGY
A PROPOSITION IN A DESIGN SCIENCE APPROACH

THESE

Présentée à l'Ecole des Hautes Etudes Commerciales
de l'Université de Lausanne

par

Alexander OSTERWALDER

Licencié en Sciences Politiques de l'Université de Lausanne

Diplômé postgrade en Informatique et Organisation (DPIO)
de l'Ecole des HEC de l'Université de Lausanne

Pour l'obtention du grade de
Docteur en Informatique de Gestion

2004

图 12-6　奥斯特瓦德 2004 年的博士论文

在论文中他提出了一个三层模型：strategic layer（战略层）、business model layer（商业模式层，商业模式画布所在的层）、process layer（执行层）。

他明确指出，商业模式是战略与执行的黏合剂，要把战略转化为商业模式，商业模式再转化为可执行的计划，才可以让战略真正落地，战略是商业模式的源头，如图 12-7 所示。

这个三层的设想很好，但是亚历山大·奥斯特瓦德并没有更详细地说清楚两点：① 从战略层到商业模式层如何转化？转化机制是怎样的？②从商业模式层到执行层如何转化？转化机制又是怎样的？

因此，在使用商业模式画布的时候，你会感觉到战略日标与商业模式似乎有一定的脱节（例如，识别出的细分客户群体都需要吗？不需要的话，筛选标准是什么？）。

It must also be mentioned that there is an ongoing discussion on the difference between strategy and business models (Stähler 2002; Seddon and Lewis 2003). Currently, there are different points of view that differ widely. In this dissertation I will not address this discussion and simply look at a business model as the translation of a company's strategy into a blueprint of the company's logic of earning money. Putting strategy, business models and process models together one can say that they address similar problems (e.g. the one of earning money in a sustainable way) on different business layers (see Figure 6). In general, such a multi-layer approach is quite common in IS.

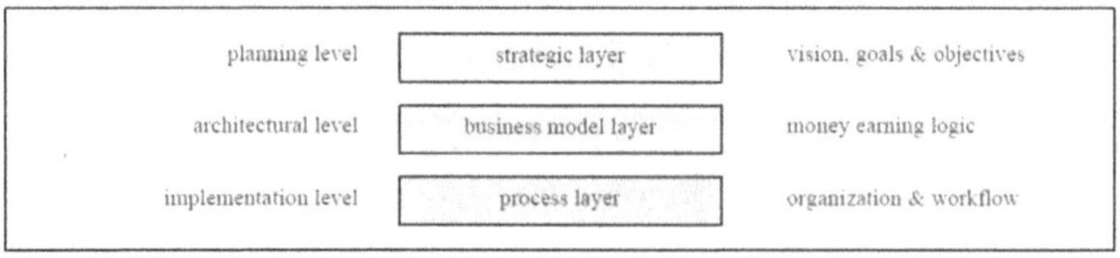

图 12-7　三层模型说明

商业模式画布制作完成后，如何落地执行，似乎有一定的难度。关键业务识别得太粗了，无法落地成任务，也不知道应该搭配怎样的流程、组织和人才。

这可能跟亚历山大·奥斯特瓦德的背景有关。在设计商业模式画布时，他缺少足够的企业实践经验，而且在他后续的工作生涯中，他更多从事的是演讲和顾问工作，因此对战略、商业模式、执行如何一致性连接的细节问题考虑得不足。

知道这个理论缺陷后，就可以进一步检索有没有将战略与执行连接得更好的商业模式设计工具。

还是用这三种方法：① 请教有经验的创业者；② 上网搜索；③ 从经典图书介绍的方法中选取。你会找到另外一个框架——IBM 的业务领先模型（Business Leadship Model,BLM），如图 12-8 所示。

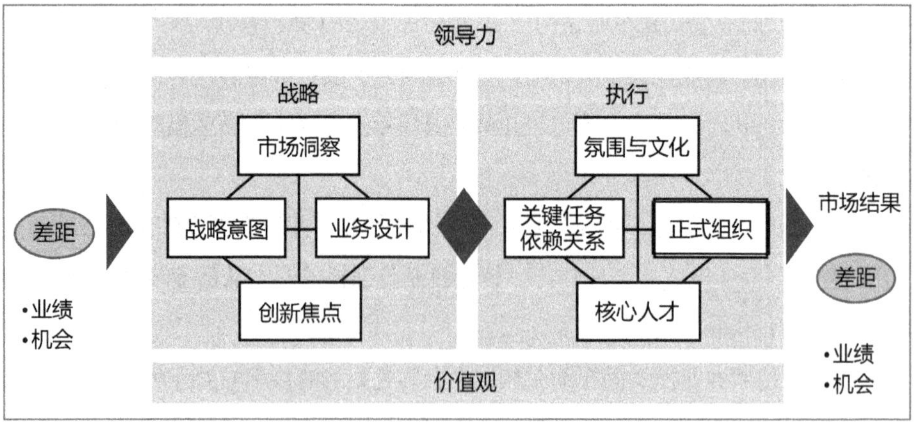

图 12-8　BLM

它是**一套用于战略制定与连接执行的思考框架，相较于商业模式画布，它有两个明显的不同：**

- 以差距为导向，有效连接战略与执行。
- 特别关注支持战略执行的组织能力和一致性问题。

BLM 的“业务设计”相当于商业模式画布，但它将商业模式画布中关键业务和重要伙伴两个构件拆分为设计和执行两个层次：① 一个是在“业务设计”中的“活动范围”，这是商业模式设计层次的；② 一个挪到了执行部分，也就是“关键任务+依赖关系”。

BLM 不仅将亚历山大·奥斯特瓦德论文中模糊的战略层细化为“战略意图”“市场洞察”“创新焦点”，而且给出了这三个要素与“业务设计”之间的连接关系，如图12-9 所示。

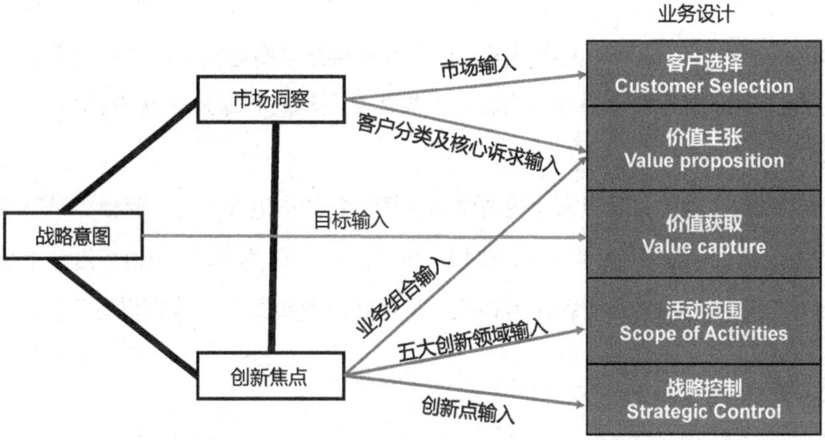

图 12-9　BLM 战略规划三要素与“业务设计”要素的关系

通过更为清晰的操作方法和步骤，BLM 很好地解决了战略与商业模式（业务设计）一致性的问题。

不仅如此，BLM 还充分强调了“业务设计”与“关键任务+依赖关系”之间连接的重要性，给出了两者之间连接的具体操作方法，从而很好地解决了商业模式与执行一致性的问题，如图 12-10 所示。

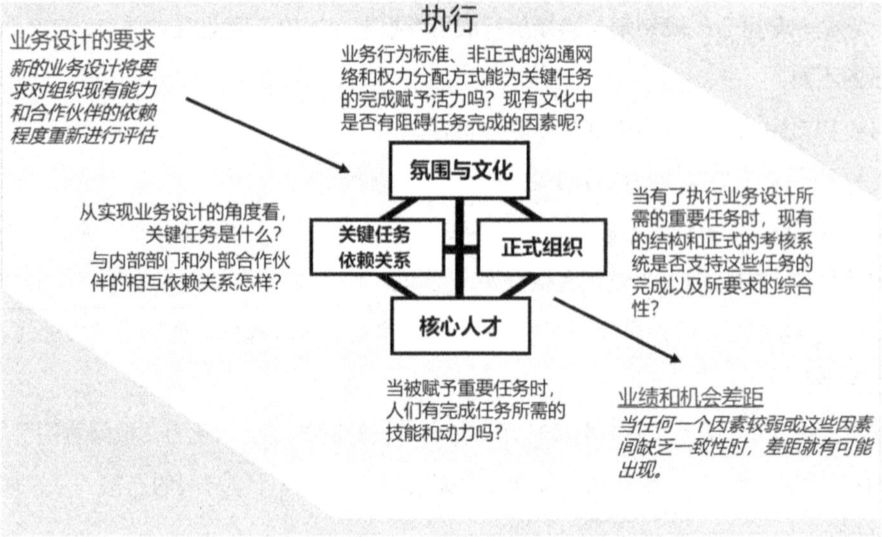

图 12-10　BLM 业务设计与执行的一致性连接

BLM 这套思考框架的内容很多，在这里仅从补足商业模式画布理论不足的部分出发，简单地介绍了很小一部分内容。如果你有兴趣想要深入了解 BLM，可以在网上搜索 BLM 的相关资料。

当从理论层面上去质疑商业模式画布、探究它的前世今生时，就很容易发现它理论上的不足之处：战略、商业模式、执行三者之间的一致性不足。知道了这个不足后，你就会有针对性地搜索新资料作为补充，从而将商业模式画布改进得更完善。

总结

这一章我们以一个更复杂的理解性认知技能——商业模式设计技能为例，完整演练了理解性认知技能的三步学习法：

步骤 1　挑选框架。挑选了商业模式画布作为商业模式设计技能的初始框架。

步骤 2　生搬硬套。严格按照商业模式画布九个构造块的要求，逐一完成了填充。

步骤 3　质疑改进。分别从应用层面和理论层面对商业模式画布做出了质疑。

在应用层面上，对商业模式画布的九个构件的逻辑关系做出了质疑，并由此对商业模式画布的布局做了优化。在理论层面上，按照概念性知识的三问，分别从来龙去脉、知识之间的联系，以及三个能用和不能用的场景做了分析，并引出了 BLM。

学员感言

以前我总觉得商业模式设计这种技能非常高级，也非常神秘，诸如我这样的人离这种技能应该“八竿子都打不着”。没想到现在创业了，硬着头皮也要上。用这一章的三步学习法试了试，没想到三个多小时就做了一份还过得去的商业模式初稿。

——学员 1

我最近刚升职，公司让我带一个十来个人的小团队开发一个新的在线餐饮品牌。刚接到这个任务时，我真是一脸茫然，完全不知道应该怎么着手，就觉得千头万绪，要做的事情很多，但又不知道如何分工。用了这一章的三步学习法，难题迎刃而解，现在新的业务已经上线了，团队也配合得不错。不得不说，这个理解性认知技能的三步学习法真的很牛！

——学员 2

书外求助

看完了这一章，对理解性认知技能的学习步骤是不是理解得更深了？

你想不想知道如何用这个三步学习法学习 BLM？

或者，除了用户消费动机分析技能、商业模式设计技能，你还想用这个方法掌握更多其他的理解性认知技能吗？

扫码入群，即可获得书外求助的机会。记得备注“学习力”！

第13章 行为技能的学习方法

关于程序性认知技能和理解性认知技能，通过商务 PPT 制作技能的四大学习步骤，以及商业模式设计技能的三大学习步骤，我相信你已经基本掌握了。

本章会介绍一种新的技能类型——行为技能的学习方法和步骤。

第 1 节　行为技能的学习要点

■ 行为技能的特点

1. 程序性知识占主体

行为技能，是指以程序性知识为基础，经过学习和训练将一系列动作以完善合理的方式组合，最终趋于高度自动化时形成的一种技能，它占用的认知资源较少。

我们平时在工作中经常见到的行为技能有护士打针、流水线工人的生产线作业、年会上唱歌或弹奏乐器等。

相对来说，写字楼里的白领工作中包含的行为技能比较少。下面我以大家熟悉的体育运动为例进行说明。

2. 强调动作的熟练度与准确度

评估一项行为技能是否精湛，主要指标是熟练度和准确度。

例如打乒乓球，我们发球能做到把球发过去、能上台、不下网就心满意足了，而乒乓球高手可以达到什么样的程度呢？关于“不会打球的胖子”刘国梁，网上有一段视频。视频展示的是，球员平握球拍，距离球网上方不到 10 厘米，刘国梁却能做到每个发球穿隙而过，令人惊叹，如图 13-1 所示。高手不仅能做到把球打上台，还追求球的落点。

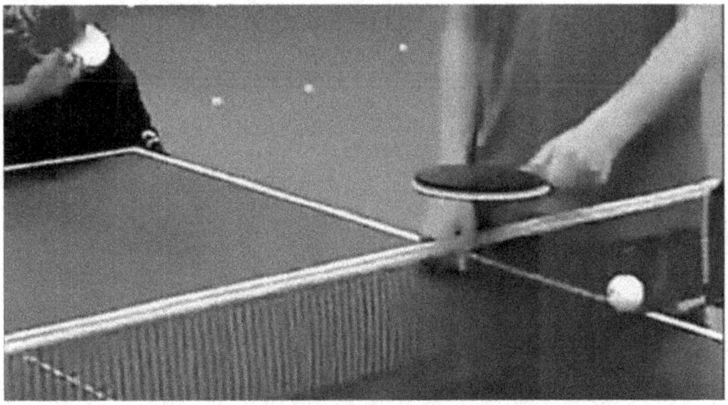

图 13-1　熟练度与准确度（乒乓球示例）

■ 行为技能学习上的误区

1. 靠直觉而非模仿专业示范入门

行为技能涉及大量的程序性知识，而这些程序性知识经过前人不断地实践与改造，已经形成了比较成熟的框架。由于行为技能的特殊性，这些框架就体现在专业选手的外在动作中，模仿专业选手就等于运用这些框架，这样学习效果才可以事半功倍。

而在实际生活中，很多人在入门一个行为技能时，觉得只是做做动作，比较简单，很容易凭直觉去做，结果事倍功半，而且由于动作不规范，容易使身体受伤。

例如，打羽毛球，很多人觉得打得远就是因为力气大，为了打得远，手臂挥得都要脱臼了。但旁边练习场上的八九岁的小女孩轻轻松松打得都比自己远。

2. 盲目模仿，没有量力而行

在三大学习策略之一的功利性学习中，我们强调，要确定学习的范围和顺序。由于行为技能的特殊性，虽然框架就体现在专业选手的外在动作中，但有的动作难度较大，无法直接模仿。

例如，学习骑自行车，虽然看别人骑得很轻松，但是自己直接模仿，很容易摔得鼻青脸肿。

3. 一味重复，没有细化改进

行为技能的第三个误区，比前两个误区更加隐蔽。人们认识到了框架，就是认识到了模仿专业示范的价值，也做出了动作，但是当模仿之后效果不佳时，就会简单归因于自己不熟练。于是盲目重复，而不是将动作细化分解，发现隐蔽动作以做改进。

例如打羽毛球，自己感觉已经完全模仿了专业视频里的动作，但还是效果不佳，原因也许是握拍的手指位置不对。

第 2 节 行为技能的学习步骤及举例

现在我们知道行为技能的特点，以及学习上的主要误区了。那么，要怎样学习才能快速、高效地掌握这类技能呢？

按下面四个学习步骤来做就可以：

- 步骤 1 挑选对象
- 步骤 2 量力模仿
- 步骤 3 分解简化
- 步骤 4 局部细化

我以打羽毛球为例，给大家做个慢动作分解演示。

■ 步骤 1 挑选对象

这个步骤是要先挑选一个模仿对象。

应该挑选怎样的模仿对象，这就要从你的学习目的出发了。

例如，我周末想和同事进行羽毛球比赛，但是自己羽毛球打不远，这时我就可以确定我的学习目的是“如何能让羽毛球打得更远”。

明确了学习目的，有了功利性学习目标后，接下来就是从这个目标出发，选择一个合适的专业示范来模仿。

选择的方法有三种：① 请教羽毛球教练；② 上网搜索；③ 从经典图书介绍的方法中选取。

例如，我采用第二种方法，用百度搜索“如何能让羽毛球打得更远”，如图 13-2 所示。

图 13-2　用百度搜索“如何能让羽毛球打得更远”

既然是行为技能，最好能有视频模仿，效果会更好。选择百度视频，可以看到其中有羽毛球的教学视频，如图 13-3 所示。

图 13-3　用百度搜索视频“如何能让羽毛球打得更远”

视频中有教练的示范动作，有的还有教练的讲解。你不用担心教练讲解得是否全面，因为这里只是入门模仿的示范动作，在后续阶段还会根据需要做补充。

■ 步骤 2　量力模仿

选择好模仿对象后，接下来就要开始尝试模仿了。

例如，在一段视频中，教练告诉我们如何正确地挥拍（以右手持拍为例）。

第一步　举拍。首先侧身，两脚分开，举拍的时候，右手要做到拍面朝前、面对球网，小臂与大臂成 90 度直角，大臂与肩膀平行，手腕竖起来。左手比右边的手臂高一点。

第二步　引拍。引拍的时候，身体与手肘一起转身，球拍自然向后倒。

第三步　导拍。小臂内旋发力击球，球拍在接触球的瞬间握紧球拍，击球后球拍自然顺势放置在身体的左侧。

你按照举拍、引拍、导拍进行模仿后，怎样判断自己模仿得对不对呢？

你可能会说，直接看球是不是打得比原来远了。这是从结果出发，但有可能结果是比原来好一些，但你的动作没有完全模仿正确。

除了看结果，你还要将你自己动作的过程与模仿对象进行比较。当局者迷，你自己看不到整个身体的动作。因此你可以采用这两种方法：① 让别人看你的动作，与模仿对象进行比较。② 用手机把自己的动作录下来回放。

第二种方法效果更好，可以清楚地看出来自己模仿的差距在哪里。

这里特别提醒你，在模仿的时候，一定要量力而行，防止对自己造成不必要的伤害。

经过量力模仿这一步，相信你的羽毛球已经比开始时打得更远了。

■ 步骤 3　分解简化

在步骤 2 中，我们强调了在模仿视频动作的时候要量力而行，因为有的动作会有危险。

例如骑自行车，自己独自学习，模仿整个骑车动作，是很容易摔伤的。

所以一般是亲戚朋友扶着你的自行车后座，你一边骑，他们一边跟在后面跑，帮你保持自行车的平衡。

我当时学习骑自行车的时候，没有找人帮我扶着自行车后座，没有摔跤却学会了。

怎么做到的呢？

我采用了分解简化的方法。

为什么骑自行车容易摔跤呢？因为这个动作本身对初学者难度太大，既要控制自行车龙头，又要两脚踩踏板，踩踏板的时候，身体的移动，导致龙头的控制就更难了。

于是，我将整个动作进行了分解简化。

首先只考虑控制自行车龙头。

这里就有个问题，即在自行车行进中，控制龙头才有难度，静止的则没有意义。但怎么样才可以获得行进的动力，而不需要踩踏板呢？

我想到了一个办法：找一个比较平坦的下坡，这样根本不用踩踏板，自行车就可以动起来，这时我就可以把注意力只放在控制自行车龙头上。注意，找一辆坐垫不要太高、没有横杠的自行车，这样即使控制不住龙头的时候，也可以及时下车或单脚撑地。

经过这样的学习方式，很快我就对龙头的控制有感觉了。

当龙头控制没有问题后，再从下坡切换到一个平地上，加上踩踏板的动作，就简单多了。

还有一种情况，模仿的动作本身没有危险，但就是难度太大，以至于无法严格按照框架完成完整动作。例如，打羽毛球时我连球都打不到该怎么办？

所以除了分解动作，还要降低动作的难度。

如果按照视频的动作模仿，连球都打不到，这时候就可以分解简化为以下动作。

动作 1 握拍

先从最基本的握拍开始，这就和吃饭要知道筷子怎么拿，写字要知道笔怎么握一样。

大部分初学者的握拍动作都是错误的，把羽毛球拍当作苍蝇拍来握。正确的握拍方法应该和握菜刀切菜的手法是一样的，球拍对应刀面，球框对应刀背，虎口一定要对准刀背，也就是球框。

动作 2 握拍击球

握拍没有问题后，再加大一点难度。

原地握拍，连续向上击球，争取不要让球落地，击球次数越多越好，这样可以提升球感。

动作 3 无拍动作

握拍掌握了，原地击球也可以做到了，有了这些作为基础，就可以回到高远球的动作了。

一开始，还是分解简化，只做最简单的动作，不要球，连拍子都不要。按照举拍、引拍、导拍三个步骤徒手做动作。

动作 4 无球动作

无拍动作没有问题后，这时可以加上羽毛球拍做动作，但还是不要考虑球。

要保证拍子击球的效果，拍面要正，可以尝试面对墙，看挥拍时拍面与墙的角度。

动作 5 击打吊球

无球动作掌握后，下一步就可以加上球。

开始为了降低难度，把羽毛球用一根绳子吊在固定的位置，进行击打。这样虽然加上了球，也比较简单。

动作 6 固定位置喂球

固定吊着的球没有问题了，下一步就是找一个朋友固定发球到某一个位置，你看自己能不能做出高远球的动作并打到球。

动作 7 多位置喂球

如果固定位置学会了，下一步就可以改变位置，让朋友发球到场上的任意位置。

这时候基本上是实战的节奏了，在这样的情况下能打得远，实战也没有问题。

原来的动作难度可能像爬一座大山，但经过这样的分解简化，就变成了爬一级一级的台阶，学习的坡度小了很多，不知不觉就把大山的难度给攻克了。阶段性的成就感还可以保持自己的信心，让自己不至于半途而废。

■ 步骤 4 局部细化

经过前面三个步骤，你已经可以模仿做出完整的动作。如果对自己要求比较高，还想进一步提升，就可以做步骤 4 局部细化。

在步骤 2 中，我们强调一定要一丝不苟地模仿视频动作，但视频的信息是有限的，有些动作细节很隐蔽，教练没有介绍，从视频中也看不清楚。

例如，视频中提到在击球的瞬间握紧球拍，这就令人纳闷了，一开始不握紧球拍，球拍不就掉下来了吗？

这时，你可以搜索羽毛球球拍的握法是怎么样的，如图 13-4 所示。

图 13-4　用百度搜索“羽毛球 球拍 握法”

原来握拍的时候，拍柄要和手心空出来，发力的时候才握紧。这样做主要是为了变换手法，切换正反拍，就像握笔要放松，运笔才自如。

握拍的问题解决了，但可能打着打着，你发现自己打的距离是比以前远了，但为什么别人比自己轻松很多？

一查才发现，原来和发力的方式有关。正确的打球节奏，是一松一紧，开始放松，在击球的一刹那收紧，有一种“鞭打”的感觉。

经过这样局部细节的不断优化，你模仿的效果就能更上一层楼。

到这里就已经完整掌握行为技能学习的四个步骤了：挑选（模仿）对象、量力模仿、分解简化、局部细化。

总结

评价一项行为技能是否精湛的标准，是熟练度和准确度。

但不少人在学习行为技能的时候，容易陷入三个误区，导致时间花了很多，但熟练度和准确度的提升有限：

- 靠直觉而非模仿专业示范入门。
- 盲目模仿，没有量力而行。
- 一味重复，没有细化改进。

针对这三个误区，我以如何掌握打羽毛球的技能为例，演示了行为技能的四个学习步骤：

- 步骤 1 挑选对象
- 步骤 2 量力模仿
- 步骤 3 分解简化
- 步骤 4 局部细化

学员感言

没想到，打个羽毛球还有这么多门道。看来学习方法真是无处不在，难怪我打了这么多年，羽毛球水平都没啥长进。

——学员 1

行为技能虽然与认知技能有很大不同，但有一些学习方法是相通的，如功利性学习、框架，以及降低难度对动作做分解简化等。

——学员 2

书外求助

看完了这一章，是不是又多掌握了一种技能的学习步骤？

除了打羽毛球，你有没有其他想掌握的行为技能？或者你想不想看看别人是如何掌握更多行为技能的？

扫码入群，获得书外求助的机会。记得备注“学习力”！

第14章 综合运用：如何快速切入一个新行业或新领域

在前面的13章中，我们一起了解了三大学习策略（第1~3章）、五类学习技巧（第4~8章），并且通过三类不同技能的学习演示了如何综合运用这三大学习策略和五类学习技巧（第9~13章）。

这一章我们会对前面了解的学习策略、方法、工具、技巧做更加综合的运用，一起学习如何快速切入一个新行业或新领域，从而帮助你：① 对这些策略、方法、工具、技巧做到更加融会贯通；② 具备更好的职场横向迁移能力，赢得更广阔的职场发展空间。

第1节 需要避开的三大陷阱

一般人在转入一个新的行业（如从生产制造业转到物流行业），或者转入一个新的业务领域（如从财务转为销售）时，往往会觉得不顺利：① 要么工作成绩一落千丈，原先很多有效的做法似乎一下子都失效了；② 要么上手新工作特别慢，感觉跟刚开始工作的人一样，什么都要重新开始；③ 要么感觉要学的新东西太多，怎么学都学不过来。

之所以会出现这样的情况，主要跳入了下面的三大陷阱之一。

- 生搬硬套先前知识或先前经验；
- 把自己当“一张白纸”，完全从零开始；
- 贪大求全，想“毕其功于一役”。

■ 陷阱 1　生搬硬套先前知识或先前经验

转入一个新行业或新领域时，最常见的问题就是生搬硬套自己先前的知识或经验。

例如，我曾认识一位长期从事生产车间管理的车间主任，转行管理销售团队后，认为销售业绩不理想是因为销售人员太散漫，每天去了哪儿、干了什么没人管，于是开始做考勤管理，每天要打卡、要书面汇报见了哪些客户、谈了什么内容，结果人是不散漫了，但销售业绩不但没有提升，反而暴跌 2/3。

这就是生搬硬套老经验的结果，没有考虑销售人员与车间人员的工作性质的不同。

销售人员是以目标为导向的，需要充分发挥个体能动性，而车间人员是以过程为导向的，需要确保生产过程中每个细节都不犯错。盲目套用自己先前的“成功管理经验”，将销售人员当车间人员来做过程管理，结果只能是越管越差。

因此，在转入一个新行业或新领域时，千万不能盲目套用先前的经验做事，而应该先对新行业或新领域做一个整体的了解，构建出一个框架，哪怕是最粗颗粒度的那种。在这个框架的指导下系统地比较新工作与原工作的异同，这样才能知道哪些知识和经验可以照搬照用，哪些需要改造后才能用，哪些不能再用。

■ 陷阱 2　把自己当“一张白纸”，完全从零开始

与上一个表现相反，有人在进入一个新行业或新领域时，完全将自己当作“一张白纸”，先前的知识和经验一点不用，一切都等着别人重新教，最常用的口头禅就是“这个我没做过”“这个我不会”。

事实上，最新的发展心理学研究证明，哪怕就是刚出生的婴儿都不是一张白纸，他们对基本的物理现象是有认知的。例如，一个物体要用手去推才能动，如果没有推就动了，他们就会表现出很大的好奇心。

既然连婴儿都不是白纸，那么转行或转岗的我们，就更不应该是白纸了。

建构主义者认为，所谓的学习，就是个体对知识的不断建构。建构就是带着先前知识和经验来理解新环境和新事物，并且根据新的认知，不断地修正先前知识和经验，总结出更完善的知识体系，以便今后更好地学习、理解和应用。

如何才能更好地运用先前知识和经验，以及更好地建构新的知识和经验呢？

如果先前知识和经验组织得越有条理（框架体系完整），被提炼得更为本质和通用（可迁移性），那么在进入一个新行业和新领域时，可以复用的先前知识和经验就越多，上手就越快。

但如果先前知识和经验杂乱无章（结构不良），并且都是非通用的定制版（如基于公司特定软件的某个操作经验），你自己又不知道这些知识和经验的使用前提（可迁移性差），那么你进入一个新行业和新领域后，能够复用的先前知识和经验就会很有限，上手就会慢很多。

同理，进入新行业或新领域后，如果你能构建出体系完整、条理清晰的框架，将新的知识和经验融入其中，那么无论是熟悉这份工作还是未来做下一份工作，你都会得心应手。

■ 陷阱 3　贪大求全，想“毕其功于一役”

与前两种陷阱不同，第三种陷阱更多会在“努力”的人身上发生。

他们知道进入一个新的行业或领域后，不能生搬硬套先前知识和经验，也知道不能像一张白纸一般等着别人来教，需要自己尽快掌握新行业或新领域的知识，因此他们往往恨不得一下子就能学会所有内容。

于是，在避过了前两个陷阱的同时，他们“成功”地踏入了第三个陷阱：贪大求全，想“毕其功于一役”。

其实，随着人类知识和科技的爆炸式发展，任何一个行业或领域的知识都如浩瀚的汪洋一般，特别是还在继续发展的行业和领域，如 IT、AI 等，知识新增的速度远远大于一个人学习的速度。

因此，这种想一下子掌握行业全部知识和技能的想法，既不现实，又会因为做不到而过度焦虑，甚至会因挫折导致自卑心理。

跳出这个陷阱的最佳做法就是功利性学习，在搭好整体框架的基础上，紧紧围绕工作需要，先学急用的和基础的内容。在时间和精力允许的条件下，再填充框架中其他空白的部分。这个填充过程可能是几个月，也可能是几年，甚至一辈子。

以上就是我们在进入一个新行业或新领域时最容易跳入的三个陷阱。

其实，如果你能综合运用前面 13 章中介绍的学习策略、方法、工具和技巧，那么跳出这三个陷阱，轻松转行也并非难事。

接下来我们就通过五大学习步骤，综合掌握进入一个新行业或新领域的学习方法。

第 2 节　进入一个新行业或新领域的五大学习步骤

通过上一节对三大陷阱的剖析，你知道了如果要快速切入一个新行业和新领域，最好能做到：

- 构建出新行业或新领域的整体框架，哪怕是最粗颗粒度的框架。
- 将知识和经验提炼为更本质的一般性的内容，这样会更容易跨行业和跨领域迁移。
- 根据工作的需要，要先学基础性和急用的内容。

如何做到呢？下面这五个行之有效的步骤可以帮到你：

- 步骤 1　构建框架
- 步骤 2　比对迁移
- 步骤 3　功利性学习
- 步骤 4　整体应用
- 步骤 5　改进迭代

■ 步骤 1　构建框架

无论是进入一个新行业，还是一个新领域，第一步都是建立一个整体框架。

这跟大脑认知事物的策略有关，在建立整体认知的前提下，我们更容易理解和掌握局部、细节的内容。

假如我手上有 10 个物体，但我不会一次性地告诉你它们是用在哪里的，而是每次随机选一个给你，在这种情况下你理解和记忆每个物体就会有些困难。

例如，我第 1 次给你一个凳子。因为不知道这个凳子处于整体中的哪个部分，这时你肯定只能认知到这个凳子最常用的功能，而无法有更深入的理解。

第 2 次给你一面镜子。这时你很有可能想，这是不是一个化妆间呢，让人坐在凳子前照镜子。这时你对凳子的理解和认知明显就多了一些，对镜子也是如此。

第 3 次给你一个吹风机。这可能进一步强化了你认为这是化妆间的认知。

第 4 次给你一个儿童椅。到这里，你是不是有点傻眼了，化妆间怎么会有儿童椅呢？可见，之前关于凳子、镜子和吹风机的理解就有偏差了。

第 5~10 次，当我将梳子、剪刀、推子、围布、毛巾、洗发水依次给你后，你是不是就能琢磨出来，原来这不是一个化妆间，而是一个小小的理发室。

从一个一个局部的物体开始理解，相较于先建立理发室的整体认知，是不是曲折了很多，效率也低了很多。

在进入一个新行业或新领域时，如果不先建立一个整体框架，而是从局部开始学习，就会跟上面这个案例一样，花得时间更多，效果却更差。

如何更有效地构建一个行业或领域的整体框架呢？方法有三个。

1．方法 1　请教业内“专家”

这里的专家不是指有教授职称、博士学位的那种，而是对这个行业或领域有深刻理解或丰富经验的人，哪怕学历不是很高。

最需要请教的是他们自己对这个行业或领域建立的整体认知框架，这是很宝贵的经验积累，可以帮你节省很多自我摸索的时间。

例如，你想转入财务领域，如果一开始能有一个整体框架，就更容易建立自己的财务知识体系，也更能找到自己应该优先学习的内容，如图 14-1 所示。

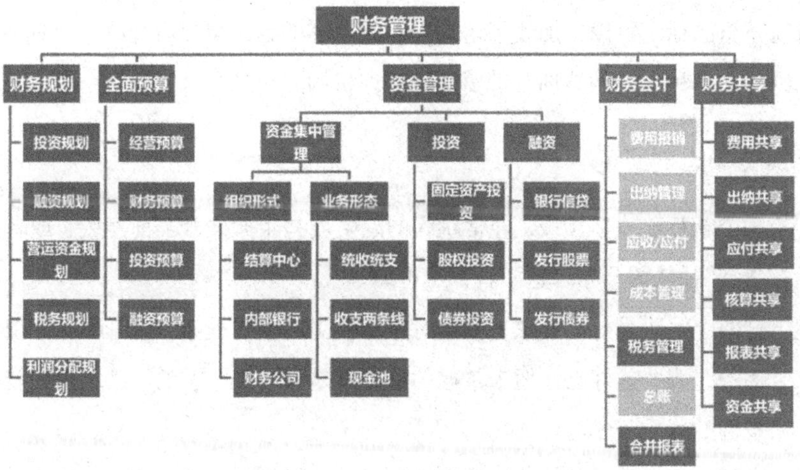

注：一般人刚入行财务时，学习和从事的仅仅是财务会计下面浅色背景的内容。

图 14-1　财务领域的整体框架（知识部分）示例

2. 方法 2 自己看书

方法 1 的效率高，效果也好，但有很大的运气成分，也就是说，在很多情况下，你很难碰到一个真正的专家，这个专家又正好愿意教你。

自我主动性更强的一种方法是自己看书学习。

那么，在几乎“一张白纸”的情况下，应该选择阅读怎样的图书，才能更好地构建一个行业或领域的整体框架呢？有以下两个基本原则。

原则 1 选择内容较浅但覆盖广泛的图书

这个时候的目的是建立整体框架，而不是深入了解，因此不需要选择那些内容很深的图书。了解一个行业，可以选的图书有行业蓝皮书、行业研究报告等；了解一个领域，可以选的图书有“从零开始×××”“图解×××”之类的入门书。

原则 2 至少看三本

比较不同作者组织本行业或本领域知识的方式，这样既能跳出单个作者的局限，又能构建出相对完整的行业或领域框架。

3. 方法 3 参加培训

如果一时遇不到合适的专家，自己看书提炼框架又觉得有难度的话，还有一个折中的方法，就是参加培训。

时间充裕的话，可以参加线下培训；时间不够的话，可以参加线上培训。

无论参加哪种形式的培训，都要选好培训机构或培训老师，保证一定的质量。

■ 步骤 2 比对迁移

转入一个新行业或新领域，经常跳入的陷阱就是生搬硬套当前经验，或者把自己当“一张白纸”，从零开始，这两者都不可取。

跳出这两个陷阱最好的办法，就是对照步骤 1 的整体框架，看看哪些知识和技能是你已掌握的，哪些是你已知但未掌握的，哪些是你尚未掌握的。已掌握的就迁移过来，尚未掌握的就重新学习。

这里提醒一下，在对照整体框架做迁移时，比对的是知识和技能，而不是能力和素质。因为，能力和素质与行业无关。

针对如何判断是否已掌握，你需要：

（1）问问自己知不知道这个知识或技能应用的前提条件？如果说不出来，就先归到已知但未掌握中。

例如，你从建筑行业转入企业管理咨询行业，两者都有项目管理技能，这时你要问问自己建筑行业项目管理的前提条件是哪些。如果说不出来，就证明你并未真正掌握项目管理的技能。

（2）如果你能说出某个知识或技能的前提条件，就接着问：在新行业或新领域应用时，前提条件有变化吗？如果没有，就是已掌握的；如果有，就要再判断一下在新的前提下你是否掌握这个知识或技能。

还以项目管理技能为例。从建筑行业转入企业管理咨询行业，项目管理应用的前提条件变化了吗？显然有了很大变化，建筑行业有着很强的标准性，因此项目管理更强调细节和严格按规章执行，而企业管理咨询行业的项目管理因为存在很大的不确定性，因此项目管理更强调对相关方的管理以及灵活性。

针对框架中的知识和技能做过以上判断后，就清楚哪些知识和经验可以套用，哪些需要调整后再用，以及哪些需要重新学习，这样既不会盲目地生搬硬套，又不会一切从零开始。

■ 步骤 3　功利性学习

经过步骤 2 的比对迁移，有不少内容可以直接迁移过来，但也有不少内容需要重新学习。

这些内容有事实性知识、概念性知识、程序性知识，有理解性认知技能、程序性认知技能，甚至有行为技能，要想一蹴而就几乎是不可能的，但偏偏你的工作又要求你能一学就会。这个矛盾如何调节呢？

解决的办法就是功利性学习。

进入一个新行业或新领域时要掌握的知识和技能有很多，但开始时每项任务并不要求你立马就能应用全部的知识和技能，它们需要的往往只是其中一小部分。

例如，你刚转入财务领域做一名应收会计。财务领域的知识无穷无尽，而且在不断地更新中，但作为一名应收会计要做的工作，并不包括立即就会合并报表、资金集中管理、税务规划等，这些知识和技能可以先留在你的框架中，等以后再学。

其实，你眼中的那些“一学就会”的天才，不是学得比你多，恰恰相反，他们学得比你少，因为他们知道哪些先学，哪些后学；哪些熟练掌握，哪些了解即可。

如何选择优先学习的知识和技能呢？参考标准有以下三个。

1．新行业或新领域必备的基础知识和技能要先掌握

这是后续学习的基础，因此一定要优先掌握。例如，你想转行做财务，借贷记账法这个基础知识是一定要优先掌握的。

2．与工作需要的迫切程度一致

还是以转行财务为例。例如，先安排你做应收会计的工作，你就要优先掌握跟应收会计有关的财务知识和技能。例如，记账的技能、应收账龄分析的技能等，这样你才能更好地做到学习与工作的一致性。

假如，你想挑战自己，希望自己半年后就有能力做成本会计的工作，那么，在掌握应收知识和技能的基础上，就可以优先学习跟成本管理有关的知识和技能，但根据功利性学习的要求，你一定要找到应用的环境，如帮同事或朋友的公司做成本结算之类的工作。

3．根据工作类型确定学习的深度

除了根据工作需要的迫切程度确定学习顺序，还要根据工作类型确定学习的深度。

假如这项工作你是最基层的执行人员，那么你的学习深度一定要包括对操作的细节知识了如指掌，对基本的操作技能熟练掌握。

但如果你是一名中层管理人员，你的学习深度停留在对操作步骤有完整的了解即可，更关键的是，你要能理解这项工作对公司业务的价值，以及如何分配任务，如何监督和考核才能保证任务的完成。

每个技能的具体学习方法，请根据技能类型的不同，分别参考第 9~12 章的学习方法。

■ 步骤 4　整体应用

通过功利性学习，可以确定优先学习的内容和深度。

但即使功利性学习，转入一个新行业或新领域后，也有很多内容要在短时间内掌握，因此一定要充分利用每一次实践应用的机会，最大限度地应用新学的知识和技能，这样才能以更少的工作经历沉淀出更多的工作经验。

注意，这里提到的整体应用是指对你新学的知识和技能做最大限度的应用，而不是要你完整地应用新行业或新领域的所有知识和技能。

还以从事应收会计为例。公司布置给你的任务，可能是给这个月有业务往来的客户做好记账凭证，但如果你只做财务凭证的话，就白白浪费了一次很好的实践机会。

在学习应收会计的知识和技能时，你还学习了应收账龄分析，因此你完全可以在这次实践中，主动做一下这些客户的应收账龄分析。经过这次实践，你至少获得了两倍的经验，入行的速度加快很多。

■ 步骤 5　改进迭代

经过实践应用，你很快就会发现理论知识与实际情况之间的差异。这些差异可能是由下面三种情况导致的。

1. 个人理解和应用出了问题

最常见的情况是，你未能充分理解这个理论，在实际应用的时候可能又偷工减料，未能严格按照理论的要求去做。

理解偏差一般会发生在概念性知识上。避免理解偏差的最好方法，就是应用第 6 章介绍的方法，自问三个问题：① 这个知识的来龙去脉是什么？②这个知识与其他知识之间有什么联系？③ 这个知识有哪三个能用和不能用的场景？

在实际应用的时候，特别是第一遍应用的时候，一定要严格套用该理论。只有这样，万一结果不如预期，你才能判断出来是你应用错了，还是理论本身不完善。

2. 应用前提不一致

对理论知识本身的理解没有问题，应用的方法和程序也没有问题，问题是将正确的方法用在了错误的地方。

例如，将适用于公文写作的金字塔原理，用于写悬疑小说就不是很合适，就像拖拉机最适合田间作业，但用它载人终归不如大巴车。

严格意义上讲，应用前提不一致属于上一情形中的一种特殊情况，是一种特殊的理解偏差。在学习和应用的时候多去了解它适用的场景和不适用的场景，就可以避免了。

3. 理论不完善

你所应用的这个理论知识尚有不完备的地方，特别是一些新的行业或领域中的知识。例如，现在大多数的互联网运营理论和方法都是不完善的，因为互联网运营这个领域兴起的时间还不够长，很多的理论和方法都是基于很局部、时间很短的应用经验所提炼的。

在质疑某个理论不完善之前，你应该严格套用过该理论，而且实践结果确实与理论结果不一致。

无论是个人理解和应用出了问题，还是应用前提不一致，或者理论不完善，都要根据实践结果做出改进，裁剪出适用于自己的方法，以便下次应用得更好。

在转入一个新行业或新领域时，践行以上这五个步骤，就会容易多了。

这五个步骤并不一定要严格地从步骤 1 到步骤 2，你可以不断地重复迭代。例如，先大致从步骤 1 到步骤 3 做一遍，根据初步理解，再认真从步骤 1 到步骤 5 完整地做一遍，以后随着对新工作理解的加深，再更新步骤 1 中的整体框架。

下一节，我们以如何在三个月内从运营小白成长为互联网运营总监为例，具体演示这五个步骤的应用。

第 3 节　应用示例：三个月如何从运营小白成长为互联网运营总监

你已经知道，我是做企业管理咨询顾问出身的。在 2014 年创办深圳尔雅时，我们的主要业务是顾问委托培养和企业咨询，因此当我在 2016 年年底打算创办 YouCore 时，我对互联网运营是一无所知的。

当时因为临近春节，我们也不知道 YouCore 到底能做成什么样，所以也不可能招聘一名资深的运营总监来负责这块业务。

迫于无奈，我只好自己抽时间快速学习运营知识，带着两名从尔雅市场部转岗运营的同学，从零开始运营 YouCore。

用了不到三个月时间（到 2017 年 3 月），YouCore 就已经是一个稍具名气的职场公众号，而我也成了一名还算合格的兼职运营总监，后来还被“鸟哥笔记”等平台邀请做了一些“如何快速晋级高阶运营”的直播分享。

不到三个月就能从互联网运营小白成长为运营总监，我采用的就是上一节介绍的五大学习步骤。

YouCore 现在的首席运营官白竹挺，在 2017 年 7 月加入 YouCore 时，也从来没做过互联网运营，但他运用这五大学习步骤后，同样在不到三个月的时间成长为一名优秀的运营总监。“框架的力量”社群就是在他的带领下迅速成长为一个知名的思维力社群的。

这五大学习步骤运用起来如此神奇，你一定特别想看看我们是怎么做到的。

■ 步骤 1　构建框架

在这个步骤中要搭建出运营的整体框架，颗粒度粗一点、细一点都没有关系，关键在于构建的框架要完整。

作为一名互联网运营小白，在没有专家指导的情况下，最好的入门方法就是找三本讲互联网运营的书来读一读。

这里再次提醒你，在入门一个新的行业或领域时，千万不要只看一本书（也不要只看同一作者的书），因为你对这个行业或领域尚无任何经验，只看一本书是无法分辨出作者自身的倾向和局限的，而同时多看几本书并进行比对，才有助于你对新行业或新领域形成整体的框架。

从 2015 年起，关于互联网运营的入门书已有很多，如《从零开始做运营》《运营之光》《跟小贤学运营》等，从中挑选适合你自己的三本即可。

看完这三本书后，你对运营需要什么能力、什么技能、什么专业知识就大致清楚了。例如，我用本书第 5 章的主题阅读方法读完这三本书后，就画出了运营整体框架，如图 14-2 所示。

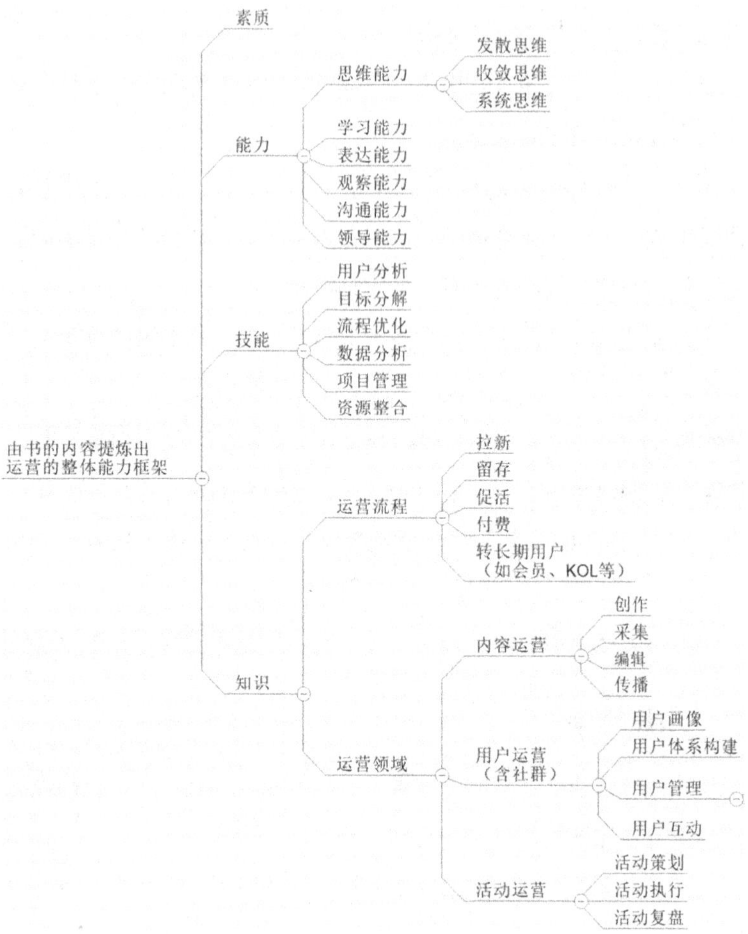

图 14-2　运营整体框架

你可以将这个框架用作搭建 OneNote 笔记结构的指引，分别建好分组区、分区和关键的页面。这样做完之后，哪怕后续学习的运营知识再零散，你也知道应该将它们归类在笔记的哪个位置，从而真正做到碎片化输入、体系化积累，如图 14-3 所示。

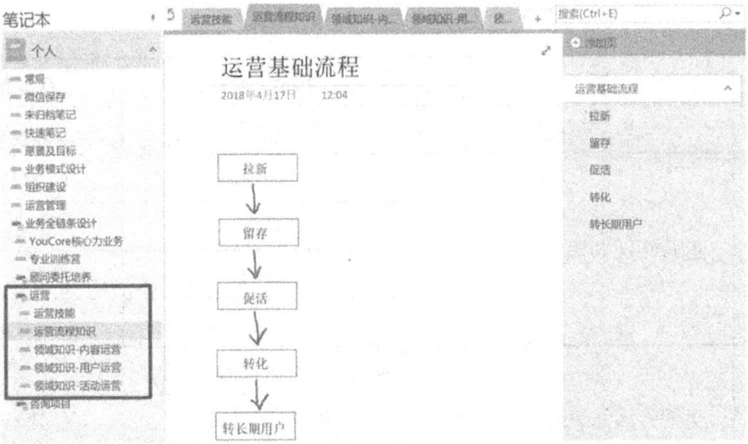

图 14-3　搭建 OneNote 笔记结构

■ 步骤 2　比对迁移

经过步骤 1 阅读互联网运营的入门图书、整理运营的整体框架后，接下来是对照这个整体框架，看看哪些技能和知识是自己已掌握的，哪些是已知未掌握的，以及哪些是未知的。

我的做法是列出一张 Excel 表，逐一做比对（素质和能力就无须比对了，因为它们是跟行业和专业无关的，可以完全迁移），如表 14-1 所示。

表 14-1　比对迁移

序　号	类　　别	技能/知识	掌握情况
1	技能	用户分析	已知未掌握
2		目标分解	已掌握
3		流程优化	已掌握
4		数据分析	已知未掌握
5		项目管理	已掌握
6		资源整合	已掌握
7	运营流程知识	拉新	未知
8		留存	未知
9		促活	未知
10		付费	已知未掌握

续表

序号	类别	技能/知识	掌握情况
11	运营流程知识	转长期用户	未知
12	运营领域知识——内容运营	创作	已知未掌握
13		采集	未知
14		编辑	已知未掌握
15		传播	未知
16	运营领域知识——用户运营（含社群）	用户画像	已掌握
17		用户体系构建	已知未掌握
18		用户管理（如行为规范）	已知未掌握
19		用户互动	未知
20	运营领域知识——活动运营	活动策划	已知未掌握
21		活动执行	已掌握
22		活动复盘	已掌握

这里请注意，已掌握、已知未掌握是根据你当前应用的要求来判断的。例如，对一个只需要将过程执行好的普通运营人员来说，项目管理的技能可能是你已掌握的，但对一个需要对项目运营结果负责的运营总监而言，项目管理的技能可能是你已知未掌握的。

同时，在比对迁移这个步骤中，如果“已掌握”“已知未掌握”“未知”评估得有偏差也没有关系，这里做比对的目的是帮助你系统地挖掘先前知识和先前经验，并且做最大可能的迁移。

在未来经过实践应用的验证后，你依然可以回来修正对“已掌握”“已知未掌握”“未知”的理解和评估。

下面继续说我的经验。

经过对表 14-1 的整理后，我很快就清楚了我的哪些知识和经验可以直接迁移过来，哪些需要做一定的调整和补充学习，以及哪些需要全新学习。例如：

（1）我已经掌握了目标分解、流程优化、项目管理、资源整合的技能，以及用户画像、活动执行、活动复盘的知识，这些技能和知识，我直接迁移过来就可以了，无须再浪费宝贵的时间和精力重新学习。

（2）用户分析和数据分析技能，虽然我在做企业管理咨询项目时就在用，但在互联网运营领域，分析的对象不同，需要采集的数据也不同，因此我需要做比对学习，只能做部分迁移。

（3）像拉新、促活、留存这些运营流程知识，以及内容运营中的采集、传播这些知识，我之前都不知道，因此需要全新学习。

经过这样的比对和迁移后，我学习和入门互联网运营的速度就大大加快了，而且我知道在某些方面，如流程优化、项目管理、活动执行、活动复盘等，我比在互联网运营领域工作很多年的那些资深运营其实更资深。这些就是我从互联网运营小白快速成长为一名运营总监可以利用的优势。

■ 步骤 3　功利性学习

构建出互联网运营的整体框架，并且通过比对迁移，分析出已掌握、已知未掌握和未知的内容后，接下来就要确定学习重点。因为我的时间和精力也是有限的，没有办法将所有未掌握和未知的内容都学习一遍。

我确定学习重点的标准有三个。

1. 基础性的运营知识必须优先学习

这是后续系统学习和掌握互联网运营知识的基础，必须优先学习。

根据步骤 1 中梳理出来的整体框架，我知道运营的基础知识可以用一个流程串起来，就是拉新、留存、促活、转化、转长期用户。

因此，我学习的第一重点就是将这个流程中涉及的基础知识了解一遍，并且将学习到的知识填充到 OneNote 对应的页面中。

2. 根据 YouCore 的业务类型确定重点学习的运营领域

通过对步骤 1 中三本书的阅读，我发现互联网运营的领域特别广，不同产品的运营差异很大，而且侧重点都不同。

例如，新闻资讯 App 的互联网运营和某品牌化妆品购物网站的互联网运营，它们运营的侧重点不同，差异很大。前者的收入主要来自广告，因此更关注用户的流量，而后者的收入主要来自商品的销售，因此更关注有效的销售转化。

YouCore 是做职场思维、学习、人脉等核心力在线教育产品的，并且定位不是知识传播，而是立志于真正帮人学会。因此，所服务的人群在精而不在多，相应地，运营重点在于如何精准地吸引有思维、学习、人脉提升需求的职场人士和准职场人士。

这类人士比较理性，一般倾向于对“干货”内容的深度阅读，因此在从零开始的起步期，我最应该侧重内容运营知识的学习，更具体的就是学习如何写作和传播职场“干货”文章。

3. 根据 YouCore 的人员配置确定不同领域的学习深度

明确重点学习的运营领域后，还需要确定学习深度。因为运营不是一个人单打独斗，而是团队协作，因此，作为运营总监，需要根据团队中人员的不同配置，调整自己在不同领域的学习深度（身为总监，就要有“守门员”的自觉性，团队里任何人没做好的部分，最后都需要你来“画句号”)。

假如团队里有创作文章非常厉害的人，但在文章的传播上缺少合适的人选，那么你需要在文章传播上深度学习；反过来，如果团队里有对文章传播很擅长的人，但缺少创作文章的人，那么你需要在创作文章上深度学习。

YouCore 刚起步的时候，文章的编辑和传播有尔雅市场部转岗过来的两位同学负责，而且这两个方面比较容易招聘到合格的运营人员，但在选题、“干货”文章的创作上没有合适的人选，而且这类人才较难招聘，因此我将文章编辑和传播的学习深度设置为大致了解，将选题和“干货”文章创作的学习深度设置为要能出具 YouCore 自己的方法论。

选题和“干货”文章的创作属于理解性认知技能，具体的学习方法可以回顾第 11、12 章的内容；文章编辑属于程序性认知技能，具体的学习方法可以回顾第 9、10 章的内容。

通过运用功利性学习的理念和方法，我就可以从浩瀚无边的互联网运营知识海洋里跳出来，将宝贵的时间和精力用在对 YouCore 当前阶段运营最能见效的内容创作学习上。

当对内容创作掌握得很好之后，随着 YouCore 业务的发展，以及团队人员的补充与调整，我又继续运用这种理念和方法，确定另一个重点学习的运营领域和学习深度。

例如，从 2017 年 4 月起，打造好 YouCore 的内容创作团队后，我就将社群运营（用户运营的一部分）作为我新的学习重点。

再如，YouCore 现在的首席运营官白竹挺在 2017 年 7 月加入我们的时候，社群运营最缺人，因此他在功利性学习的指导下，选择切入互联网运营的重点领域，也就是社群运营，同样可以在三个月内从互联网小白成长为优秀的运营总监。

因此，选择哪个点切入一个新行业或新领域不是最关键的，最关键的是这个切入点的选择必须是功利性的，这样你才能更快也更有成效地进入一个新行业或新领域。

■ 步骤 4　整体应用

经过前面三个步骤，我已经：

（1）构建了互联网运营的整体框架，这有助于建立完整的运营知识体系，不会陷入堆沙堆式的碎片化学习中。

（2）进行了比对迁移，这有助于充分复用先前的知识和经验，以更短的时间更好地入门互联网运营。

（3）通过功利性学习，明确了重点学习的领域和深度，这有助于将宝贵的时间和精力用在最能产生效果的刀刃上。

到了整体应用这一步，我需要将前面三个步骤的学习成果真正应用在实践中。

这个步骤的命名不是“应用”，而是“整体应用”，“整体”这个词就是这个步骤的核心。

转入一个新行业或新领域时，最大的挑战就是：时间不够！

如果你是在某个单位工作的话，时间的紧迫性来自你的上司或老板，他们留给你上手的时间永远比你需要的时间要少。

如果你是自己创业的话，时间的紧迫性来自市场，市场留给你反应和生存的时间永远比你需要的时间要少。

那么，如何才能在更短的时间内，积累出比该行的资深人士更多的经验呢？

一个好方法就是“整体应用”，也就是尽量在一次实践中，充分运用所学的技能和知识，并且将实践经验更完整地积累下来。

整体应用的具体方法，你可以回顾第 6 章的内容。这里以我在 YouCore 公众号上发布的第一篇文章为例，演示一下我是如何整体应用我所学到的内容运营的知识的。

2016 年 12 月 22 日，当在 YouCore 公众号发布第一篇文章的时候，我没有像一般人那样，只是先发一篇文章看看，而是将我所学的内容运营的知识做了一次整体的应用。应用的知识点如表 14-2 所示。

表 14-2 整体应用

序号	所学内容运营的知识	应用点	应用示例
1	文章选题	监控当月热点	年底了，大部分人又想换工作了，因此写了“可迁移能力”
2	起标题	这最好（How）玩（Why）+数字+四大社交筹码	“工作 10 年才懂的道理，早知道职位比现在高两级” — 标题形式：数字 — 标题内容：八卦、实用两筹码
3	“干货”文写作	解构大量“干货”文章后，提炼的 YouCore 干货框架	在 YouCore 公众号上回复 1002 查看
4	文章编辑	版面布局、分段、字体（大小、间距、颜色）	第一篇文章做得一般，可参考 YouCore 公众号最新文章
5	文章传播	公众号关注来源主要来自转载、朋友圈转发	先发动朋友圈转载，再由有影响力的朋友分享，诱发大号转载（如 Linkedin、奴隶社会等）

我对前三个知识点（文章选题、起标题、“干货”文写作）再做一下详细演示。

1. 文章选题

关于文章选题，我参考阅读的运营图书和文章，建立了一份热点话题预测文档，每月根据搜索引擎热词排名预测可能的热点，文章的写作题材就优先从这些预测的热点里选取，如图 14-4 所示。

12 月热点话题预测

年底想换工作的心态

1. 选工作需要注意什么
2. 如何找到就业方向
3. 找不到工作怎么办
4. 准备阶段方法论
5. 面试方法论
6. 好工作对职业生涯的意义
7. 体制内和体制外的差异真的是“体制”吗

图 14-4　文章选题

2．起标题

通过有针对性地阅读相关的运营图书和网络文章，我整理了一份起标题的检查清单，如表 14-3 所示。

表 14-3　文章起标题的检查清单

标题形式		标题内容：四大社交筹码			
这、最、好（How）、玩（Why）	包含数字	八卦（知道别人不知道的、违背常识、与本能不符、蹭热度、他人隐私）	说出某群体的内心想法（能够说出具体想法是什么，能说出自己不敢说的）	体现个人身份（财富、人脉、标签，如北大、清华）	实用工具、技巧、方法（能帮得到别人、厨房去油小妙招）
有“Why”	包含	工作 10 年才懂的道理，早知道职位比现在高两级	同样是工作 10 年，是什么造成了你跟别人的差距？	没想到这才是我工作两年就能领导老员工的根源	工作 10 年才懂的道理，早知道职位比现在高两级

续表

标题形式		标题内容：四大社交筹码			
有“最”	不包含	马云、马化腾们能成为成功人士的最大秘密之一	我们的工作“low爆了”，这样的工作才是好工作！		

文章写出来之后，我就对照这个清单起了多个备选标题，并且通过小范围的投票确定了最终的文章标题。

3. “干货”文写作

在正式动手写第一篇文章之前，我先拆解了大量阅读量较高的“干货”文，比对了它们的异同之后，分别提炼了 YouCore“干货”文的写作步骤，以及 YouCore 发文自检清单，分别如图 14-5 和图 14-6 所示。

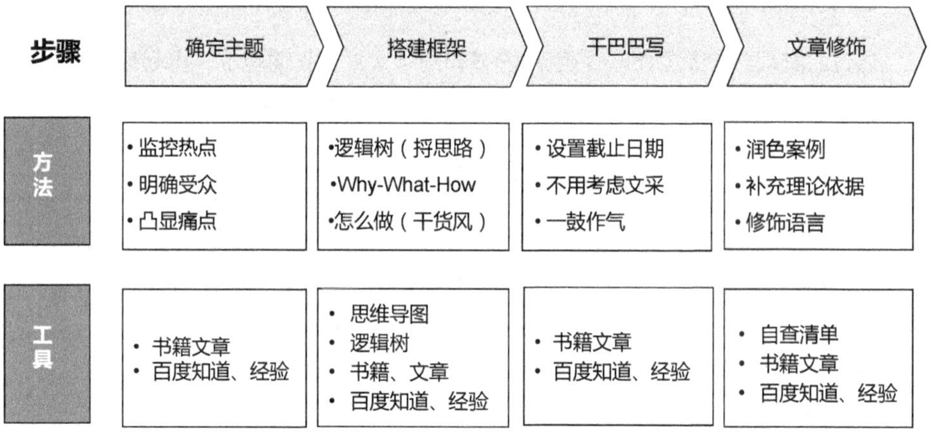

图 14-5　YouCore“干货”文写作步骤

不只是我，YouCore 团队中任何一个人写作“干货”文时，都必须遵循这些步骤，以及满足发文自检清单后，才允许正式排版发出。

同样是发一篇文章，像我这样将所学的内容运营知识做一遍整体应用的话，是不是一次积累的经验比单纯发一篇文章要多上 5~10 倍？这就是我用不到三个月时间，就能成为一名合格的互联网运营总监的核心诀窍。

图 14-6　YouCore 发文自检清单

■ 步骤 5　改进迭代

前面四个步骤完成后，相当于 PDCA 循环完成了 Plan（步骤 1 到步骤 3）和 Do（步骤 4）的部分，因此还要继续做 Check 和 Action 的部分，否则你可能把一个错的方法持续使用下去，再也没有改进提升了。

任何人，包括我们耳熟能详的一些大师——德鲁克、波特、钱学森，在初次学习新概念或新技能的时候，都会存在理解偏差、应用不深的问题。这就需要你不能满足前四个步骤总结出来的方法，而是要根据实际应用效果的反馈，进行改进和调整，并且根据下次的反馈，继续改进和调整，通过这样持续改善，最终迭代出更成熟的方法论。

以步骤 4 中的“干货”文创作为例，对照“YouCore 发文自检清单”写出来的“干货”文，确实受到了不少人的喜欢，而且确实给读者带来了帮助。

但这样的文章我们看一篇还可以，看过三四篇后，就觉得很干瘪，不太能打起精神阅读，原因是文章的故事性不强，不太吸引人。

因此，在后续的实践中，我就在 YouCore 发文自检清单中增加了故事性的要求，如图 14-7 所示。

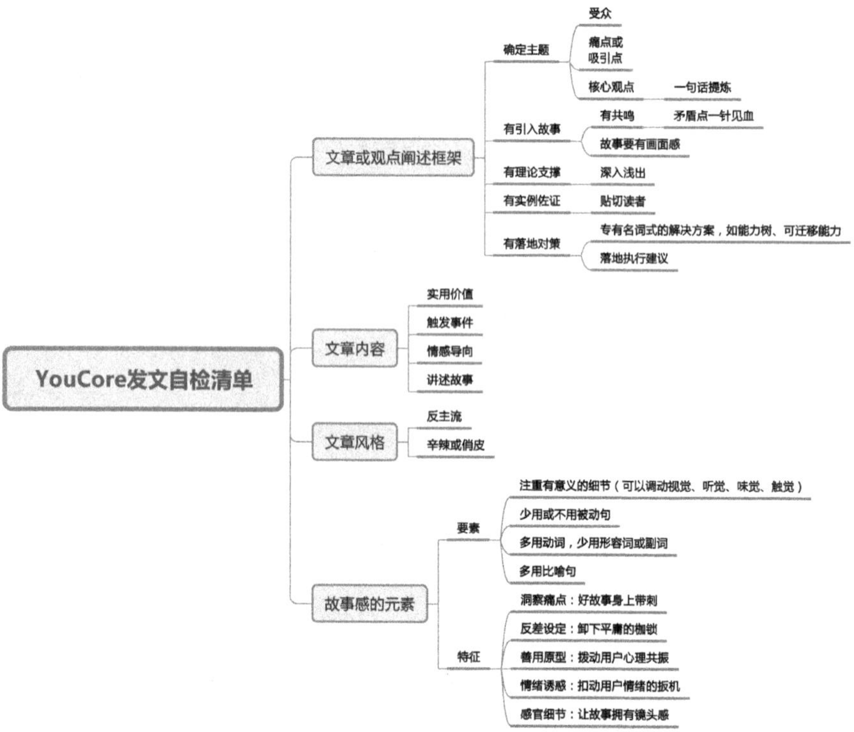

图 14-7　增加了故事元素要求的 YouCore 发文自检清单

是不是只有根据实践效果，不断地改进迭代，才能打磨出一个相对完善的方法？

总结

我如何在不到三个月内从互联网小白成长为运营总监的故事就讲完了，希望能对你理解和运用下面五个学习步骤有所帮助：

- 步骤 1　构建框架
- 步骤 2　比对迁移
- 步骤 3　功利性学习
- 步骤 4　整体应用
- 步骤 5　改进迭代

这五个步骤的本质是对三大学习策略（框架、可迁移、功利性学习）的综合运用。

在这个综合运用中，你又可以使用五大学习技巧（搜索、阅读、理解、积累、应用）来帮你加速学习过程，提升学习效果。

为了避免太过啰唆，在“步骤 3 功利性学习”中我省略了具体如何学习“干货”文的创作技能和传播技能。方法其实就是第 11 章理解性认知技能的学习步骤，以及第 9 章程序性认知技能的学习步骤。如果你已经记不清楚的话，可以复习一下。

这一章讲完后，全书的正文内容就结束了，谢谢你长达 14 章的陪伴。但正如“步骤 5　改进迭代”中强调的，任何方法都需要持续完善，需要在实践中不断改进，本书介绍的方法同样如此。

学员感言

这本书是我目前为止见过的最好的方法论，需要反复阅读，慢慢领悟。回忆去年自己做的一个项目，最终没有成功，就是自己不懂搭建框架，心中没有体系。所谓胸有成竹，就是指胸有框架。

——学员 1

总有人给我们讲，学知识要构建体系，却没有一个人像王老师这样说得明白，操作性强！现在一下子就豁然开朗了，感觉以前都是在盲人摸象。

——学员 2

书外求助

看完了这一章，是不是有了一种融会贯通的感觉？

三大学习策略、五大学习技巧既可以被综合运用以掌握程序性认知技能、理解性认知技能，也可以被更综合地运用来入门一项涵盖多种技能的新工作。

你在自己工作上的应用有没有碰到其他问题？或者，你想不想看到别人是如何综合运用这些学习策略、学习技巧的？

扫码入群，即可获得书外求助的机会。记得备注“学习力”！

参考文献

[1] 约翰·D. 布兰思福. 人是如何学习的：大脑、心理、经验及学校（扩展版）[M]. 程可拉，孙亚玲，王旭卿，译. 上海：华东师范大学出版社, 2013.

[2] 洛林·W.安德森. 布卢姆教育目标分类学：分类学视野下的学与教及其测评（完整版）[M]. 罗星凯，蒋小平，张琴美，译. 北京：外语教学与研究出版社, 2009.

[3] 高文，徐斌艳，吴刚. 建构主义教育研究[M]. 北京：教育科学出版社, 2008.

[4] 埃里克·坎德尔. 追寻记忆的痕迹[M]. 罗跃嘉，译. 北京：中国轻工业出版社, 2007.

[5] 凯瑟琳·加洛蒂. 认知心理学：认知科学与你的生活[M]. 第5版. 吴国宏，译. 北京：机械工业出版社, 2016.

[6] 格兰特·威金斯，杰伊·麦克泰格. 追求理解的教学设计[M]. 第2版. 闫寒冰，宋雪莲，赖平，译. 上海：华东师范大学出版社, 2017.

[7] 高桥政史. 聪明人的一张纸工作整理术：完美图解[M]. 易哲，译. 长沙：湖南文艺出版社, 2016.

[8] 王世民. 思维力：高效的系统思维[M]. 北京：电子工业出版社, 2017.

[9] 张一蕾. Censydiam 模型理论在人物角色构建中的应用[J]. 设计，2013(11)：133-134.

[10] Robert E. Franken. 人类动机[M]. 第五版. 郭本禹，等，译. 西安：陕西师范大学出版社, 2005.

[11] Herbert L.Petri, John M.Govern. 动机心理学[M]. 第五版. 郭本禹，王志琳，王金奎，郭金波，译. 西安：陕西师范大学出版社, 2005.

[12] Peter C. Brown, Henry L. Roediger III, Mark A. McDaniel. Make It Stick: The Science of Successful Learning[M]. Belknap Press: An Imprint of Harvard University

Press, 2014.

[13] James M. Lang. Small Teaching: Everyday Lessons from the Science of Learning[M]. Jossey-Bass, 2016.

[14] Terry Doyle, Todd Zakrajsek. The New Science of Learning: How to Learn in Harmony With Your Brain[M]. Stylus Publishing, 2013.

[15] 乔希·考夫曼. 关键 20 小时，快速学会任何技能！[M]. 任忆, 译. 北京：机械工业出版社, 2015.

[16] 亚历山大·奥斯特瓦德, 伊夫·皮尼厄. 商业模式新生代[M]. 王帅, 毛心宇, 严威, 译. 北京：机械工业出版社, 2011.

[17] 许正. 与大象共舞：向 IBM 学转型[M]. 第 2 版. 北京：机械工业出版社, 2013.

[18] Alexander Osterwalder. The Business Model Ontology: A Proposition in a Design Science Approach[D]. 2004.

反侵权盗版声明

举报电话：（010）88254396；（010）88258888

传　　真：（010）88254397

E-mail：　dbqq@phei.com.cn

通信地址：北京市万寿路 173 信箱

　　　　　电子工业出版社总编办公室

邮　　编：100036